EDWARD S



# Z POLESIA DO SOWIECKIEGO ŁAGRU

EDWARD STUDZIŃSKI

# Z POLESIA DO SOWIECKIEGO ŁAGRU

WYDAWNICTWO „NORTOM”
WROCŁAW

Na I stronie okładki:
Dzieci z domu dziecka w Małej Minusie w 1943 r.
Ze zbiorów Bolesława Włodarczyka

Książki Wydawnictwa NORTOM można zamawiać:
ul. Sanocka 15/17, 53-304 Wrocław
tel./fax 71 367 76 88, tel. 71 784 68 17
www.nortom.pl
e-mail: nortom@nortom.pl

ISBN 978-83-89684-74-5

# Od autora

Od zawsze ciągnęło mnie do pisania i nawet pisałem, ale tylko sobie a muzom, względnie do szuflady. Bywało, że próbowałem zainteresować moimi pracami poszczególne wydawnictwa, lecz szacowni redaktorzy naczelni z reguły odrzucali je, tak jakby wpadło im w ręce coś obrzydliwego, na co mieli nawet swoje określenie: „literatura obrachunkowa ze Związkiem Radzieckim". Często słyszałem, że praca jest ciekawa, dobrze napisana, wartościowa etc., lecz nie nadaje się do wydania. Wreszcie ręce opadły, chociaż zdarzało się, że ożywiały się i znowu brały pióro. Przez kilka lat pisałem do prasy lokalnej, związkowej i samorządowej.

Z radością powitałem lata 1980 i 1989. Ujrzałem wówczas światełko w tunelu... nie dostrzegłem jednak, że ten tunel z drugiej strony jest zabetonowany (dosłownie i w przenośni). Kapitalizm był łakomy, bo niewspółmiernie wygłodzony. Chcąc w nim wydać książkę, trzeba było być finansowo urządzonym. Uznałem, że rujnować się dla zaistnienia w księgarniach nie ma sensu. Tak więc zmieniły się warunki ustrojowo-społeczne, a reszta jak była zastoiną, tak nią została.

* * *

Wywodzę się z rodziny do cna polskiej, do bólu patriotycznej. Mój ojciec na ochotnika zgłosił się do Legionów J. Piłsudskiego już w 1918 roku. Za waleczność i inne zasługi otrzymał ziemię i przeniósł się na Kresy Wschodnie do osady wojskowej Woławka , gmina Woławel, powiat piński na Polesiu. Tam właśnie w 1934 roku przyszedłem na świat, jako szóste w kolejności dziecko. Na świecie było mi cudownie i beztrosko, ale krótko. 17 września 1939 roku szczęście rodzinne prysło niczym bańka mydlana.

10 lutego 1940 roku całą moją rodzinę wyrzucono z ciężko wypracowanej własności i zesłano pod biegun północny na głód i poniewierkę. Ta gehenna trwała ponad sześć lat. W tym czasie nasza dziewięcioosobowa rodzina zmalała do trzech osób. Do kraju, do Gostynina wróciłem jako strzęp człowieka – dziecka, które następnie przerzucano z jednego domu dziecka do drugiego, potem do domu młodzieżowego, by wreszcie (gdy osiągnąłem wiek 18 lat) kazać mi się usamodzielnić, nie udzielając żadnej pomocy.

W poszukiwaniu lepszego życia z Pomorza wyruszyłem na Śląsk. Pierwszy zakład pracy – kopalnia (pracować w niej powinny wyłącznie roboty); potem przez wiele lat hutnictwo i budownictwo. Długoletnia praca połączona z nauką, by wreszcie dojrzeć i wyrosnąć pod względem społecznym jeszcze wyżej, pozwoliła mi na zajmowanie kolejnych stanowisk kierowniczych w dużych zakładach pracy. Widząc, co się tam dzieje, zacząłem organizować strajki, które określano buntami, i protesty, które nazywano rozrabiactwem. Za komuny z obrzydzeniem traktowałem udział w czynach społecznych, za „Solidarności" zacząłem działać niemal natychmiast, już w 1980 roku (głównie społecznie) piastując najwyższe funkcje związkowe w Sztumie, woj. pomorskie, w którym mieszkam obecnie. I wychodziło mi to dosyć dobrze, przynajmniej tak oceniali moją pracę inni.

Obecnie – będąc już od wielu lat emerytem – działam w Związku Sybiraków. Ciągle wydaje mi się, że miejsce, w którym jestem i mieszkam, nie jest miejscem dla mnie, ponieważ to nie jest moja ojcowizna.

* * *

W publikacji, którą zatytułowałem „Z Polesia do sowieckiego łagru", opisuję to, co przeżyłem, ale także wielu mi podobnych. Uważam, że warto tę wiedzę przekazać innym, mimo że niniejsza historia z całą pewnością nie jest przyjemna.

Ponad sześć lat przebywania w ekstremalnych warunkach, najpierw w strefie podbiegunowej, potem na Kaukazie, spowodowało, że niespełna sześcioletni chłopiec – jeśli przeżył – musiał nagle wydorośleć, zapominając o tym, że odebrano mu prawo do życia w normalnych warunkach, a tym samym pozbawiono normalnego dzieciństwa. To była szkoła życia, urabiająca i kształtująca ludzi – szczególnie dzieci i młodzież – w trybie przyśpieszonym, często wbrew ich woli.

Sześć lat to dla jednych TYLKO sześć lat, natomiast dla innych AŻ sześć lat – lat niemiłosiernie długich, w czasie których, będąc dzieckiem, można było wypłakać oczy, wcale się tego nie wstydząc. Można było także stać się wykolejeńcem, zbirem, łotrem, potworem, złodziejem i bandytą. I można jeszcze było wraz z krwawą plwociną wypluć Rosję – i wszystko z nią związane – nie zdając sobie wówczas sprawy z tego, że i w tym kraju są LUDZIE, którzy cierpią na równi z innymi.

# Rozdział 1. TRWOGA

Głęboka, zimowa noc z dziesiątego na jedenasty lutego 1940 roku była ciepła i przytulna. Ta noc, otulająca spokojem domostwa, pola, lasy i pokryte lodem jeziora, okazała się ostatnią dla wielu polskich rodzin. Moja rodzina była liczna, składała się z dziewięciu osób: czterech dorosłych, jednej prawie dorosłej i czworga dzieci w wieku od trzech do dwunastu lat. Najstarszy i najważniejszy był ojciec (jak w rodzinie typowo patriarchalnej), najmłodsza zaś Zosia, licząca nieco ponad trzy lata.

W samym środku tej straszliwej nocy domem zawładnęła trwoga. Wszyscy jak na komendę zerwaliśmy się na równe nogi, czując, że na skutek oddziaływania jakiejś potwornej siły, coś kochanego bezpowrotnie kończy się. Było to ordynarne, natarczywe walenie w drzwi kolbami i kopanie butami. Każde takie uderzenie wywoływało drżenie ciała i bezgraniczny przestrach na twarzy.

Ojciec, sprawiający wrażenie spokojnego i próbujący uspokoić pozostałych domowników, wstał z łóżka, założył szlafrok i, kierując się w stronę drzwi wejściowych, zniknął reszcie rodziny z pola widzenia.

Tymczasem rodzeństwo skupiło się w pokoju rodziców, otaczając matkę. Maluchy bez przerwy płakały, pewnie dlatego, że nie pozwolono im dospać do rana, jak co dzień, ale być może nie tylko dlatego. Może wyobraziły sobie, że do domu chcą wtargnąć jacyś bandyci? I chociaż matka tuliła je do siebie jak kwoka pisklęta, płacz nie ustawał. Jakże bowiem miała je uspokoić, skoro sama płakała najgłośniej i najboleśniej, będąc zapewne świadomą dalszego przebiegu wydarzeń.

Jedynie starsi bracia zachowywali umiarkowany spokój, jakby tym sposobem zamierzali wpłynąć na zachowanie matki. Józef i Jan, pomni wielokrotnie powtarzanych słów ojca, nie płakali, bo mężczyznom łzy nie przystoją. Obaj kolejno pochylali się nad matką, obejmowali ją bez słowa i przez dłuższą chwilę trzymali w szerokich ramionach, przyciskając jej głowę do swoich piersi. Na ich twarzach nie dostrzegało się lęku.

W pokoju było ciemno. Nikomu nie przyszło do głowy, by zapalić światło. Wszyscy, jedni świadomie, inni naśladując pozostałych, zaczęli się ubierać lub okrywać czymś, co dawało ciepło. Do drzwi nadal się dobijano. Po chwili w sieni zrobiło się jaśniej. Szparą pomiędzy drzwiami a podłogą, do przedsionka zaczęła się sączyć strużka światła, widoczna także w pokoju. Nagle uwolnione z zamka drzwi wejściowe zostały z hukiem wepchnięte do środka, razem ze stojącym za nimi ojcem, który jakimś cudem zdołał utrzymać równowagę i nie upaść przed czterema osobnikami, którzy wtargnęli butnie do domu.

Do naszego, na ogół spokojnego, domostwa wdarła się fala zimnego powietrza, a wraz z nią wrzeszczące na całe gardło indywidua, których początkowo nie można było zrozumieć. Dopiero nieco później dotarło do naszej świadomości, że ci przeraźliwi, hałaśliwi i buńczuczni żołdacy domagają się dokumentów, a także podania nazwiska, imienia i wieku każdego członka naszej rodziny, szarpiąc wszystkich po kolei, a potem przestawiając, jak jakiś sprzęt, z jednego miejsca na drugie.

Protest głowy rodziny przeciw takiemu traktowaniu wywołał natychmiastową reakcję. Kolba jednego z żandarmów z dużą siłą wylądowała na piersi ojca, który na dokładkę otrzymał jeszcze wiązankę wulgaryzmów. Cios był tak silny, że ojca rzuciło aż na ścianę. Widząc to, starsi synowie chcieli przyjść mu z pomocą, lecz jak tylko zrobili krok w jego stronę, sołdaci błyskawicznie skierowali na nich lufy karabinów. Przez cały czas trwania tej sceny z ich ust nie schodziły wyrazy (i dłuższe powiedzenia) uwłaczające godności Polski i Polaków. Nakaz ojca, by synowie zostali tam, gdzie są, i nie wykonywali gwałtownych ruchów, ostudził moich starszych braci.

Tymczasem sołdaci kontynuowali rozpoczęte wcześniej dzieło przeszukiwania domu, domagając się broni i twierdząc uparcie, że gdzieś tu jest ukryta. Korzystając z okazji, kradli przy tym każdą wartościową rzecz, jaka wpadła im w łapy. Kradnąc zaś, sami siebie usprawiedliwiali, co jaki czas powtarzając, że dorobiliśmy się na cudzej ziemi i cudzej krwi.

Po sprawdzeniu dokumentów oznajmiono nam, że zostaniemy wszyscy natychmiast zabrani i zawiezieni na stację kolejową, do oczekującego już pociągu. Starszy stopniem (co wynikało nie z ubioru, lecz bardziej z buńczucznego zachowania) polecił nam ubierać się i szykować do drogi, dodając, że mamy na to pół godziny. Po domu rozniósł się jeden głośny, żałosny płacz, który odtąd już nieustannie towarzyszył nam w przygotowaniach do tej wymuszonej podróży.

Już wtedy, na początku drogi (która, jak się później okazało, była drogą przez trudy i mękę), wśród bestii znalazł się człowiek, który konspiracyjnym sposobem poinformował naszą mamę, jak powinna ubrać dzieci, a także ile wziąć jedzenia. Uprzedził, że droga będzie długa i ciężka, a cel nieznany i bardzo odległy. Oficjalna wersja głosiła, że jedziemy do raju, a nawet do Pana Boga.

– Zobaczycie, gdy dojedziecie! – odpowiadali na nasze pytania żołdacy, a w ich słowach zamiast wulgaryzmów pobrzmiewała teraz kpiarska nuta.

Wtłoczeni w sanie ruszyliśmy w kierunku stacji kolejowej, żegnając to, co było nam najdroższe, bez najmniejszej pewności, że jeszcze kiedyś tu wrócimy.

## Rozdział 2. DROGA

Jeszcze zanim odjechaliśmy saniami, wypędzeni z własnego domu, ustawiono nas przed nim w rzędzie na wąskiej, wykopanej w śniegu ścieżce. Staliśmy więc, jeden przy drugim, spłakani do cna, zasmarkani, zastraszeni i zrezygnowani. Był wczesny, bardzo wczesny ranek. Dookoła pustka i szara o tej porze biel śniegu. Mieliśmy wrażenie, że wszyscy śpią, tylko nasza rodzina została pozbawiona snu. W rzeczywistości jednak w osadzie nie spał nikt, zwłaszcza jej starsi mieszkańcy. Było zimno. Już kilka minut stania na dworze dawało się we znaki.

Spłakana mama, tuląc do siebie trzymaną na ręku Zosię, miała na twarzy bezgraniczny smutek. Ja dreptałem w miejscu, stojąc koło ojca, który trzymał mnie za rękę. Spoglądałem na niego w górę z podziwem. Stał dumnie wyprostowany, miał przymrużone oczy i posępne oblicze, gniew jednak musiał nim bardzo targać. Odczuwałem to jako bolesny uścisk, kiedy na moment zapominał, że w swojej męskiej dłoni ma małą, kruchą rączynę dziecka. Czasami ból był tak mocny, że z moich ust wyrywał się okrzyk, nie płakałem jednak, wiedziałem bowiem, że ojciec nie znosi mazgajstwa, co niejednokrotnie powtarzał swojej żonie i dzieciom.

Być może nie płakałem także dlatego, że w moich oczach nie było już łez. Wszystkimi nerwami czułem za to, jaką nienawiścią pała ojciec do tych, którzy pozbawili nas domu i całego dobytku. Zapewne bolało go w szczególności to, z jaką bezwzględnością zostaliśmy wyrzuceni na mróz. „Boże, wybacz mi, lecz ja także ich nienawidzę!" – myślałem, choć jednocześnie bałem się, patrząc, jak sołdaci przełożonymi na krzyż deskami zabijają okna i drzwi naszego ukochanego domu, z którego rodzice byli tak dumni.

Nic dziwnego, był ładny i niemal nowy. Niektórzy sąsiedzi zazdrościli go nam, a wówczas ojciec mawiał żartobliwie:

– Spalcie się i wybudujcie nowy, nie będzie wam żal!

Te okolice Polesia były cudowne. Zresztą które rodzinne strony nie są najcudowniejsze, zwłaszcza we wspomnieniach? Dom nasz, z którego suchą stopą można było przejść do zabudowań gospodarczych, stał w dolince okolonej niewielkimi wzniesieniami. Niedaleko, w innej dolince, znajdowało się jeziorko, a obok niego staw. Cały ten teren otulał las, znajdujący się także w zasięgu ręki. Wszystko było nasze, a jednak musieliśmy zostawić to na pastwę losu, a sami udać się nie wiadomo dokąd, najpewniej na poniewierkę i tułaczkę.

Chyba dla podkreślenia swej dumy ojciec ubrał się w mundur, który wkładał, gdy wraz z mamą i resztą rodziny jechał w niedzielę bryczką do kościoła. Teraz przez tę jego dumę zaczynał przenikać chłód poranka. Stukanie obcasami lśniących nawet w półmroku oficerskich butów, które otrzymał (chociaż nie był oficerem) idąc do cywila, świadczyło o tym dobitnie.

– Przecież mogłeś założyć kożuch – narzekała mama.

– Jestem żołnierzem nawykłym do trudów – odpowiadał krótko.

Po jakimś czasie zarówno stukanie, jak i przeklinanie ludzi oraz Boga w języku rosyjskim i ukraińskim ucichło, a za moment padła komenda: „Sobirajties! Paszli!”[1]

Może z pięćdziesiąt metrów od naszego domu, na głównej drodze, stały sanie z zaprzężoną do nich parą koni, zasypane śniegiem, jak wszystko wokół.

– Kobiety i dzieci na sanie, a pozostali za nimi!

Dwóch sołdatów usiadło z tyłu, jeden z przodu. Za saniami ustawiono ojca i trzech starszych braci. Na końcu kolumny, jako straż tylna, szedł jeszcze jeden sołdat.

Zmieściliśmy się w saniach z niemałym trudem. Stale ponaglani i popychani, ostatecznie zdołaliśmy się jakoś całą piątką ulokować, układając uprzednio pakunki, których było w sumie niewiele, gdyż nie pozwolono nam zabrać wszystkich. Została pierzyna, pledy i część odzieży, skrzętnie przygotowanej przez mamę na czas podróży. Nie pomogły ani krzyki, ani płacz, ani błaganie, że tu chodzi głównie o dzieci.

– Nie lzia![2]– I koniec dyskusji.

Parsknęły konie, zaskrzypiały płozy sań. Najpierw odnieśliśmy wrażenie, że sanie się rozciągają, by następnie drgnąć i ruszyć. W słomie, którą były wyłożone, początkowo było nawet ciepło i przyjemnie. Gorzej z pewnością mieli idący za saniami. Zmuszeni do brnięcia w śniegu, sięgającym czasami do kolan, a nawet i wyżej, bardzo się męczyli. Z koni kłębami buchała para.

Chwilami przychodziło zapomnienie, a wówczas robiło się pięknie i romantycznie, jak to na kuligu... Śnieg, sanie, konie i rodzina w komplecie.

---

[1] Zbierajcie się! Idziemy!

[2] Nie wolno!

Tylko coraz to wybuchający szloch i płacz, głównie wśród nas pięciorga w saniach, nie pozwalały zbyt długo upajać się urokami tej zimowej sanny. W naszych umysłach panował niebywały natłok myśli i pytań: dlaczego? za co? dokąd? kto?

Nie pamiętam, jak długo jechaliśmy saniami, lecz musiała to być z całą pewnością długa droga, skoro zdążyłem się przespać, a raczej dospać to, co mi odebrano, budząc brutalnie w środku nocy. Po przebudzeniu, mimo starannego ubioru, poczułem chłód, a wręcz przeszywający do szpiku kości ziąb.

Pilnujący sań sołdaci co jakiś czas zmieniali się, pozwalając odpocząć temu, który szedł na końcu. Ojciec i trzej moi bracia, którzy całą drogę musieli przemierzyć na własnych nogach, byli u kresu wytrzymałości. Ziąb był tak okrutny, że przy ich ustach kłębiła się para. Mimo wszystko jednak tym, którzy szli, było najcieplej. Nawet jadący saniami sołdaci co jakiś czas zeskakiwali na ziemię i przez chwilę maszerowali obok, dla rozgrzewki. Kiedy dotarliśmy do stacji kolejowej, mróz zdążył się dać we znaki wszystkim, bez względu na narodowość. Wszyscy tupali nogami, bili się ramionami po bokach i rozcierali rękoma twarze.

Na stacji było pełno uzbrojonych sołdatów. Po krótkiej rozmowie i sprawdzeniu dokumentów polecono nam zabrać bagaż i udać się do wagonu, wchodzącego w skład pociągu.

## Rozdział 3. POCIĄG

Pociąg, do którego nas skierowano, stał nieopodal, jakby na bocznym torze. Wokół panowała złowroga cisza. Skrzypiący niczym skarga śnieg, deptany przez pilnujących pociągu żołdaków, oraz ich okrzyki w języku nam znanym, lecz obcym, dopełniały obrazu, który nie mógł radować tych, których wpychano do wagonów. Kierowani i popychani kolbami, ślizgając się, a bywało, że upadając, dźwigaliśmy pakunki, aż wreszcie dotarliśmy do pociągu.

Kazano nam zatrzymać się przed wagonem, który miał półkolisty dach i był w kolorze brudnej czerwieni. Kiedy otwarto na oścież jego duże drzwi, ukazało się wnętrze – bez żadnych urządzeń szare i smutne. Po obu stronach siedzieli stłoczeni w grupki lub stali w pozycji wyczekującej nieznani nam ludzie.

Rozkazano nam wchodzić, ponieważ nikt nie chciał tego uczynić z własnej woli. Kiedy nawet mimo rozkazu nie przejawialiśmy chęci wejścia do wagonu, zaczęto pomagać nam kolbami, przykładając lufy, żeby było zabawniej, w miejsce, gdzie znajduje się odbyt, i pchając z całej siły. Każdej takiej akcji towarzyszyły, jak poprzednio, obraźliwe inwektywy. Słowo „Lach" na długie, jak się później okazało, lata zastąpiło słowo „Polak", względnie „Polaczek". W ten sposób widocznie usiłowano dać nam do zrozumienia, że być Polakiem to tak, jakby być niczym lub tylko „sobaczym pomiotem" albo „swołoczą".

Dorosłych zapewne zastanawiało, skąd w tych ludziach tyle nienawiści do nas, dlaczego ich stosunek do Polaków zmienił się tak radykalnie. Jeszcze wczoraj kłaniali się lub schodzili z drogi, a dzisiaj niemal plują nam w twarz. To straszne, gdy człowieka traktuje się poniżej ludzkiej godności! Czyżby nasi dziadowie i ojcowie odnosili się do nich tak samo? Czyżby się nad nich wywyższali? Czyżby uległość i przywiązanie Sowietów do Polaków było tylko pozorne i teraz wyzwoliło się ich prawdziwe oblicze?

Sponiewierani, pobici, zdruzgotani psychicznie i fizycznie, staliśmy zamknięci w środku wagonu, pozostawieni samym sobie. Otaczał nas półmrok, ponieważ tylko niewielka ilość światła dziennego przesiąkała przez cztery małe, okratowane i zadrutowane okienka. W pobliżu miejsca, w którym staliśmy, w podłodze znajdował się otwór o nieznanym nam jeszcze przeznaczeniu.

Ojciec któryś już raz z kolei usiłował zaprotestować i, mimo wyraźnego zakazu opuszczania wagonu, próbował wyjść, okazało się jednak, że drzwi są zaryglowane. Kilka silnych i wykonanych z desperacją uderzeń pięścią musiało wystarczyć za cały protest. Miotał się jeszcze przez chwilę, ale w końcu zrezygnował, tym bardziej że z kąta odezwał się nagle życzliwy męski głos:

– Szkoda pięści! Dla pana i dla pańskiej rodziny będzie lepiej, gdy zajmiecie miejsce w wagonie i poczekacie na dalszy bieg wydarzeń.

Po chwili okazało się, że to głos dobrze znanego ojcu nauczyciela. Obaj mężczyźni przywitali się, a ich twarze nieco się rozjaśniły, uświadomili sobie bowiem, że wśród znajomych nie będą się już czuli tak bardzo sami i zagubieni. Kiedy się okazało, że miejsce obok siedmioosobowej rodziny nauczyciela jest wolne, ojciec ucieszył się wyraźnie i nieco radośniejszym głosem polecił mamie zająć je i zagospodarować.

Podłoga wagonu, brudna i nierówna, zasłana była niewielką ilością słomy, ale i tak czuło się jej zawilgocenie, nie mówiąc już o bijącym z niej chłodzie.

– Zdaje się, że zapędzono nas do tych wagonów zaraz po wyprowadzeniu z nich bydła, zanim zdążono je uprzątnąć – zauważyła mama, przygotowując posłanie i podglądając, jak urządzili się inni. Pomagały jej w tym starsze dzieci, kładąc na niedomytej podłodze koce, a na nich uratowaną pierzynę i poduszki, co miało (zdaniem mamy) ograniczyć przenikanie zimna z podłogi.

Po dokładnym rozejrzeniu się po wagonie można było zauważyć, że jest niemal całkowicie wypełniony. W jego wnętrzu znajdowało się około pięćdziesięciu osób, w tym sporo dzieci. Stan poszczególnych rodzin był nie do pozazdroszczenia. Wiele z nich zmuszonych było nocować tu, w tym mrozie. Pociąg, jak wynikało z tego, co mówili, stał na stacji już od dwóch dób, a mimo to nikt nie wiedział, kiedy ruszy i dokąd ich powiezie. Z ust do ust przekazywane było tylko jedno sakramentalne słowo: drzwi wagonu otworzyły się jeszcze dwa albo trzy razy, tylko po to, by sołdaci znowu mogli kogoś wepchnąć kolbami, wkopać lub wrzucić do środka niczym worek kartofli, a także po to, by do lodowatego wagonu wpuścić kolejną dawkę przenikliwego chłodu. Niepożądany i nieoczekiwany przez nikogo z pasażerów pociąg składał się z dwunastu albo piętnastu wagonów, co oznaczało, że można w nim było przetransportować nawet do tysiąca osób.

W krótkim czasie dowiedzieliśmy się, do czego służy dziura w podłodze. Korzystając z niej, najpierw wzajemnie się zasłaniano, później wstyd został zredukowany do minimum i zaniechano używania zasłon. Aby jednak nie być obiektem zainteresowania innych, dorośli wstrzymywali swoje potrzeby fizjologiczne do zapadnięcia zmroku, tak długo, jak im na to pozwalał zdrowy organizm, głównie żołądek. W przypadku dzieci zasłon nie stosowano w ogóle, od samego początku. W tej gehennie najbardziej poszkodowane były właśnie one. Wystraszone tuliły się do rodziców, nie chcąc się poruszać, mimo zachęty, nawet dla rozgrzewki. W tym bezruchu marzły tak, że bardzo szybko stawały się najpierw blade, a potem sine.

Dzieci w wagonie było wiele, i to w różnym wieku, począwszy od trzymanych na rękach niemowląt. Najwięcej było dzieci w wieku przedszkolnym, sporą grupę stanowiły dzieci szkolne, a także młodzież obojga płci. Dorosłych było chyba najmniej, bo tylko rodzice owych dzieci i kilka osób starszych, samotnych.

## Rozdział 4. W PODRÓŻY

Nie sposób uzmysłowić sobie tego, że człowiek może traktować drugiego człowieka w tak okrutny sposób, w jaki traktowano nas, Polaków. Gehenna ludzi w tych ekstremalnych warunkach podróży, niesamowicie trudnych do zniesienia przez dorosłych, a dla dzieci zabójczych – to los, jaki zgotowali nam Rosjanie.

W tej makabrycznej podróży trudne do wyobrażenia katusze przeżywały zwłaszcza matki mające małe dzieci lub niemowlęta. Maleństw tych nie było czym karmić i poić, chyba że miało się jeszcze pokarm własny. Takie „szczęśliwe" matki pozwalały swym dzieciom ssać aż do syta lub do zmęczenia i zaśnięcia. Starano się, jak to zazwyczaj bywa w takich okolicznościach, pomagać sobie nawzajem, lecz pomagając innym, należało się liczyć z tym, że pokarmu może zabraknąć dla własnego dziecka.

Po kolejnym całodziennym postoju pociągu, po zjedzeniu posiłków zastępujących śniadanie, obiad i kolację (niczym się w zasadzie od siebie nie różniących, jeśli chodzi o rodzaj pożywienia), wagon wraz ze znajdującymi się w nim ludźmi, dawno otulony ciemnościami, zasnął. I właśnie wówczas, gdy wszyscy spali lub spać powinni, coś drgnęło, stuknęły zderzaki i pociąg ruszył.

Śpiący bezwiednie przyjmowali najrozmaitsze pozy, będące często odzwierciedleniem ich przeżyć w ciągu dnia, przewijających się teraz w snach, które – jak życie – bywają przyjemne, ale i przykre. Tych przykrych musiało być więcej, słyszało się bowiem głównie okrzyki bólu i rozpaczy, a także autentyczny płacz. Większość śpiących układała się w pozie embrionu, kurcząc się na tyle, na ile to było możliwe, po to, by tracić jak najmniej ciepła. Niektórzy, w poszukiwaniu ciepła, tulili się do siebie. Wszyscy bez wyjątku spali w ubraniach, tylko nieliczni zdejmowali obuwie, kładąc je pod głowę, a okrywali się tym, co zdołali przemycić i ukryć przed bacznie obserwującymi oczyma sołdatów. Byli tacy, którzy mieli pierzyny. W zasadzie takich rodzin było najwięcej. Pozostali posiadali koce, ciepłe pledy, względnie duże, wełniane chusty, bardzo popularne na wschodnich rubieżach. Do przykrywania służyły również futra, pelisy i inne okrycia wierzchnie.

Miało się wrażenie, że wszyscy w wagonie śpią. Pozornie tak to wyglądało, chociaż z całą pewnością tak nie było. Co jakiś czas tu i ówdzie słyszało się szlochy, westchnienia i zwykły, ludzki płacz. Ktoś, nie mogąc spać, palił papierosa za papierosem, rozsnuwając woń dymu po całym wagonie. Tymczasem pociąg gnał, tak jakby chciał nadrobić czas stracony na postoju. Coraz to rozlegał się stukot kół na złączach szyn. Odnosiło się wrażenie, że tory ułożone są z krótkich kawałków szyn.

Wstawał dzień. Robiło się szaro, co wskazywałoby na to, że zbliża się lub już jest godzina siódma. Była to jednocześnie siódma godzina jazdy pociągu i to bez zatrzymywania się. Każdy, kto się obudził, pędził do otworu w podłodze i kucał nad nim lub załatwiał swoją potrzebę na stojąco. Dookoła robiło się coraz bardziej mokro, ponieważ trafić do otworu stojąc nie było łatwo.

Dwaj chłopcy, sprawiający wrażenie bardziej żywych, postanowiło wyjrzeć przez okno, by zorientować się, gdzie jesteśmy. Młodszy i lżejszy wspiął się na barki starszego i bardziej rosłego. Postał tak chwilę, trzymając się prętów okiennych, aż wreszcie zeskoczył zrezygnowany, oświadczając, że nigdzie nie widać niczego prócz śniegu.

Ojciec wraz ze znajomym nauczycielem mocowali się z drzwiami, próbując je odsunąć albo chociaż odchylić. Kombinowali tak jakiś czas, potem zaś dosyć długo stali przy nich nieruchomo. Wkrótce za ich przykładem poszli inni mężczyźni. Jednak ten sposób załatwiania potrzeby fizjologicznej dostępny był wyłącznie dla mężczyzn, kobiety i dziewczęta nadal zmuszone były kucać nad otworem, maskując swoje czynności płaszczami lub sukienkami i bardzo nisko spuszczając przy tym głowy ze wstydu.

Kolejną czynnością dnia było przygotowanie śniadania. Na razie nie było źle, ponieważ jedzenia nie brakowało, niemal każdy miał też jeszcze coś do picia. Ci, którzy nie wzięli ze sobą wody, domagali się jej już na postoju, ale otrzymali jedynie wiązkę obelg. Z tobołków, koszyków i innych zawiniątek, toreb lub walizek wydobywano chleb, masło, twarogi i wędliny. Krojono je i dzielono bardzo oszczędnie, obawiając się, że zanim dotrzemy do celu, zapasów może zabraknąć. W ten oto sposób zaczynało się przezorne, planowe niedojadanie - preludium głodu. Każdy kęs pokarmu czy okruszyna chleba były skrupulatnie zjadane.

Syberia - słowo to słyszało się coraz częściej, wręcz nieustannie, jakby wypływało z podświadomości. Nic dziwnego, u Polaków to geograficzne określenie miało swoje przesłanki historyczne, sięgające czasów bardzo odległych. Każdy, kto nawet pobieżnie znał historię swojego kraju, wiedział, że mieliśmy zatargi tak ze wschodnimi, jak i z zachodnimi sąsiadami. Jedni i drudzy bez przerwy szczerzyli kły na piękny kraj leżący nad Wisłą, gnębili więc, jeśli mogli, i wynaradawiali ludność tego kraju, wywożąc ją na Syberię, skąd w zasadzie nie było powrotu. Zarówno jedni, jak i drudzy usiłowali wymazać z mapy Europy nazwę „Polska", dokonując kolejnego, czwartego już rozbioru naszej ojczyzny.

Tego rodzaju wywody dominowały w dyskusjach wagonowej starszyzny. Mówiło się także (lecz już znacznie ciszej) o tym, jak się wyzwolić, jak uciec z tego przeklętego wagonu i pociągu. Takich zapalczywców było jednakże mało, większość opanowała apatia, będąca następstwem rezygnacji z walki. Kto wie, być może tym, którzy zaczęli przystosowywać się do nowej sytuacji i warunków, było lżej, aniżeli tym zbuntowanym.

Kiedy bardzo późnym wieczorem, a właściwie nocą, pociąg zaczął zwalniać, niemal każdy zerwał się na równe nogi, oczekując, co będzie dalej. Wszystkim nagle przyszło do głowy, że być może otrzymamy coś ciepłego do zjedzenia, względnie chociaż ciepły napój. Skupiano się więc przy drzwiach z obu stron wagonu i czekano. Pociąg jeszcze toczył się po torach, a jego pasażerowie już walili pięściami w drzwi, domagając się jedzenia i wody. Krzyczeli, wręcz wrzeszczeli, ile tylko sił w płucach. Okrzyki te jeszcze się wzmogły, gdy pociąg stanął.

– Pić! Jeść! Pić! Jeść!

Na odpowiedź nie trzeba było czekać długo. Najpierw dało się słyszeć kilka mocnych uderzeń w zewnętrzną stronę drzwi, potem zaś rozległo się wołanie:

– Spokój, swołocze! Odejdźcie od drzwi, bo będziemy strzelać!

Po czym, jak zwykle, padła jeszcze wiązanka sążnistych obelg.

Na moment zapanowała kompletna cisza. Pasażerowie pociągu zastanawiali się pewnie, czy gdyby doszło do strzelania, kule przeszłyby przez grube deski, z jakich wykonane były drzwi, które ktoś z zewnątrz usiłował teraz otworzyć, klnąc w tak wyszukany sposób, z jakim dotychczas mało kto się spotkał. Ale drzwi nie chciały się otworzyć. Najwyraźniej przymarzły. Sołdaci ponownie zaczęli walić w nie kolbami i szarpać. Ostatecznie udało im się zrobić w drzwiach szczelinę ponad metrowej szerokości. Ukazały się w niej dwie zarośnięte głowy w uszankach.

Pierwsze słowa, jakie usłyszeliśmy, dotyczyły ostrzeżenia przed ucieczką, po którym padło zapewnienie, że w razie, gdyby ktoś z nas zechciał jej próbować, będą strzelali bez ostrzeżenia. Następnie z każdego wagonu wzięto po dwóch młodych mężczyzn i ustawiono ich w kolumnie, którą skierowano w stronę ledwo widocznego w oddali, słabo oświetlonego (zapewne naftowymi lampami) budyneczku.

Ojciec po raz kolejny próbował wykorzystać sytuację, by dowiedzieć się czegoś o celu podróży. Zagadnięty żołdak spojrzał na niego z pogardą i nienawiścią w oczach, po czym splunął, mówiąc:

– Nie twoje dieło, ty sukinsynie! [3]

Ostatnie słowo zostało wypowiedziane z takim naciskiem, że pozostały po nim syk długo jeszcze unosił się w powietrzu. Podkreśleniem odpowiedzi było powtórne splunięcie.

Sołdaci chodzili wzdłuż pociągu, po obu jego stronach, pilnie rozglądając się na wszystkie strony i trzymając broń pod pachą, lufą skierowaną ukośnie w ziemię. Wystarczyło tylko lekko ją podnieść, by móc strzelić z biodra, na to się jednak, przynajmniej na razie, nie zanosiło.

Upłynęło sporo czasu, zanim wybrani mężczyźni wrócili. Przez cały ten czas drzwi wagonu były otwarte, a wpływający przez nie ziąb pozbawiał

---

[3] Nie twoja rzecz, ty sukinsynie!

ludzi resztek zgromadzonego ciepła. Każda dwójka mężczyzn przyniosła garnek i dwa wiadra wody, jeszcze ciepłej, o czym świadczyła unosząca się para. Polecono nam podchodzić z naczyniami. Właściwie ten rozkaz był niepotrzebny, bo wszyscy i tak już tłoczyli się przy drzwiach, chcąc znaleźć się jak najbliżej garnka, który wstawiono do wagonu wraz z wiadrami napełnionymi wodą.

Każdy podawał takie naczynie, jakie miał. Były więc garnki, garnuszki, fajansowe kubki, a nawet porcelanowe filiżanki. Bardziej przewidujący zaopatrzyli się w miseczki, a nawet talerze. Przeważnie każdy miał jakąś łyżkę i inne sztućce. Byli jednakże i tacy, którzy nie zabrali żadnego naczynia i teraz patrzyli błagalnie na pozostałych, szukając kogoś, kto mógłby im użyczyć jakiegoś kubka. Każdy przecież tak długo marzył o tym, by zjeść coś ciepłego lub chociażby napić się ciepłej wody.

Naczynia przeważnie były już do czegoś używane lub nawet coś się w nich jeszcze znajdowało, lecz szybko je opróżniono i, czyste czy nie, podawano sołdatowi. Ten brał naczynie w rękę (zabezpieczoną wielką, brudną rękawicą z jednym palcem), drugą zaś ręką (ubraną w takąż samą rękawicę) nabierał zupę narzędziem przypominającym puszkę po konserwie przybitą do krótkiego kija. Krótki trzonek powodował, że przy każdym zaczerpnięciu rękawica częściowo zanurzała się w zupie. To, co się na niej znalazło, żołdak strząsał na powrót do kotła, nie przerywając wydawania. Najwyraźniej humor mu dopisywał, gdyż przy każdym strząśnięciu rękawicy śmiał się, powtarzając:

– Dobra zupa! Smaczna zupa! Bardzo smaczna zupa!

Szczęśliwcy, którzy już dostali tę tak bardzo upragnioną „smaczną zupę", długo jakoś przyglądali się jej, mieszając z niedowierzaniem, że coś takiego daje się do jedzenia ludziom. Była to bowiem brunatnoszara lura, w której czasami trafiał się kawałek ziemniaka, kilka krup lub odrobina kapusty. Ktoś znalazł także kawałek sznurka, inny z kolei pokaźną, niezbyt dobrze wygotowaną, sporych rozmiarów drzazgę. Nawet buchająca z garnka para, co skonstatowano później, zdaniem wszystkich śmierdziała straszliwie, znacznie gorzej od pomyj, jakie podawano w domu świniom.

Tylko rozsądek rodziców, a także pozostałych dorosłych, kazał połykać to paskudztwo, chociaż miało się wrażenie, że wszystko zaraz cofnie się z żołądka z powrotem do talerza (to, co z takim trudem zostało połknięte, bez wątpienia zostałoby zwrócone z wielką łatwością). Rodzice jednak powtarzali bez przerwy, że należy jeść, nie zastanawiając się nad tym, co się je, nikt bowiem nie wiedział, kiedy otrzymamy kolejny ciepły posiłek. Komu udało się zjeść wymarzoną „zupę", szybko podstawiał naczynie po wodę, teraz już zupełnie zimną. Nie dziwota – był mroźny wieczór, a raczej noc.

Śnieg, oświetlany lampami żołdaków, skrzypiał pod ich buciorami, mienił się i skrzył niczym kryształ.

Kiedy rozdano zupę i wodę, należało odnieść naczynia tam, skąd je wzięto. Poszli więc ci sami, którzy zostali wyznaczeni do ich przyniesienia. Wracając do wagonów pod eskortą (która nie była przeciwna prowadzeniu rozmowy), ktoś, komu Ruscy zdążyli już mocno zajść za skórę, postanowił skorzystać z okazji i „urwać się". Musiał już wcześniej upatrzyć sobie dogodne miejsce, bo nagle uskoczył w bok i położył się za wzniesieniem powstałym z nawianego śniegu. Gdyby tam pozostał (jak potem opowiadano), może i udałoby mu się uciec, ale jemu zdawało się, że już jest wolny. Wstał, chcąc pobiec dalej, lecz w ten sposób natychmiast się zdemaskował. Od razu został zauważony. W jego kierunku padły tylko dwa strzały, ale obydwa okazały się celne.

Po tych strzałach w miejscu postoju najpierw zapanowała złowroga cisza. Później, gdy ludzie nieco ochłonęli, rzucono się na pomoc uciekinierowi, wywołując ogólne zamieszanie. Pierwsi, którzy dobiegli do leżącego, postanowili zanieść go do wagonu, lecz sołdaci, którzy także się tu znaleźli, nie pozwolili na to, stwierdzając, że mężczyzna nie żyje i zostanie przez nich pochowany. Rodzinie, która prosiła, by jej pozwolono pogrzebać zmarłego, także odmówiono, oświadczając tylko, że zostanie pochowany po chrześcijańsku i dodając:

– Nie mamy zamiaru wozić trupa!

Jak zwykle ani płacz, ani błagania nie pomogły. Decyzja sołdatów była stanowcza i nieodwołalna. Po tym tragicznym wydarzeniu, używając jako straszaka pojedynczych ostrzegawczych strzałów karabinowych, wszystkich zapędzono do wagonów, a kilka minut później zasunięto i zaryglowano drzwi.

W naszym wagonie (pewnie tak samo, jak i w pozostałych) do późnych godzin nocnych roztrząsano ostatnie wypadki, które wszystkich bez wyjątku przeraziły, zmuszając do przemyślenia i zweryfikowania planów, jakie (co się okazało w następnych dniach) pokątnie przygotowywano. Do wszystkich dotarło wreszcie, że to, co mówili sołdaci o użyciu broni bez ostrzeżenia, nie było wyłącznie czczym gadaniem.

Po długim, trwającym kilka godzin postoju pociąg ruszył i od razu nabrał dużej szybkości. Tym razem gnał tak przed siebie przez ponad dwie doby. Raz tylko zatrzymał się na krótko, lecz nie po to, by nakarmić głodnych czy też napoić spragnionych. To nastąpiło dopiero w trzecią z kolei noc, licząc od momentu wyruszenia z miejsca ostatniego postoju. Tak jak poprzednio, pociąg zatrzymał się na jakiejś małej stacyjce (tak zresztą było również przy następnych postojach), z nazwy której niczego nie można było wywnioskować, ani też niczego się dowiedzieć. Z uwagi na to, że postoje miały miejsce wyłącznie w nocy (a jeśli nie w nocy, to w czasie, gdy na dworze panowały już zupełne ciemności), na stacyjkach tych nikogo poza jadącymi Polakami i sołdatami nie było.

Usiłowano dowiedzieć się czegoś od ludzi, którzy przygotowywali w drodze „posiłki" i ciepłą wodę dla „Lachów", lecz oni sami nie byli zorientowani. Ktoś napomknął, że ta trasa prowadzi chyba do Archangielska, ktoś inny, że na Ural, dodając, że do Kazachstanu też można tędy dojechać.

W każdym razie wiadomo było chociaż, że najbliżej jest do Morza Białego.

Zupa na drugim postoju była jeszcze gorsza niż poprzednio, a woda zupełnie już zimna. Po zjedzeniu szarej lury wiele osób doznało dolegliwości żołądkowych w postaci galopującego rozwolnienia. Otwór w podłodze stale był zajęty. Bywało, że jeden poganiał drugiego, nie mogąc już wytrzymać. Niebywałym problemem stał się brak jakiegokolwiek papieru, nieodzownego w takich okolicznościach. Darto wszystko, co podrzeć się dało i co mogło go zastąpić.

Co gorsza, poza rozwolnieniem jadących zaczynały atakować także inne choroby. Pierwszymi ich ofiarami stawały się dzieci, zwłaszcza te słabsze. Coraz częściej słyszało się ich rozdzierający serce płacz i błaganie o wodę, która by ugasiła rozpalone gorączką ciała. W takich sytuacjach bywało, że ktoś, kto miał coś do picia, wspomagał bardziej spragnionych, pozbywając się tego, co było teraz najdroższym, bo najtrudniej dostępnym, towarem. W poszukiwaniu wody uciekano się również do środków zastępczych, jak chociażby zeskrobywanie szronu z metalowych części wagonów.

Najgorszą jednak chorobą była depresja i rezygnacja, czyli zdanie się na to, co przyniesie los. Byli jednak i tacy, którzy nie chcieli się poddać. To za ich sprawą w czasie tej podróży usłyszeliśmy strzały po raz drugi.

Co sprawniejsi skoczyli do okienek, lecz i tym razem nie udało im się niczego zobaczyć, chociaż natychmiast po strzałach pociąg zaczął hamować, a następnie przez bliżej nieokreślony czas wolno toczył się po zmarzniętych torach. Podróż, jak wynikało z obliczeń, trwała już jedenasty dzień, a właściwie jedenastą dobę (bo jest przecież różnica pomiędzy jazdą w dzień, a jazdą przez dwadzieścia cztery godziny bez przerwy).

Na kolejnym postoju sprawa strzałów wyjaśniła się. Przekazywana od wagonu do wagonu wieść niosła, że z pociągu usiłowało zbiec czterech mężczyzn. Los dwóch z nich, zastrzelonych, znali tylko sołdaci, a najlepiej wilki, których całe watahy krążyły w okolicy o tej porze roku. Los pozostałych dwóch, którym udało się uciec, poznaliśmy znacznie później. Szczegóły dotarły do nas po ponad roku, gdy już byliśmy „dobrze urządzeni" w łagrze, z którego ojciec pisał do znajomych, by zaopiekowali się domem i tym wszystkim, co zostawiliśmy. W ten oto sposób i my otrzymaliśmy list, i to na dodatek od stryja, o którym wiedzieliśmy tylko tyle, że jedzie razem z nami, tylko w innym wagonie. Okazało się, że to właśnie on, wraz z trójką innych mężczyzn, uciekł z pociągu.

Jak wynikało z wymiętoszonego (i otwartego oczywiście) listu, z czwórki uciekinierów dwóch zastrzelono już w momencie skoku na nasyp kolejowy, jeden zaś został postrzelony, ale tak niebezpiecznie, że nie był w stanie iść o własnych siłach. Dziwnym i szczęśliwym dla stryja trafem, jego nie dosięgła, ba, nawet nie drasnęła, żadna kula, chociaż Rosjanie strzelali, nie żałując naboi. Uchroniły go jakieś zarośla, za którymi skrył się po sturlaniu z nasypu. Ponieważ pociąg się nie zatrzymał, nikt nie poszedł sprawdzić, czy leżący jeszcze żyją czy nie. Rannego stryj taszczył przez wiele kilometrów, przez zaśnieżone pola i lasy, grzęznąc w śnieżnych zaspach i odpoczywając w stogach siana. Gdy dowlókł się z nim do jakiegoś zabudowania, ten już dogorywał, on zaś nie czuł stóp, tak były odmrożone. Dalej iść już nie miał siły, zdał się więc na los. Gospodarze, którym zawierzył, byli Rosjanami, lecz równocześnie okazali się być ludźmi. Zaopiekowali się obydwoma Polakami i nie wydali ich w ręce oprawców. List od stryja był to jeden jedyny list, jaki do nas dotarł od kogokolwiek, kiedy byliśmy już w łagrze.

* * *

Tymczasem po dwutygodniowej, upiornej i wyniszczającej, a nierzadko nawet zabijającej podróży zaczynaliśmy pomału wątpić w to, że ktokolwiek z nas opuści te wagony żywy, coraz częściej bowiem wynoszono z nich martwe ciała, przeważnie dziecięce. Nasza Zosia i jej rówieśnicy dogorywali. Dorosłych także coraz trudniej było rozpoznać. Niegoleni i niemyci mężczyźni wyglądali straszliwie. Kobiety, ograniczające się tylko do czesania włosów i nie mające możliwości utrzymywania higieny osobistej, musiały czuć się okropnie.

Starsi, wodząc palcami po ścianie i wyobrażając sobie na niej mapę, analizowali trasę, jaką teoretycznie mógł przemierzać ten pociąg widmo. Niektórzy odnosili wrażenie, że krąży w obrębie kilku republik; inni jeszcze bardziej puszczali wodze wyobraźni, twierdząc, że był już pod biegunem północnym i cofnął się na południe. Znajomy nauczyciel sądził – czemu ojciec przytakiwał – że zmierzamy nadal na północ i znajdujemy się obecnie gdzieś w okolicach Wołogdy. Na kolejnym postoju przypuszczenia te znalazły potwierdzenie, ponieważ ktoś dziwnym trafem zorientował się co do miejsca, w które dotarliśmy, i orzekł, że jesteśmy wiezieni nie gdzie indziej, tylko na Sybir. W pociągu nie było już mocnych. Ojciec ze starszymi synami przymierzał się do otworu w podłodze, dochodząc do wniosku, że należałoby go powiększyć, aby móc swobodnie wślizgnąć się pod wagon w czasie jazdy. Żałował przy tym, że nie był razem z tymi, którym udało się porozumieć i spróbować ucieczki. Z drugiej strony jednak martwił go los żony i najmłodszych dzieci. Obawiał się, że bez jego opieki może nas spotkać coś znacznie gorszego, niż to, co dotąd przeżyliśmy. Byli i tacy, co odradzali mu także narażanie życia swojego i synów.

– Lepiej umrzeć z honorem, aniżeli żyć na kolanach! – zwykł wówczas odpowiadać.

Tymczasem zapasy żywności wyczerpały się już do cna. Jeżeli ktoś miał jeszcze coś do jedzenia, chował to przed innymi, jedząc po kryjomu, przeważnie nocą. Do zimna można było jakoś przywyknąć, do głodu już nie.

Na kolejnym postoju niecierpliwie oczekiwano na otwarcie drzwi, lecz przez cały dzień i całą długą noc nikt ich nie otworzył.

– Zginiemy w tych wagonach z głodu i zimna! – mówiono, tracąc wszelką nadzieję.

Dopiero drugiego dnia w południe odsunięto drzwi na całą szerokość i kazano szybko wychodzić. Sołdaci, biegając od wagonu do wagonu, wydzierali się na nas, waląc przy tym z całych sił kolbami w ściany wagonów i klnąc siarczyście. Z potoku ich bełkotliwych krzyków udało nam się wywnioskować, że mamy jak najszybciej zebrać manele, wyjść z wagonu, a następnie ustawić się przed nim i czekać.

## Rozdział 5. DOM CORAZ DALEJ

Staliśmy stłoczeni przy wyjściu z wagonu, rozglądając się dookoła trwożliwie, a jednocześnie z zaciekawieniem, dokąd nas przywieziono. Mimo słonecznego dnia twarze deportowanych były pochmurne. Malowało się na nich przerażenie i lęk przed tym, co ma nastąpić.

Pociąg zatrzymał się w szczerym polu, pokrytym grubą warstwą nieskazitelnie białego, zmarzniętego śniegu. Chociaż rozkazy były wyraźne, nikt nie kwapił się do opuszczania wagonów, bojąc się zapewne, że pozostanie w tym pustkowiu na zagładę.

– Wychodzić! Wychodzić! Szybciej! – ponaglano, więc w końcu niektórzy zaczęli opuszczać wagony, a schodząc wpadali w głęboką, nieudeptaną warstwę śniegu.

Zdaniem sołdatów opuszczanie wagonów przebiegało jednak zbyt wolno. Wtargnęli do środka. Krzycząc, przeklinając i kopiąc wszystko, co wpadło im pod nogi, popychali kolbami do wyjścia, a nawet spychali wprost w śnieg tych, którzy mieli trudności z zejściem, gdyż przestrzeń między podłogą wagonu a ziemią była dla nich zbyt duża. Niemal żaden z wyskakujących (a do tych należeli głównie młodsi) nie był w stanie utrzymać się na nogach i padał, tarzając się w śniegu przy próbach wstawania.

Każdy, kto zetknął się z białym puchem, chwytał go łapczywie w ręce i jadł – tak, jakby się nim miał nasycić i napoić. Zmarznięty śnieg rozsypywał się, sięgano więc po nową porcję, potem następną i kolejne. W innych, bardziej normalnych okolicznościach byłoby to może nawet zabawne, w tej sytuacji większości chciało się płakać.

Dookoła, jak okiem sięgnąć, nie widziało się żadnych zabudowań. Równina z rzadka pokryta była głównie niezbyt wyrośniętą sosną i jakimiś nieznanymi nam krzewami, ogołoconymi obecnie z liści i wystającymi tylko w jednej trzeciej spod śniegu. Gdzieniegdzie sterczały także trawy, a raczej ich zeschłe badyle. Dopiero w dalszej perspektywie, na pierwszy rzut oka oddalonej od toru kolejowego o wiele kilometrów, widoczna była ciemna, zwarta ściana lasu.

Ten widok napawał nadzieją – na schronienie, na drewno do ogniska i na miłe tego ogniska ciepło, a nawet być może na jakieś mięso z dzikiego zwierza lub ptactwa. Polowaniem w naszej rodzinie zajmowali się niemal wszyscy mężczyźni, i to od najmłodszych lat. Gorzej tylko, że brak tu było narzędzi, które ułatwiłyby zdobywanie w ten sposób pożywienia. Na szczęście istniały inne metody, proste i równie skuteczne. Gdyby zaszła potrzeba, zawsze można się było do nich uciec.

Działania sołdatów przyśpieszyły pakowanie się i opuszczanie wagonów. Przy każdym stała w tej chwili grupa ludzi-cieni, chwiejących się na nogach, bladych, zżółkłych, a nawet zsiniałych. Opatuleni we wszystko, co mieli, przypominali barwne chochoły albo kukły, jakie zwykły robić swymi niewprawnymi rączkami dzieci, chcąc mieć do zabawy lalkę, jeśli rodziców nie stać było na kupienie gotowej, pięknie ubranej. Teraz dopiero dało się zobaczyć, jak wiele ludzi spędzono tu niczym bydło, jak bydło przetransportowano i jak bydło zastraszono krzykiem i poganianiem. Z tego zdezorientowanego tłumu utworzono kolumnę, która po chwili ruszyła w ślad za przewodnikiem – jednym z konwojujących sołdatów.

Była to kolumna godnych pożałowania ludzi z tobołkami na plecach, bagażem oraz dziećmi, niesionymi na rękach albo idącymi za rękę u boku rodziców. Zarośnięci, brudni, nieustannie chwiejący się na nogach, niepewnych, osłabionych od długiej jazdy i braku ruchu, szli, przewracając się, a przewracając się, podcinali nogi innym, powodując kolejne upadki. Po każdym takim upadku następowała szybka, jeśli nie błyskawiczna, reakcja idących obok konwojentów, którzy śpieszyli z pomocą dźwigającym się, używając do tego celu kolb i wulgaryzmów. Dzieci zapadały się w śnieg aż po pachy, więc dorośli brali je na ręce i, mimo że sami już nie mieli sił, nieśli je, wkładając w to maksimum wysiłku.

Kolumna na wpół żywych istot ludzkich podążała w stronę owego tajemniczego lasu, który wciąż jeszcze wydawał się bardzo odległy. Wcześniej przemarznięci, teraz z kolei zalewający się potem, brnęli tam, gdzie im kazano. Już nie byli panami własnego losu. Jedyną, choć jakże niewielką pociechą była myśl, że na taki sam męczący marsz skazani są ich nadzorcy, którzy również musieli brnąć w śniegu, podpierając się uniwersalnym narzędziem, jakim były ich karabiny (chyba jeszcze z pierwszej wojny światowej), obciążeni wyładowanymi w połowie plecakami.

Można zaryzykować stwierdzenie, że z początku w kolumnie maszerowało się nawet dosyć wesoło. Dopiero teraz, po długiej, osnutej mgłą tajemnicy podróży bez celu, niektórzy spotykali swoich znajomych, a nawet krewnych, nieświadomych tego, że jadą w tym samym pociągu, skazani na taką samą gehennę. Jednakże w miarę upływu czasu i przemierzanej nogami drogi, której tak naprawdę nie było, radość zaczęła ustępować miejsca zatroskaniu, a potem rozpaczy.

Po ponad dwugodzinnym, intensywnym marszu, przy pierwszej większej kępie drzew zarządzono odpoczynek. Ludzie porozsiadali się wkoło, najczęściej na niesionym bagażu albo wprost na śniegu. Ci, którzy mieli za plecami pnie drzew, opierali się o nie i tak, siedząc lub stojąc (byli bowiem i tacy, co uważali, że z siedzenia nic dobrego wyjść nie może), nabierali sił do dalszej drogi. A sił potrzeba było jeszcze wiele, gdyż rozeszła się wieść, że cel, do którego zmierzamy, oddalony jest o ponad dwadzieścia kilometrów. Jak dotąd przeszliśmy trzy, może pięć. Spojrzawszy do tyłu, widziało się jeszcze stojący na torach pociąg.

I znowu na rozkaz trzeba było wstać i po zaledwie półgodzinnym odpoczynku ruszyć dalej.

– Prędzej! – poganiali sołdaci. – Jeżeli się nie pośpieszycie, to noc was zastanie w lesie!

Po każdej takiej reprymendzie czoło kolumny przyśpieszało kroku, lecz jednocześnie znaczna część ludzi szła już resztkami sił, tylko dlatego, że im kazano. W ten sposób kolumna licząca około tysiąca osób ciągnęła się wężykowato na długości około trzystu, czterystu metrów.

Bywało, że na trasie napotykano wzniesienia. Aby się na nie wspiąć, należało zwiększyć wysiłek, co okazywało się wcale nie takie łatwe. Wchodząc, wielu upadało, przy schodzeniu było podobnie. Niektórzy, nie chcąc korzystać z pomocy sołdatów, podnosili się sami, innych (zwłaszcza kobiety) niejednokrotnie trzeba było wesprzeć. Słabi kurczowo trzymali się swoich krewnych lub tylko znajomych, dysponujących większymi siłami. Jeżeli chodzi o dzieci, bez względu na to, czyje były, opiekowali się nimi wszyscy, lecz i tak to właśnie one były najbardziej godne pożałowania.

Marsz kolumny przerywano jeszcze dwu- lub nawet trzykrotnie. Po każdym takim odpoczynku coraz więcej osób nie miało siły iść dalej, a wtenczas konwojenci bili ich i kopali, w ten sposób pomagając im wstać i ruszyć w dalszą drogę. Na szczęście w grupie skazańców zaraz znajdowali się tacy, którzy podchodzili do wyczerpanej współofiary, brali ją pod pachy i ciągnęli (o chodzeniu nie było już mowy).

Nasza liczna rodzina jakoś dawała sobie radę, a nawet pomagała innym. Ojciec i trzej moi bracia, niemal dorośli już mężczyźni, obładowani nie zawsze swoimi pakunkami i dziećmi, dosyć dzielnie pokonywali trudy marszu. Tato, mimo że na jednej ręce miał najmłodszą córkę, a w drugiej trzymał walizkę, wspierał jeszcze – na tyle, na ile się dało – coraz bardziej słabnącą mamę.

Kiedy duże, czerwone słońce zaczęło chować się za czubki sosen oraz świerków i zdawało się, że jesteśmy skazani na stracenie, dotarliśmy do ściany zwartego lasu i wkroczyliśmy na wyrąbaną w nim ścieżkę, zwaną leśnym duktem, lub przecinką. Sołdaci nagle się ożywili. Zaczęli ganiać pomiędzy drzewami, wzdłuż kolumny, jakby się bali, że ktoś mógłby skorzystać z okazji i oddalić się.

Jakoś nie brali pod uwagę tego, że ludzie, pędzeni przez nich niczym bydło, nie mieli sił myśleć, a co dopiero planować ucieczkę, i to przez tereny nikomu nieznane.

Niebawem las się skończył i cała kolumna znalazła się na olbrzymiej polanie, a raczej karczowisku, jako że w ziemi zasypanej śniegiem, na dosyć dużej wysokości (niemal równej człowiekowi niewielkiego wzrostu) tkwiły jeszcze karpy ściętych drzew. Jedynymi na tej polanie budowlami były długie drewniane baraki. Ich ciemne sylwetki wyraźnie odcinały się od białej przestrzeni poręby. Stały szeregowo, jeden obok drugiego, w niewielkich odstępach. W pewnym oddaleniu od ośmiu długich baraków stał jeden znacznie krótszy, przypominający raczej budynek, aniżeli barak, a za nim (także w pewnej odległości) znajdowała się jeszcze jedna drewniana budowla sporych i niesymetrycznych rozmiarów. Z niekłamanym niepokojem spoglądano na owe baraki, zadając sobie pytanie, w jaki sposób Rosjanie zamierzają rozmieścić w nich taką masę ludzi.

Kiedy cała kolumna stłoczyła się na otwartej, zmrożonej przestrzeni, jeden z sołdatów (ten, który przez cały czas wydawał najwięcej komend) wystąpił do przodu.

– Ja tu jestem komendantem i ja za wszystko jestem odpowiedzialny, będę tu dla was i Bogiem, i carem! – przemówił do tłumu ludzi-widm. – Ode mnie będzie zależało, czy będziecie żywi czy umarli i wyrzuceni na pożarcie wilkom. Baraki, które widzicie, będą waszym domem na długie lata, a być może i na całe życie. Nikt nie będzie tu jadł za darmo, ale zarobić na jedzenie będzie okazja.

Po tym wstępie ofiary stalinowskiego reżimu, stojące na ostatnich nogach i sprawiające wrażenie niesłuchających, dowiedziały się, czego im nie wolno. Właściwie to z całej plątaniny słów komendanta łagru wynikało, że tylko jedno im wolno: pracować, do ostatniego tchnienia. To ruskie, do obrzydzenia powtarzane powiedzenie „Nie rabotajesz, nie kuszajesz"[4], które obiegło już wielokrotnie cały świat, w sposób okrutny dotarło w końcu do świadomości deportowanych. Ilość przydzielanego chleba miała być ściśle uzależniona od ilości wykonanej pracy. Aby mieć więcej żywności, między innymi dla małych dzieci, należało zapędzić do pracy także dzieci starsze. Według komendanta ośmioletnie dziecko mogło z powodzeniem pomagać przy zbieraniu gałęzi, które będą odrąbywać starsi.

– Kto zamierza chorować i liczyć na pomoc naszą lub innych, najlepiej niech zdechnie na samym początku, chociażby dlatego, żeby nie być ciężarem dla rodziny – zakończył komendant. – A teraz zostaniecie rozlokowani w barakach. Jutro dzień na urządzanie się i sprawy organizacyjne obozu. Od następnego dnia tylko praca, praca i jeszcze raz praca.

## Rozdział 6. LODOWATE PIEKŁO

Poinformowanych rozmieszczono wreszcie w barakach. Były to długie budowle wykonane z dwustronnie ociosanych pni drzew. Miały jednostronnie ukośne dachy, nad którymi wystawały po dwa blaszane kominy o średnicy około dwudziestu centymetrów, przypominające rynnę. Z każdej strony baraku znajdowały się cztery małe okienka, mogące mieć nie więcej niż pół metra szerokości i tyleż wysokości. Każde z nich miało po cztery szybki.

Wewnątrz baraków nie było dosłownie niczego poza dwoma baniastymi piecami z grubej blachy w każdym. Odnosiło się wrażenie, że baraki nie były nowe. Ślady przeróbek i napraw (głównie podłogi) wskazywały na to, że już kiedyś musiały być zamieszkałe. Poza podłogą, w której widać było wstawki

---

[4] „Nie pracujesz, nie jesz"

kawałków nowych bali, naprawiać musiano także dach. Mróz coraz bardziej dawał się we znaki. Przydzielone do poszczególnych baraków rodziny w pośpiechu zajmowały miejsca, kładąc na podłodze swój dobytek i w umowny sposób określając zajętą przez siebie powierzchnię.

Z początku barak w zasadzie nie różnił się niczym od wagonu. Tu także było zimno, pusto i ciemno.

– Boże, czy my jeszcze zaznamy takiego ciepła, jakie mieliśmy w domu? – wzdychały kobiety, sprzątając podłogę i układając na niej pościel z zamiarem przygotowania miejsca do spania dla swoich rodzin.

Tak oto zaczęła się walka o byt, o przetrwanie. Każdy zabiegał o miejsce znajdujące się w bliskim sąsiedztwie pieca, zdawano sobie bowiem sprawę z tego, że w tej strefie klimatycznej sowieckiego molocha zima trwa dziewięć miesięcy, a potem to już tylko lato i lato. Na razie większość deportowanych, nie zważając na brud i wszechobecny ziąb, byle jak rozkładała bety, waliła się na nie, otulała szczelnie tym, co było pod ręką, i zasypiała, nie myśląc nawet o głodzie.

Pierwsze zasnęły dzieci. To z myślą o nich tak się uwijano z przygotowywaniem posłania. Wiele padło ze zmęczenia już wcześniej, na rękach rodziców lub na stojąco, opierając się o mamę czy tatę. Po zajęciu miejsca i ułożeniu maluchów starano się zachowywać w miarę cicho, by nie przerywać im zbawiennego snu. Nie było to jednak proste, ponieważ środkiem baraku chodzili sołdaci, demonstrujący swoją bezgraniczną władzę. Stosując znane już metody, domagali się od łagierników utrzymania porządku oraz zajmowania jak najmniejszej powierzchni podłogi, która miała wystarczyć dla wszystkich.

Nasza rodzina ulokowała się w połowie drogi pomiędzy piecami, na powierzchni około sześciu metrów kwadratowych. Początkowo zajęliśmy więcej miejsca, może z dziewięć metrów (czyli na każdego członka rodziny jeden metr), lecz kazano nam ścieśnić się, butem i karabinem określając powierzchnię, jaka nam przysługuje.

Było już bardzo późno, gdy wszystkich deportowanych zdołano rozlokować, a raczej ugnieść w barakach. Każdy z nich musiał pomieścić grubo ponad sto osób. Przy tak dużym zagęszczeniu o zachowaniu spokoju nie mogło być mowy (chociaż wszyscy zachować go chcieli, głównie dla dzieci, które już spały albo leżały, usiłując zasnąć), w baraku panował więc straszliwy harmider. Krzyki, piski, płacz dzieci i kobiet – wszystkie te dźwięki mieszały się, tworząc atmosferę, podobną jaka panuje na wiejskich targowiskach lub odpustach.

Tego dnia musiała się jeszcze odbyć inspekcja baraków. Przeprowadził ją komendant w asyście swojego zastępcy. Po zakończeniu przeglądu wybrano kilka kobiet i kilku mężczyzn, a następnie skierowano ich wraz z jednym z sołdatów do budynku gospodarczego. Zezwolono także na rozpalenie w piecach. Do tego zajęcia nie trzeba było nikogo wyznaczać. Młodzi szybko się zakrzątnęli, nanieśli drew, gałęzi i po krótkim czasie w paleniskach obydwu pieców igrały już płomyki, rozjaśniając ciemności i powodując, że w baraku od razu zrobiło się raźniej.

Wielu zaraz stanęło przy piecach, żeby się ogrzać, lecz inni kategorycznie się temu sprzeciwili, tłumacząc, że otoczony ludźmi piec nie będzie emanował ciepłem na cały barak. Zgodzono się z tym poglądem i po chwili wszyscy stojący przy piecu rozeszli się, pozostawiając tylko tego, który pierwszy zabrał się do rozpalania i teraz podtrzymywał ogień, stale dokładając do niego łamane na kolanie gałęzie. Zapach palącego się igliwia przenikał do nosów stłoczonych ludzi, docierając do każdego zakątka pomieszczenia.

Po dosyć długiej nieobecności do baraku wrócili mężczyźni, przynosząc czarny jak ziemia na Ukrainie chleb i równie czarną, a ponadto gorzką, kawę zbożową, a także półlitrowe kubki aluminiowe. Każdy z jeszcze żywych otrzymał u schyłku tego dnia sto pięćdziesiąt gram chleba i kawę (kubek dla dorosłej osoby, pół kubka dla dziecka). Było to tyle co kilka ziarenek rzuconych wygłodzonej kurze. Na domiar złego okazało się, że kawa zalatuje stęchlizną, a chleb lepi się do rąk, chociaż jest zimny jak wszyscy diabli. Szczęśliwcy, którzy usadowili się blisko pieców, przypiekali go sobie na rozpalonych do czerwoności drzwiczkach paleniska, rozkoszując się zupełnie innym smakiem.

Znacznie później wróciły kobiety, uszczęśliwione, ponieważ dostały dodatkową porcję chleba w ilości jednej grubej kromki. Poinformowano je poza tym, że następnego dnia o czwartej trzydzieści mają się zgłosić w kuchni, i że będzie to odtąd ich stałą pracą – najlepszym zajęciem w łagrze, którego wszyscy inni będą im zazdrościć. Kobiety ucieszyły się, bo zdały sobie sprawę z tego, że kto jak kto, ale one już z głodu nie umrą. W kuchni, nawet tej najgorzej zaopatrzonej, zawsze znajdzie się coś do zjedzenia.

Tymczasem w baraku, pomimo ładowania do pieca dużej ilości drewna, nadal było zimno. Najgorzej odczuwali ziąb ci, którym dostały się miejsca koło drzwi. Mróz przenikał również szparami, powodując pokrywanie się ścian szronem. Szron osiadał nawet na przykryciach, pod którymi spano, a zwłaszcza w sąsiedztwie ust.

Noc była boleśnie krótka. Przemęczeni i wygłodniali, z bagażem negatywnych wrażeń, spaliśmy kamiennym snem, z którego brutalnie wyrwano nas już o szóstej rano. Wstając, miało się wrażenie, jakby człowiek przed chwilą się położył i usnął. Z niedowierzaniem spoglądano na zegarki (posiadała je spora grupa osób), a przekonawszy się, że to już rzeczywiście szósta, przystępowano do kompletowania ubioru. Spało się bowiem tak, jak w wagonie - w tym, co kto ze sobą zabrał, niewiele więcej więc do ubrania pozostawało.

Wraz z pobudką rozpoczęła się bieganina do latryny. Był to przybytek sklecony byle jak z żerdzi, bel oraz desek, z grubsza oheblowanych siekierą. Wewnątrz znajdował się dół, pełniący funkcję szamba, a nad nim drążek do siadania, a właściwie - do przysiadania w celu załatwienia potrzeby. Dzieciom bezwzględnie należało pomagać, trzymając je na rękach. Myć się kazano w śniegu. Tym, co się ociągali, proponowano wykonanie przerębli w pobliskim jeziorze i mycie w wodzie, ale chętnych jakoś nie było, toteż wszyscy myli się śniegiem, który przy temperaturze minus trzydziestu dwóch stopni był ostry i sypał się z rąk.

Pod komendą ojca męska część naszej rodziny intensywnie nacierała twarze, szyje i uszy aż do ukazania się na skórze bladego różu. Kobiety chyłkiem przemykały do latryny, a potem zmarznięte jeszcze szybciej biegły z powrotem do baraku, po drodze nie zapominając przetrzeć rąk w śniegu. Mycie twarzy odkładały na później, planując roztopić w tym celu trochę śniegu.

Podobnie jak poprzedniego dnia, na polecenie sołdata wyznaczono czterech mężczyzn, którzy mieli udać się do kuchni po prowiant na śniadanie. I znowu każdy z deportowanych dostał sto pięćdziesiąt gram chleba i czarną kawę. Pół godziny później wszyscy musieliśmy opuścić baraki i ustawić się do porannego apelu. Okazało się to niemożliwe już pierwszego dnia, jako że kilkadziesiąt osób zmogły choroby, trudne nawet do zdiagnozowania w początkowej fazie, głównie komplikacje żołądkowe.

## Rozdział 7. PORZĄDKI W ŁAGRZE

Dzień ten, jak oznajmił komendant na apelu wieczornym, miał być dniem organizacyjno-porządkowym. Na wstępie oddzielono mężczyzn od kobiet i dzieci. Pierwsi otrzymali piły i siekiery, po czym udali się do lasu, mając za zadanie przygotowanie odpowiedniego zapasu drewna opałowego, którego powinno było wystarczyć na dłuższy okres, a w szczególności na te dni, kiedy wymarsz w tajgę będzie niemożliwy. Inna grupa mężczyzn oraz młodzieży męskiej otrzymała polecenie wykonania w obozie dróg. Kobietom natomiast przydzielono sprzątanie baraków, to znaczy umycie ich wodą do czysta, począwszy od sufitu i ścian, a skończywszy na okienkach i podłodze. Inną grupę kobiet (specjalnie wybranych, głównie młodych i ładnych) skierowano do budynku gospodarczego i komendantur. Ponadto wyznaczono barakowych – po dwóch z każdego budynku – których zadaniem miało być nadzorowanie wykonania robót oraz składanie meldunków dotyczących stanu osobowego (z podziałem na osoby zdatne do pracy i chore, w tym niezdolne do pracy) na codziennych apelach. Barakowymi mieli być początkowo ochotnicy, lecz kiedy okazało się, że chętnych do sprawowania tej funkcji jest tylko kilku zamiast kilkunastu, komendant wraz z zastępcą sami wybrali tych, którzy ich zdaniem posiadali odpowiedni do pełnienia tej roli wygląd (o predyspozycjach nie mogło być mowy). Niektórzy bronili się przed tym przejawem „zaufania", lecz stanowczość i groźby pozbawienia wolności oraz racji żywnościowych, nakazywały przyjęcie propozycji komendanta.

Swoją drogą pozbawianie wolności kogoś, kto już jest jej pozbawiony, nieco rozbawiło internowanych, dopiero groźba utraty żywności nakazała zachowanie powagi. Później wielu łagierników zetknęło się i z pozbawieniem wolności, i z pozbawieniem racji żywnościowych, co – jak się okazało – było wręcz tragiczne.

Grupa mężczyzn, której zadaniem było przygotowanie zapasów drewna do palenia w barakach, komendanturze i kuchni, przecierała szlaki, ciągnąc z lasu gałęzie, a często i mniejsze pnie drzew. Inni cięli i rąbali je na mniejsze kawałki, jeśli jeszcze były za duże lub za grube. Ten sposób wykonywania powierzonego zadania okazał się jednak zbyt trudny i wymagający zbyt wiele wysiłku, dlatego pomyślano i skonstruowano prymitywne sanie do zwożenia drewna. Zaprzęgano się do nich, a żeby łatwiej było ciągnąć, kilku mężczyzn pchało je dodatkowo z tyłu, opierając się na długich żerdziach.

Teraz praca przebiegała o wiele sprawniej. Część osób pozyskiwała drewno w lesie, inni cięli je przy pomocy ręcznych pił, a jeszcze inni rąbali, gdy zachodziła taka potrzeba. Tak przygotowany olbrzymi sztapel drew ładowano na owe dużych rozmiarów sanie, a potem zawożono do obozu. Tam na wyznaczonym miejscu następował rozładunek, po czym wracano do tajgi po kolejną porcję drewna. Ludzi było dużo, więc praca szła prędko i sprawnie, a zapasy drewna rosły w szybkim tempie. Wciąż jednak było go za mało, toteż zwózka trwała aż do zapadnięcia zmroku.

Pracując w nieprzystosowanej do warunków odzieży, mężczyźni szybko poczuli, że ich ubiory przemakają i obmarzają na mrozie. Wprawdzie podczas wysiłku tajały, ale za to w czasie krótkiej przerwy zamarzały z powrotem. To już nie byli ci ludzie, których się wcześniej znało. Wyglądali żałośnie w swoich zaśnieżonych płaszczykach, pelisach, opatuleni kołnierzami, szalikami i nasadzonymi na uszy najróżniejszymi nakryciami głowy, najczęściej w zwykłych trzewikach lub, co gorsza, w pantoflach, które nie pozwalały bezpiecznie utrzymać się na nogach.

Niektórzy raz po raz upadali, a potem jakiś czas tarzali się w śniegu, zanim udało im się wstać i dogonić sanie po to, by nadal pchać je przed sobą. Gorzej było, gdy przewracał się któryś z mężczyzn ciągnących sanie. Każdemu z nich groziło, że wyładowane do granic możliwości przejadą przez całe ciało, względnie jakąś jego część. Jeżeli upadający nie zdążył uciec, często ze złamaną ręką lub nogą stawał się niezdolny do dalszej pracy. Na szczęście takich wypadków zdarzyło się niewiele.

Sterty drew rosły z godziny na godzinę, najpierw koło komendantury, potem obok budynku gospodarczego, a następnie przy poszczególnych barakach.

– Więcej! Więcej! – krzyczeli mimo to enkawudziści, zapewniając, że zima na dobre dopiero się zacznie (chociaż zbliżała się już kalendarzowa wiosna).

Pracujący na terenie obozu podkradali drewno tym, co je wozili i podtrzymywali palące się nieustannie ogniska, przy których grzali się w trakcie przerwy lub ukradkiem w innym czasie. Z ognisk tych korzystali głównie ci, których zadaniem było wytyczanie służących do bezkolizyjnego poruszania się po łagrze dróg. Ich fragmenty, wykonane poprzez dokopanie się do ziemi, przypominały raczej transzeje, głębokie gdzieniegdzie nawet na metr. Na takiej drodze dziecka nie było widać wcale, a i dorosłego ledwie, ledwie.

Olbrzymie ilości śniegu transportowano za teren łagru w najrozmaitszy sposób. W trakcie wykonywania tej czynności okazało się, że baraki są w jednej czwartej zasypane śniegiem. Doprowadziwszy do nich drogę, dokopywano się do schodów, którymi w normalnych warunkach dochodziło się do wysoko usytuowanych drzwi. Dotychczas mało kogo zastanawiało to, że wchodząc do baraku należało zejść kilka stopni w dół, by stanąć na podłodze. Teraz wszystko powoli się wyjaśniało. Jednakże nieco później te wyjaśnienia, przyznające rację budowniczym, nie sprawdziły się. Jeszcze w tym samym miesiącu śnieg zaczął walić tak, że baraki zasypywało niemal po dach, toteż łopaty stale były w użyciu.

Inny zespół łagierników dostarczał do baraków pozbawione górnej pokrywy beczki, które następnie napełniano wodą przywożoną z pobliskiego jeziora. Praca to była ciężka jak wszystkie, lecz dodatkowa jej trudność polegała na tym, że odległości, które należało przemierzać z wiadrami, wynosiły ponad sto pięćdziesiąt albo i dwieście metrów. Poza tym schodzenie do jeziora i powrót do obozu w znacznej części przebiegał spadkiem bądź wzniesieniem (w zależności od kierunku, w którym się szło). Przy każdym potknięciu woda z wiader wylewała się, co powodowało, że każda kolejna osoba niosąca wiadro szła już po lodzie.

Sporo problemów przysparzało też wykonanie w pokrywie lodowej przerębla takich rozmiarów, ażeby można w nim było zanurzyć wiadro. Lód ponad metrowej grubości stawiał siekierom i łomowi zaciekły opór. Siekiery początkowo wypełniały swą rolę należycie, lecz w miarę, jak przerębel powiększał się i pogłębiał, stawały się coraz mniej przydatne i wówczas cały ciężar dokończenia dzieła spadał na łom, wykonany ze zwykłego grubego pręta stalowego, którego jeden koniec był nieco spłaszczony. Ciężar łomu powodował, że lód tracił swoją zwartość i pryskał kawałkami na wszystkie strony. Część mężczyzn waliła więc zawzięcie łomem w lód, a pozostali, klęcząc na nim, wydobywali z rosnącego otworu lodowo-śnieżny miał, wykonując tę czynność w pośpiechu, z obawy, by łom zamiast w lód nie uderzył ich w rękę. Skutki takiego uderzenia byłyby opłakane.

Kiedy już udało się dostać do wody, czyszczono przerębel z lodu, po czym napełniano wiadra. Zaraz potem cały sznur niosących je mężczyzn podążał w stronę łagru. Tam wylewano wodę do beczek i wracano nad jezioro, gdzie okazywało się, że przerębel zdążył się pokryć nową, wcale nie tak znowu cienką, warstwą lodu. Aby uniknąć ciągłego wykuwania przerębla, zdecydowano się pozostawiać przy nim jedną osobę do czasu, aż nie wróci reszta. W kolejnej turze ten, kto pilnował otworu, był pierwszym w kolumnie niosącej wiadra, ostatni zaś następnym razem zostawał na miejscu do pilnowania przerębla.

Niosący wodę, mimo że zachowywali maksimum ostrożności, stale oblewali nie tylko teren, po którym szli, lecz także swoje spodnie i obuwie. Tam, gdzie polała się na nie woda, niemal natychmiast powstawała warstwa lodu, jeszcze bardziej utrudniająca chodzenie. Do uchwytów wiader przymarzały też rękawice, stając się nieodłącznym elementem człowieka, które nosił je tam i z powrotem.

Ruch w obozie był duży, wszędzie kręcili się pracujący ludzie – jeszcze ludzie – a jednak panowała tu jakaś nienormalna cisza, smutna, a wręcz żałosna. Deportowani byli przecież Polakami, mimo to nikt się jakoś nie buntował. Pewnie wynikało to stąd, że jeszcze nie rozeznano się w terenie. Rzadko kto pytał również o radę (wiedziano, że i tak nikt jej nie udzieli) lub prosił o zezwolenie na udanie się do latryny. Do korzystania z niej bywaliśmy przeważnie zmuszani przez własny organizm, przechodzący trudny okres przemian, czyli tzw. aklimatyzację. Rewolucje żołądkowe mieli wszyscy, tylko każdy w nieco innym czasie. Niezdążenie na czas do przybytku, do którego nawet król chodzi piechotą, nastręczało bardzo wielu kłopotów natury higieniczno-estetyczno-zapachowej. Zdarzało się dosyć często, że ten i ów (głównie nieco starsze dzieci) dosłownie napruł w gacie, nie wyczuwszy odpowiedniego momentu, w którym powinno się je ściągnąć.

Tymczasem kobiety, które miały za zadanie sprzątanie baraków, czyściły je od góry do dołu, szorując czym się dało, aby tylko z należytym efektem.

Początkowo topiły w tym celu śnieg, nieco później, gdy już doniesiono do baraków wodę z jeziora, czerpały ją wprost z beczki, grzały w jednym wiadrze, a następnie rozlewały tę nagrzaną do wiader z zimną i mieszały. Tu praca była znacznie przyjemniejsza, toteż wykonywały ją kobiety mające małe dzieci, co pozwalało im pracować i jednocześnie nadzorować swoje pociechy.

Nieuchronnie zbliżał się koniec dnia. Powietrze robiło się jakby gęściejsze. Zdawało się, że nad pracującymi zawisła mgła. Ludzie stawali się coraz mniej widoczni. Poruszając się w szarej zawiesinie, wdychali coraz bardziej mroźne powietrze, które drapało w gardła, w nozdrza i nie pozwalało otwierać ust na dłużej. Jeśli ktoś chciał akurat splunąć, musiał to uczynić bardzo szybko, ponieważ ślina spadała lodem. Idący w tej mgle człowiek sprawiał wrażenie wielokrotnie powielonego. Kiedy przesunął się o krok, pozostawał za nim cień, który trwał przez krótką chwilę i znikał, lecz zanim zniknął zupełnie, pojawiał się przed nim inny, a przed tym innym jeszcze inny i następny. Trwało to tak długo, jak długo człowiek się poruszał. To znikanie i pojawianie się miało miejsce wszędzie tam, gdzie występował ruch, niezależnie od tego, czy był to ruch poziomy czy pionowy. Odnosiło się wrażenie, że wokół poruszającej się sylwetki tworzy się coś w rodzaju korytarza lub tunelu, który zasklepiał się po przejściu tego kogoś, lecz dopiero po bliżej nieokreślonym czasie.

– Mróz idzie! – wołano. – Czas kończyć robotę!

A łagiernicy, jakby w transie, pracowali nadal, nie dając wiary nawoływaniom. Zareagowali dopiero wówczas, gdy usłyszeli to samo z ust enkawudowskich sołdatów. Zarzuciwszy narzędzie na ramię niczym karabin, szli pod komendanturę, gdzie należało je zdać, naturalnie oczyszczone do sucha. Dopiero teraz mogli udać się do baraku i usiąść byle gdzie, byle tylko nie stać. Nastali się wystarczająco przez cały dzień. Nawet w czasie przerw nie pozwalano im usiąść, pewnie dlatego, by ktoś nie rozsiadł się na dobre i nie zasnął. Gdyby do tego doszło, a po zakończeniu przerwy nikt by śpiącego nie zauważył, byłoby już po nim. Zaśnięcie na mrozie to najbardziej naturalna metoda zastosowania hibernacji, po której jednakże powrotu do rzeczywistości już nie ma.

Wchodzący do baraków łagiernicy mieli oszronione brwi, rzęsy, wąsy, a nawet wystające spod czapek kosmyki włosów. Wyglądali tak, jakby wszyscy nagle w krótkim czasie osiwieli. I to bez względu na wiek. Młodzi niewiele różnili się w tej chwili wyglądem od starszych członków rodzin.

Mundur i buty ojca, w których zmuszony był pracować przy zwózce drew na opał, całkiem straciły szyk i blask, nie wspominając o fasonie. Zawsze wyprostowana sylwetka taty również uległa deformacji, tracąc dawną energię. Gdy wszedł do baraku, miał nisko zwieszoną głowę i niepewny krok.

Wzrokiem zbitego psa spojrzał na nas i na mamę, a potem – zapewniając, że nic mu nie jest – zwalił się na łoże tak jak stał. Starsi bracia, którzy pracowali razem z nim, również sprawiali wrażenie zmęczonych, lecz nie do tego stopnia. Dotkliwiej od zmęczenia odczuwali doskwierający głód, toteż domagali się, chociaż bez natarczywości, jedzenia. Wprawdzie w lesie spod warstwy śniegu wydobyli mech reniferowy, którym zamierzali zaspokoić głód, ale na niewiele się to zdało, wręcz przeciwnie, uczucie głodu tylko się wzmogło. Mech w zasadzie nie miał smaku. Był kruchy i jadło się go jak jakieś misternie upieczone ciasteczka, które jednak kolorem daleko odbiegały od tych pieczonych w domu.

Rozważania o głodzie przerwało wejście grupki ludzi z kotłem zupy i balią pełną chleba. Duża chochla zupy dla każdego żyjącego oraz dwadzieścia pięć deka chleba dla tych, co pracowali (dziesięć deka mniej dla pozostałych i dzieci). Niektórzy, odbierając swój przydział chleba, domagali się także większej racji dla dzieci, tłumacząc, że pracowały na równi z dorosłymi, i przywołując wypowiedź komendanta łagru o tym, że ilość jedzenia zależy od tego, ile kto pracuje. Spór ten ostatecznie zmuszony był rozstrzygnąć sam komendant.

– Od zawtra![5] – oznajmił krótko.

Po tej przypominającej wystrzał karabinowy wypowiedzi już miał zamiar opuścić barak, wyraźnie rozsierdzony, że z tak błahego powodu wyciągnięto go z ciepłej komendantury, gdy nagle zatrzymał się tuż przy drzwiach. Na odchodnym uznał widać za stosowne wyjaśnić swoją decyzję, dodał bowiem, że dzisiaj to nie była praca, tylko porządki. Prawdziwa robota zacznie się od jutra i od jutra wszyscy udający się do niej będą zapisywani na odrębnych listach. Ci, których na tych listach nie będzie, dostaną mniejsze racje żywnościowe. Do woli każdy będzie mógł otrzymać.

– ... kipiatku i bolsze niczewo![6] – wykrzyknął na koniec i dopiero teraz wyszedł, z całych sił trzaskając drzwiami.

Po tym wydarzeniu w baraku zapanowała niemal idealna cisza. Słychać było jedynie siorbanie i mlaskanie. Dopiero po opróżnieniu misek i uporaniu się z gliniastym chlebem zaczęto, początkowo nieśmiało, później coraz głośniej, rozmowy nawiązujące do wypowiedzi komendanta.

Niektórzy z przerażeniem stwierdzili, że skoro to, co robili dzisiaj, nie było pracą, to jak będzie wyglądała ta rzeczywista praca, która ma ich obowiązywać od jutra.

– Pozdychamy tu jak muchy przy takiej robocie i takim wyżywieniu! – powiedział ktoś łamiącym się głosem.

---

[5] Od jutra!

[6] ... wrzątku i niczego więcej!

– O to przecież im chodzi – odparł ktoś spokojniejszym, choć zabarwionym hardością tonem. – Po to nas tu przywieźli. Musimy się nauczyć żyć w tych warunkach, by wbrew ich zamierzeniom przetrwać i żyć później, będąc świadkami tego, co z nami robili.

Słowa te wypowiedział ojciec – żołnierz, który przeżył w trudnych warunkach wojennych, a tutaj już po pierwszym dniu tak się napracował, że nie miał siły podnieść łyżki zupy do ust.

– Jeżeli mamy przetrwać – odezwał się kolejny głos – musimy przede wszystkim przechytrzyć Sowietów i nie eksploatować się za bardzo. Robić tyle, by im nie podpaść, a jednocześnie tak wykonywać pracę, by nie wyniszczyć nadmiernie organizmu. Ich jest mało, a nas dużo, nie będzie im łatwo upilnować wszystkich.

– A może by tak zbuntować się i uciec stąd? – rzucił ktoś jak niedopałek papierosa.

Tak to chyba potraktowali inni, ponieważ zaraz padło krótkie stwierdzenie, że to niedorzeczność, chociażby ze względu na zimę, która jest najgorszą do realizacji tego zamiaru porą roku. Ostatecznie zgodzono się więc z propozycją pozorowania pracy w takim stopniu, w jakim będzie to możliwe, byle tylko przetrwać.

Wejście enkawudzisty gwałtownie ucięło dalszą dyskusję. Żołnierz przemierzył całą długość baraku w jedną i drugą stronę, bacznie przyglądając się łagiernikom. Na jego twarzy nie było niczego poza grymasem wyższości i nienawiści. Litość, współczucie, miłość do bliźniego dawno z tych ludzi wyprano i wyżęto, wmawiając im, że mają do czynienia z odwiecznym wrogiem Rosji i Rosjan oraz panującego w ich kraju komunizmu – wrogiem, którego należy unicztorzyć, czyli zniszczyć.

Aby zwrócić na siebie uwagę, enkawudzista zapytał obojętnie, jakby w powietrze:

– Jak smakowała zupa? Najedliście się?

Nikt nie kwapił się z odpowiedzią. Chyba dla każdego było oczywiste, że to czysta kpina.

– Nie słyszeliście pytania?! Głusi jesteście czy co?! – zawołał rozgniewany milczeniem sołdat, po czym uderzył kolbą w obojczyk kogoś, kto akurat był pod ręką.

Uderzony spojrzał na niego przeciągłym wzrokiem.

– Zupa jest dobra – odpowiedział niespiesznie. – Znacznie lepsza od tej, którą dawano nam w czasie podróży, ponieważ gotują ją nasze kobiety.

To akurat pokrywało się z opiniami wygłaszanymi wcześniej, jeszcze przed wejściem enkawudzisty. W zasadzie zupa ta nie była niczym nadzwyczajnym. Nie można jej było nawet nadać jakiejś konkretnej nazwy. Najbardziej chyba przypominała kartoflankę, choć równie dobrze można by ją było nazwać fasolówką, względnie grochówką, ponieważ czasem trafiło się w niej ziarnko fasoli lub grochu, a nawet kukurydzy. Ktoś, kogo stać było jeszcze na dowcip, nadał jej brzmiącą z francuska nazwę „cocteil soup". Nie nazwa była jednak najważniejsza w tym przypadku. Przede wszystkim liczyło się to, że zupa nadawała się do jedzenia.

Sołdat wciąż stał na środku baraku, na rozkraczonych nogach, podpierając się karabinem. Po chwili zsunął baranią czapę na tył głowy i donośnym, przenikliwym głosem oznajmił:

– Jutro wszyscy bez względu na płeć i wiek pójdą do wyrębu tajgi. Jeść będą ci, którzy będą dobrze pracować.

– Tylko w czym mamy pracować? – wyrwał się ktoś z pytaniem.

Sołdat spojrzał w kierunku, z którego dobiegł głos, ale być może w barakowym półmroku, którego ciemności rozpraszały tylko dwa łuczywa i dwa paleniska pieców, nie dostrzegł osoby, która się odezwała, bo zrezygnował z dania jej nauczki za to, że ośmieliła się mu przerwać. Po chwili ciszy, która zawisła w powietrzu, odezwał się ponownie, mówiąc o tym, o czym przed pół godziną poinformował wszystkich komendant. Jednakże, o dziwo, dodał też (co można było potraktować jako odpowiedź na rzuconą przed momentem pretensję), że jak dobrze pójdzie, to jeszcze w tym miesiącu otrzymamy odzież, trzeba tylko pojechać po nią do magłagru, który znajduje się ponad trzydzieści wiorst od naszego obozu.

– A to jest za daleko, aby dla waszego kaprysu gonić taki szmat drogi konia z saniami – stwierdził. – Będą chorzy wymagający lekarza, to się ich tam powiezie, a w drodze powrotnej weźmie się odzież i narzędzia, jeśli będą mieli.

Tymi słowami zakończył swoją przemowę i wyszedł, nie czekając na dalsze pytania czy uwagi. Później okazało się, że był to zastępca komendanta.

## Rozdział 8. BARAKOWE ŻYCIE

Komuś, kto nie miał możliwości dzielić pomieszczenia ze stu innymi osobami, w tym kobietami i dziećmi, nie sposób uzmysłowić warunki, w jakich łagiernicy zmuszeni byli przebywać od zmierzchu do brzasku.

Łagrowy barak, mimo że olbrzymich rozmiarów, szybko wypełniał się najrozmaitszymi zapachami i smrodami, a nawet odorem. Pochodzenie tych drażniących nosy woni było różne, tak jak różni byli ludzie znajdujący się w baraku. Wydzielały je ich ciała; odzież, której niemal nie zdejmowano (a jeśli już, to tylko częściowo, między innymi po to, by się wypróżnić); skręty, które palono, nie bacząc na dzieci własne i cudze, chociaż nie obce; chleb przypiekany na piecu rozgrzanym miejscami do czerwoności; resztki skarpet i onuc, które suszono, by następnego dnia założyć chociaż w połowie suche; a także suszącej się skóry, z której wykonane było obuwie, ulegające szybkiemu procesowi deformacji i rozpadu.

Pokaźną grupę w tej zapachowej mieszaninie stanowiły wydechy ludzi, coraz częściej chorych, względnie cierpiących na rozmaite dolegliwości, począwszy od przemęczenia, przeziębień, z zapaleniami płuc włącznie, przez choroby żołądka, serca, skóry, a skończywszy na schorzeniach oczu i odmrożeniach, które występowały na porządku dziennym. Należało je jakoś leczyć, więc leczono – sobie tylko znanymi łagrowymi sposobami.

Jednakże w pierwszej kolejności mieszkańców baraków zaatakowały pluskwy. Ni stąd ni zowąd znalazły się ich jeśli nie miliony, to co najmniej setki tysięcy. A wszystkie spragnione krwi tych biednych istot, które same miały jej coraz mniej. Walka była bezpardonowa, bezlitosna z obu stron. Pluskwy, niczym dobrze zorganizowane wojsko, atakowały ludzi głównie wtedy, gdy spali. Ludzie rozgniatali je, dosłownie rozcierając na miazgę, lecz nie przynosiło to znaczniejszego, powodującego obniżenie ilości robactwa, skutku. Insekty wygrywały walkę na całej linii. Wszyscy bez wyjątku czuliśmy się coraz bardziej pogryzieni. Pojawiły się głosy, że wystarczyłaby dezynsekcja, lecz pomysł ten szybko upadł. Zdawano sobie sprawę, że zabiegi dezynsekcyjne musiałyby być wykonywane w czasie, gdy większość mieszkańców baraku będzie na robotach, a wówczas wszystkie ich rzeczy zostałyby zapaskudzone użytym do tego celu świństwem. Rozważano też inną alternatywę, zgodnie z którą wszyscy wraz z dobytkiem zostaliby na czas dezynsekcji wygnani na mróz i śnieg. Pomysł ten jednak szybko odrzucono z uwagi na to, że zbyt bardzo ucierpiałyby wówczas dzieci i kobiety, pozostając na kilkudziesięciostopniowym mrozie przez cały czas trwania zabiegu. Poza tym odór środków dezynsekcyjnych towarzyszyłby łagiernikom jeszcze bardzo długo, zwłaszcza że zimą barak był szczelnie zamykany, a jego drzwi dodatkowo uszczelniane na noc przez śpiących najbliżej wejścia, by jak najmniej uciekało ciepła.

Noc w łagrowym baraku dla dziecka z wyobraźnią była czymś zadziwiającym, a bardzo często także zatrważającym. W gęstej od zapachów atmosferze rozgrywała się nieustanna walka z wypełniającym świadomość wrogiem, występującym nawet we śnie. A kiedy się nie spało, w jednym miejscu można było zlokalizować płacz (i to nie zawsze tylko dziecka), w innym dźwięki podobne do śmiechu, jeszcze gdzie indziej ktoś krzyczał przez sen albo jęczał, gdy zaatakował go ból. Bywało, że jęczała także zaatakowana przez mężczyznę kobieta. Jedni chrapali, inni pierdzieli, jeszcze inni (w szczególności małolaty) załatwiali potrzeby fizjologiczne pod siebie i leżących obok członków rodziny.

Stałymi elementami barakowej nocy były gwałtowne ruchy i następujące jednocześnie klapsy, syki, a często i siarczyste przekleństwa, wywoływane atakami pluskiew. Tym odgłosom pod względem częstotliwości mógł dorównać chyba jeszcze tylko kaszel, słyszany przez całą noc, a coraz częściej także w dzień. W nocy rozbrzmiewał w różnych tonacjach i różnym nasileniu. Kasłali niemal wszyscy – dorośli i dzieci, mężczyźni (nawet ci, zdawałoby się silni) i kobiety. Warunki życiowe spędzonych tu ludzi stanowiły idealną wprost wylęgarnię chorób spowodowanych zaziębieniem organizmu, w tym naprawdę ciężkich schorzeń, łącznie ze śmiercią w wyniku przegrzania na mrozie.

Ktoś znacznie wcześniej określił to zjawisko „zamarzaniem w ogniu". Wyobraźmy sobie, że stoimy przy ognisku buchającym płomieniami. Z przodu czujemy przyjemne ciepło, a z tyłu w tym samym czasie mamy do czynienia z dużym spadkiem temperatury – powiedzmy, trzydziestoma, czterdziestoma, czy nawet pięćdziesięcioma stopniami mrozu. W takich warunkach człowiek narażony jest na wstrząs termiczny, który często kończy się śmiercią, podkradającą się niepostrzeżenie. Ci, którzy takiemu właśnie wstrząsowi zostali poddani, kasłali wyjątkowo intensywnie, budząc nawet tych, których zmęczenie pracą przy wyrębie tajgi zwaliło z nóg.

* * *

Czy w takich warunkach, w takim środowisku istniało zjawisko przyjaźni i pomocy? Owszem, istniało, lecz tylko w początkowym okresie pobytu. Nieco później, gdy nadzieja na przetrwanie i powrót do domu oddalała się, a nawet zaczynała zanikać, stopniowo zanikały również bardziej ludzkie odruchy. Coraz częściej zewsząd wiało egoizmem, mającym rzekomo przedłużyć czas istnienia jednostki. Jeżeli uzmysłowić sobie fakt, że na stan osobowy baraku składały się rodziny, często wielodzietne, należy przyznać, że życie wspólnie z piętnastoma czy nawet dwudziestoma rodzinami było w najłagodniejszym przypadku krępujące, a nierzadko wywoływało bezwstyd, kłótliwość, natarczywość czy wynoszenie się ponad innych.

W miarę upływu czasu pojawiło się też złodziejstwo, donosicielstwo i jeszcze wiele innych cech charakterologicznych, złych i dobrych, przypisywanych rodzajowi ludzkiemu (zwierzęta ponoć są bardziej zgodne, jeśli są syte). Aby jednak tak do końca nie zohydzić barakowego życia i ludzi do niego zmuszonych, należy stwierdzić, że tak jak wszędzie, tak i tu znajdowali się tacy, którzy odjęliby od ust ostatni kęs, by oddać go głodniejszemu, czy tacy, co gotowi byli swój czas, który po ciężkiej pracy powinni przeznaczyć na wypoczynek, poświęcić choremu (i to niekoniecznie z własnej rodziny), często nie dbając o to, że mogą się zarazić i zachorować, być może w tych warunkach nieuleczalnie. Jak wszędzie, tak i tutaj byli ludzie i ludziska.

* * *

Jedyną, być może racjonalną, koniecznością, której wymagano od internowanych, i z którą większość się zgadzała, była konieczność utrzymania porządku w baraku. Przed wymarszem do pracy należało przede wszystkim uporządkować miejsca do spania, których nikt nie nazywał inaczej jak barłogi. Wyznaczone osoby - głównie kobiety, czasem mężczyźni, lżej chorzy, a także starsze dzieci - codziennie czyściły podłogę, zamiatając ją miotłami wykonanymi z rózeg wierzbowych, a następnie szorowały, też pomagając sobie wiązką gałązek, znacznie jednak krótszych i mocno związanych.

Z kolei do dyżurnych, których wyznaczali barakowi, należało palenie w piecach. Praca ta, której zazdrościli im wszyscy zmuszeni iść na lesoróbkę, wcale nie była łatwa. Ciągłe noszenie drew (a czasem też konieczność ich rąbania, by pasowały i nie wystawały z pieca) zmuszało do bezustannego ruchu pomiędzy w miarę ciepłym barakiem, a przenikającym na wskroś zimnem w drodze do pryzmy drew (nakładano ich na rękę tyle, by nie trzeba było za chwilę lecieć po nie znowu), co narażało dyżurnych na przeziębienia i inne choroby. Jeśli dodać do tego jeszcze fakt, że do ich obowiązków należało również napełnianie beczki wodą, po którą należało iść do jeziora, to nie było im czego zazdrościć.

Zmuszeni do przynoszenia wody dyżurni wpadli na taki sam pomysł, jak grupa mężczyzn wożąca drewno z lasu. Skonstruowali sanie, i to tak zmyślne, że aż sam komendant się dziwił, chwaląc pomysłowość Polaczków. Czasy, gdy trzeba było wielokrotnie chodzić w tę i z powrotem z wiadrami, minęły bezpowrotnie. Teraz beczkę stawiano na sanie, jechano nad jezioro, po czym napełniano ją wodą i wracano. Pojawiły się wprawdzie trudności z wepchnięciem sań z powrotem na wysoki brzeg (obciążone beczką z wodą ważyły ponad dwieście kilogramów), lecz i z tym sobie poradzono. Nie ciągnięto ich już w pojedynkę czy we dwójkę, tylko z pomocą dyżurnych, którzy dogadywali się z resztą pracujących. Tak więc w obsadzie sań znajdowało się teraz co najmniej czterech ludzi, a bywało że i więcej.

Powracający z tajgi wdzięczni byli dyżurnym, kiedy wchodząc do baraku wyraźnie odczuwali panujące w nim ciepło, jeżeli jednak tak nie było, rzucali na nich najgorsze obelgi. Takiemu delikwentowi radzili na przykład, żeby już nigdy nie zgłaszał się na dyżur, bo w przeciwnym razie porachują mu kości. I można ich było zrozumieć, zważywszy na to, skąd i w jakim stanie wrócili. Niektórzy wejście do baraku porównywali z wejściem do raju, każdemu bowiem raj kojarzy się z czymś lepszym od miejsca, w którym przyszło mu żyć na ziemi, zwłaszcza tu – w lodowatym piekle – jak określano miejsce zsyłki.

* * *

Zaczęły się zdarzać przypadki kradzieży, głównie tego, co w tych warunkach najdroższe, bo decydujące o życiu i przeżyciu. Zaczęło ginąć jedzenie, które ktoś zaoszczędził i schował sobie lub komuś bardziej potrzebującemu w rodzinie. Niektórzy po powrocie z lasu dosłownie nie mieli już sił pogryźć chleba, toteż zjadali (względnie wypijali) zupę, a chleb chowali pod głowę na później, zasypiając dla nabrania sił. Budząc się, coraz częściej stwierdzali jednak, że odłożonego chleba nie ma.

Kirpicz – cegła – tak wszyscy nazywali ten chleb, który kształtem faktycznie przypominał cegłę, a konsystencją wnętrza materiał, jaki posłużył do jej wyprodukowania. Była tylko jedna różnica: kolor. Cegła jest zazwyczaj czerwona, natomiast chleb był czarny jak wszyscy diabli. Pozostawianie go sobie „na później" znaczyło nierzadko, że chociaż żołądek domagał się całej racji żywnościowej, ktoś pozostawiał jakąś jej cząstkę po to, by spożyć ją w lesie, w czasie „ukradzionej" przerwy na skręta, zwiniętego z liści mchu, wygrzebanego spod śniegu, lub mieszanki tych i innych składników.

Ci, co mieli pieniądze, mieli też machorkę, którą „organizowali" im enkawudziści. Można było od nich kupić również jedzenie, głównie chleb, soloną słoninę czy kartofle, które piekło się w lesie, względnie na porębie. Nie zabraniano tego, wiedziano bowiem, kto jest dostawcą towaru. Kiedy jednak na inspekcję przyjeżdżał komendant, bywało, że piekące się w ognisku ziemniaki ulegały niemal zupełnemu spaleniu, ku uciesze tych, którzy nie mieli za co ich kupić.

Oficjalnie handel pomiędzy pilnującymi a pilnowanymi był zapreszczon – zakazany – natomiast w relacji łagiernik-łagiernik traktowano go z przymrużeniem oka. Poruszanie się na terenie obozu było obwarowane przepisami, w myśl których wejście obcego do baraku było zabronione, co oficjalnie uzasadniano chęcią wyeliminowania kradzieży, faktycznie zaś chodziło o to, by zesłańcy nie kontaktowali się ze sobą, nie spiskowali, nie trzymali się razem, tylko aby byli rozproszeni.

Jednakże, kiedy przyłapano kogoś, kto myszkował w baraku, w którym nie mieszkał – nawet wtedy, gdy nic przy nim nie znaleziono, otrzymywał bardzo surową karę. Polegała ona na tym, że po powrocie z pracy, podczas gdy wszyscy inni mogli odpocząć, on zmuszony był do stania na mrozie pod masztem w centralnej części łagru. Taka kara trwała przez kilka godzin, nie krócej niż pięć, a bywało, że i dłużej, jeżeli delikwent zdążył już coś ukraść i został przyłapany. W zasadzie nie żałowano takich, wręcz przeciwnie – potępiano, pozbawiając głównego, przysługującego po pracy posiłku. Skazanemu za kradzież nie wolno było także podawać żadnego jedzenia. Złodzieje, jak wiadomo, nie są przez społeczność lubiani, więc zakaz ten był ściśle przestrzegany.

Wszelkie kontakty towarzysko-handlowe odbywały się na uboczu, najczęściej za najbardziej oddalonym od komendantury barakiem. Strażnicy nie przemęczali się specjalnie pilnowaniem swoich podopiecznych, chociaż ogrodzenie miejsca odosobnienia do solidnych nie należało. Wiedzieli doskonale, że ten, kto nie zna terenu, nie ma najmniejszych szans na ucieczkę. Dookoła rozciągały się nieprzebyte moczary, które – jak uprzejmie informowali – nie zamarzają nigdy, nawet podczas najtęższych mrozów.

A mrozy, jakie odnotowywano na terenach otaczających nasz obóz, sięgały najczęściej 30-40 stopni, a nieraz i więcej. Były dni, kiedy nie wyganiano do wyrębu tajgi, lecz w tym przypadku nie chodziło akurat o skalę mrozu, tylko o szalejącą zamieć, w czasie której niczego i nikogo nie dało się dojrzeć, nawet własnych stóp. W takie dni prowadzono „długie Polaków rozmowy", grano w karty (byli zapobiegliwi, którzy je wzięli), a także w domino – klockami wykonanymi z sęków na szachownicy narysowanej węglem na nieheblowanej desce.

Wielu w takie dni pisało też listy, by nazajutrz na apelu oddać je barakowemu, który z kolei przekazywał je dalej, do komendantury. Sporo osób wątpiło w sens pisania, lecz mimo wszystko robiło to, wciąż mając nadzieję, że list dotrze do adresata, który także odpowie listem. I nieważne, czy to będzie list z domu (gdzie zazwyczaj Rosjanie nie pozostawili nikogo), od krewnych, których nie umieszczono na listach do deportacji, czy też od sąsiadów.

Kobiety w takie dni nadrabiały zaległości w łataniu i cerowaniu odzieży całej rodziny. Tego, co już nie nadawało się do noszenia (a takich rzeczy stale przybywało), nie wyrzucano, ponieważ mogło się jeszcze przydać na łaty lub w celu pozyskania nawet krótkich kawałków nici, służących później do naprawiania nieco lepszej odzieży. Wymagało to sporo sprytu i pracy, lecz Polak potrafi znaleźć się w każdej sytuacji, nawet tej najtrudniejszej.

Najgorzej, wręcz tragicznie, przedstawiała się sytuacja z obuwiem. Przemoczone, a następnie intensywnie suszone (musiały być suche do wczesnego rana) szybko się rozklejały i niemal całkiem rozpadały, jeżeli dratwa, którą były szyte, rozlatywała się wskutek działania na nią naprzemiennie wilgoci i ciepła. Należy przy tym mieć na względzie fakt, iż buty, jakie nosili deportowani, przeznaczone były na normalne warunki, dla normalnych ludzi, a nie do pracy w tajdze, w śniegu do pasa i wyżej.

Co prawda komendant obiecał dostarczyć obuwie i kubraki, lecz przez dłuższy czas kończyło się tylko na obietnicach. Tymczasem niektórzy, wychodząc do roboty, nie mieli już co włożyć na nogi. Owijali je tylko grubo szczątkami odzieży, obwiązywali sznurkami (który także był na wagę złota) i tak „obuci" pracowali w śniegu przez cały dzień. W lesie od czasu do czasu podsuszali to „obuwie", lecz zabieg ten powodował jedynie, że nagrzane szmaty stykając się ze śniegiem topiły go, a przez to nasiąkały jeszcze bardziej, stwarzając zagrożenie odmrożenia nóg.

Chcąc zdobyć jakieś buty, próbowano dogadać się z enkawudzistami, którzy mieli po więcej niż jednej parze skórzanych butów z krótkimi cholewkami. Jeżeli któryś z nich decydował się na sprzedaż butów, osiągał za nie na tyle wysoką cenę, że za uzyskane pieniądze, jeśli miał taką możliwość, mógł kupić dwie, a czasami i więcej par podobnych butów – tylko po to, by znowu je sprzedać.

Z biegiem czasu nielegalny handel przybrał tak pokaźne rozmiary, że stał się niemal legalny. Kilku enkawudzistów robiło naprawdę dobre interesy, przez swoją nieograniczoną zachłanność ograbiając łagierników z ostatniego grosza i z ostatniej wartościowej rzeczy. Dla ratowania swoich rodzin, głównie dzieci i żon, przed głodem, zimnem i chorobami, Polacy wyzbywali się wszystkiego, co mieli, dosłownie za nic – czasami za namiastkę, substytut czegoś, co mogło wyleczyć, ogrzać lub nasycić wygłodniały organizm.

* * *

Po kilku dniach, gdy już każda rodzina miała swoje niezagrożone przez innych miejsce, zaczęto się urządzać. Podłoga baraku, chociaż wykonana z przeciętych na pół pni drzew, nie stanowiła żadnej bariery dla przenikającego chłodu. Szpary pomiędzy niektórymi belkami były tak szerokie, że można było wsadzić w nie rękę, a przy odrobinie sprytu, gdyby ziemia nie była zamarznięta na kamień, nakopać jej trochę w razie potrzeby. Szpary te pozwalały także swobodnie poruszać się gryzoniom, które zawsze zjawiają się tam, gdzie pojawia się człowiek. Tak było i tym razem.

Już trzeciego dnia – a może nieco później – ktoś z łagierników narobił krzyku, bo zobaczył hasające po baraku olbrzymie szaro-czarne stworzenie na czterech łapach i z długim ogonem. Stworzenie to okazało się szczurem, rzeczywiście olbrzymim i obrzydliwym. Kiedy na apelu barakowi zgłosili ten fakt, komendant odpowiedział żartem, który jednak wcale nie zabrzmiał jak żart:

– Wczom dieło? Budietie imiet' miaso.[7]

Co poniektórym (głównie kobietom, lecz nie tylko) coś nagle podskoczyło z żołądka do gardła, wywołując mdłości. Aby nie zwymiotować, szybko zatykali usta ręką. Nie było rady. Należało się zabezpieczać, organizując środki wymyślone przez siebie, ewentualnie podpatrzone u innych.

Pierwszym ruchem było dźwignięcie się z podłogi. Zaczęto klecić łóżka z prostych, tylko obdartych z kory gałęzi, łącząc je na kilka sposobów. Gałęzie te przywozili członkowie rodzin pracujący przy wyrębie lasu, naturalnie za zgodą enkawudzistów. Były to głównie łoża duże, mogące pomieścić kilka osób dorosłych z jednej strony i dzieci z drugiej.

Ojciec oraz moi starsi bracia wykonali dwa łoża, zakładając z góry, że w jednym będą spali rodzice z dwójką nas najmłodszych, a w drugim reszta rodzeństwa. Z uwagi na skromność powierzchni, jaką dysponowaliśmy, łóżka musiały być zsunięte. W podobny sposób postępowało wiele rodzin, choć byli i tacy, którzy pozostali na podłodze, uważając, że przeniesienie się na łóżko niczego nie zmieni.

– Cieplej nie będzie, a szczur i tam wejdzie – wzruszali ramionami, choć prawda była taka, że po prostu przestali już wierzyć, że kiedykolwiek się stąd wydostaną i zwyczajnie stracili chęć robienia czegokolwiek.

Łoża jednak zmieniły wiele. Dużo rzeczy można było pod nie wepchnąć, gdy już przeniesiono się z podłogi, a dzięki temu zrobiło się przestronniej. Postanowiono zatem sklecić jeszcze stół i ławy. Meble te zostały wykonane z cieńszych, na wpół przeciętych i okorowanych pni drzew. Po tych przemeblowaniach w baraku zaczęło być o wiele przyjemniej, przytulniej i cieplej. Nie zgadzano się przy tym z poglądami malkontentów, którym było obojętne, gdzie i jak śpią. Większość deportowanych zgodnie stwierdziła, że spanie na łożu oddalonym od podłogi o około pół metra jest przynajmniej bezpieczniejsze, nie wspominając o innych korzyściach takiego rozwiązania.

Niestety, skąpo było z pościelą. Każdy wykorzystywał to, co udało mu się zabrać z domu. Niczego ponad to nam nie dano, niczego nawet nie obiecywano, toteż coraz częściej w baraku zastanawiano się, co położyć pod spód, a co zostawić do przykrycia. Legowisko bowiem wykonane było z wzajemnie krzyżujących się gałązek, które (choć wybierano najgładsze i najdłuższe) należało czymś przykryć – po pierwsze, aby nie gniotły, a po drugie, żeby wyeliminować idący od podłogi ziąb. Mimo że głowiono się solidnie, nie zdołano w tym względzie wiele wymyślić. Wszystkiego było za mało. Jeśli położyło się więcej pod spód, brakowało przykrycia na wierzch. Kiedy

[7] O co chodzi? Będziecie mieć mięso.

leżeliśmy na podłodze, jeden przytulał się do drugiego i było nam cieplej. Podział na łóżka nie gwarantował już tego w takim stopniu. Za to trochę bardziej chronił przed szczurami.

A tych przybywało. Widziano je coraz częściej, nawet w dzień, w nocy z kolei słyszano ich piski, niejednokrotnie bardzo przeraźliwe. Nieraz odnosiło się wrażenie, że szczury nawzajem się zagryzają, jak sądzono, z głodu. Był to jeszcze czas, kiedy bano się tych gryzoni i brzydzono nimi, zwłaszcza że pojawiały się wszędzie, nawet w posłaniach śpiących dzieci.

W barakach zapanowało przerażenie. Całymi nocami palono łuczywa, a rodzice lub starsze rodzeństwo czuwało nad dziećmi, szczególnie tymi bardziej chorymi (zupełnie zdrowych już nie było). Dym i zapach żywicy wypełniał całe pomieszczenie, docierając do nosów tych śpiących i tych, co zasnąć nie mogli. Łuczywa zapalano zaraz po powrocie z pracy i nie gaszono aż do białego rana. Był to artykuł, którego w zasadzie nie brakowało, chyba że akurat zapomniało się go przynieść z tajgi. Łuczywa jednak w ogóle nie odstraszały szczurów. Gryzonie swobodnie przemykały pod ścianami, przemierzały barak wzdłuż i wszerz, umykając tylko wtedy, gdy ktoś je zauważył i czymś w nie rzucił, czy też w inny sposób wystraszył.

Prawdziwa panika wybuchła wówczas, gdy spostrzeżono, że nieboszczyk, którego wynoszą z baraku, ma poobgryzane uszy i nos, a także mocno podgryzioną krtań oraz czubki palców u rąk i nóg. Okazało się, że na dokonanie tego szczurom wystarczyła jedna doba. Nie zorientowano się bowiem, że chory zmarł. Kiedy spojrzano na niego, wychodząc do pracy, wydawało się, że śpi. Najwidoczniej jednak musiał umrzeć w nocy, względnie późnym wieczorem. Po tym wydarzeniu zaczęto domagać się od komendantury wydania łapek i trutek. Nadaremnie. Nikomu z enkawudzistów, ba, zapewne nawet nikomu w całej Rosji, nie zależało na tym, by ci, których tu zesłano, czuli się bezpieczni i trwali w łagrze zbyt długo.

Wobec braku reakcji ze strony władz obozu, trzeba się było ratować samemu, sobie tylko znanymi (lub poznanymi w tych warunkach) sposobami. Ci, którzy zetknęli się już ze szczurami (a takich w barakach była znaczna większość), sami zaczęli konstruować coś w rodzaju łapek, z nadzieją, że gryzonie zaczną w nie wpadać. Najtrudniej było z przynętą, lecz i z tym jakoś sobie poradzono. Tu, gdzie wszyscy – łącznie ze szczurami – głodowali, każdy dałby się skusić na byle co, nawet na kawałek nie nadającego się do jedzenia chleba. Niestety, żadne z tych wykonywanych we własnym zakresie urządzeń nie dawało gwarancji, że coś w nie wpadnie. Nie na wiele się też zdały. Ten, komu udało się złowić jakiegoś szczura, sam nie mógł się nadziwić, czemu zawdzięcza swój sukces.

Jednakże już niebawem lotem błyskawicy rozeszła się po łagrze makabryczna w swej wymowie informacja, z której wynikało, że na terenie obozu znalazł się ktoś, kto nie tylko łapie duże ilości wstrętnych gryzoni, lecz jeszcze ma z nich spory pożytek, a mianowicie mięso (smakiem ponoć niewiele się różniące od zająca) oraz skórki, mające mu posłużyć do uszycia odzieży, przede wszystkim czapek i rękawic, a także innych części garderoby, niezbędnych w tym klimacie.

Z początku każdy chciał poznać tego osobnika, bynajmniej nie w celu zawarcia z nim znajomości i uczestniczenia w „ucztach", tylko po to, by wiedzieć, kim się brzydzić, kogo z daleka omijać i z kim nie utrzymywać nawet luźnych kontaktów towarzyskich.

– A swoją drogą skąd ten sukinsyn komendant był aż tak przewidujący? – zastanawiano się, wspominając słowa enkawudzisty, które potraktowano jako ponury żart. Najwyraźniej nie była to jego pierwsza tego rodzaju praca, stąd ta wiedza o życiu ludzi w takich warunkach.

Początkowo wiadomość o jedzeniu szczurów wydawała się równie niewiarygodna, co trudna do zaakceptowania. Kiedy się potwierdziła, okryty złą sławą osobnik został ostro napiętnowany. Brzydzono się nim i jego obecnością, skazując w pewnym sensie na zupełną izolację od ogółu, oczywiście na tyle, na ile to było możliwe. Okres ten trwał jednak krótko. Miesiąc, dwa później część łagierników zaczęła go tolerować, a nawet akceptować.

* * *

Bardzo ważnym elementem życia barakowego była wiara w Boga i nieustające modlitwy. Modlono się indywidualnie i zbiorowo, rodzinnie i wszyscy razem, po cichu i na głos, z zaciętością, z nienawiścią i z litością nad bliźnimi i sobą. Modlono się o wolność, zdrowie i powrót do stron rodzinnych, do Polski. Starsi przypominali młodszym o konieczności modlitwy rano i wieczorem, w chorobie i śmierci kogoś bliskiego, dając należyty przykład. Dwa razy dziennie barak rozbrzmiewał słowami modlitwy „Ojcze nasz", „Zdrowaś Mario", „Wierzę w Boga" i „Aniele Boży, stróżu mój". Czasami odmawiano też litanię lub różaniec. Modlili się wszyscy, nawet ci, którzy w przeszłości, tak przecież niedalekiej, nie byli zbytnio religijni. Jeszcze raz sprawdziła się stara prawda, która w odniesieniu do Polaków niemal stale się aktualizuje: „Jak trwoga, to do Boga".

Na organizację pogrzebów nie zezwalano, więc kiedy ktoś umierał, najpierw odprawiano nad nim modły, a dopiero później zawiadamiano komendanturę. Ta szybko uprzątała nieboszczyka, wyrzucając go po prostu z baraku na śnieg i mróz, a dopiero potem (dobierając odpowiednich ludzi, głównie młodych i, ich zdaniem, jeszcze silnych) do kopania dołu i grzebania ciała. Wykopanie choćby najmniejszego grobu, na przykład dla dziecka, wymagało nie lada siły, zważywszy, że łagier znajdował się na terenie, który nigdy całkowicie nie odmarzał.

Do pełnienia funkcji „grabarzy" wybierano często któregoś z moich starszych braci. W miejscu, gdzie mieli kopać, rozpalali najpierw ognisko, żeby choć trochę sobie pomóc. Na niewiele się to zdawało, odmarzała bowiem tylko górna warstwa ziemi, natomiast dalsze wciąż tworzyły zwartą zmarzlinę. Nieboszczyka zakopywano w tym, w czym chodził na co dzień. Bywało także, że rodzina zdejmowała z niego niektóre części garderoby, wychodząc z założenia, że bardziej przydadzą się żywym. Postępowanie takie nie było potępiane, lecz i nie chwalone. Każdy podchodził do tego, jak do wymuszonej przez życie w nieludzkich warunkach i na nieludzkiej ziemi konieczności.

## Rozdział 9. TAJGA – ŻYWICIELKA I SCHRONIENIE

Trudno dziś powiedzieć, czy jest jeszcze coś tak pięknego na naszej planecie Ziemi, jak syberyjska tajga. Widokiem jej można by się napawać w nieskończoność, gdyby się do niej weszło nie jako człowiek zniewolony, zagoniony batogiem, wygłodniały i przemarznięty do szpiku kości, a z własnej woli, dla czystej przyjemności kontaktu z przyrodą. Czegóż w niej nie ma! Nawet zimą, tonąc w śniegu, można się było zachwycać jej wielkością, która emanowała siłą, lecz także ziała grozą. Wchodząc w jej nieprzebyte czeluście, człowiek czuł się taki maleńki, że bajki o krasnoludkach i sierotce Marysi, opowiadane przez rodziców, wydawały się prawdziwe.

Wszędzie dostrzegało się pełno śladów, różnej wielkości i różnych kształtów. Bardziej zorientowani rozpoznawali tropy zajęcy, lisów i wilków, których wycie przeszywało strachem susły i borsuki. Ktoś nawet odkrył ślady niedźwiedzia (wielkością nie odbiegające wiele od ludzkich), a także rysia lub tygrysa syberyjskiego, z którym zetknęli się jednakże tylko nieliczni. Strzeliste świerki, modrzewie i cedry oraz rozłożyste sosny pięły się wysoko, jakby chciały dosięgnąć słońca i ogrzać się jego promieniami.

Wszystko wokół przykrywał śnieg – bielszy od bieli, kruchy, sypki, błyszczący niczym kryształ i połyskujący różnobarwnie w zależności od kąta padania światła. Wszędzie były takie jego ilości, że nieobeznani z terenem zapadali się w nim po pas, a nawet wpadali całkowicie w przykryty białym puchem dół czy rozpadlinę, mając kłopot z wydostaniem się z pułapki. Na szczęście w takich sytuacjach zawsze znalazła się pomocna ręka, jeśli trzeba, uzbrojona w gałąź.

Tak, tajga byłaby niezmiernie piękna, gdyby nie to, że gnano do niej łagierników niczym stado baranów na rzeź, które idą, sprawiając wrażenie bierności i obojętności, w liczbie ponad pół tysiąca dusz, pilnowani tylko przez dwa „owczarki" i kilku barakowych. Idą, dokąd im kazano, nie protestując, nawet się nie burząc, chyba że wewnętrznie. Gdyby nie ruchy ciał, patrząc z boku, można by sądzić, że te przypominające chochoły sylwetki stoją, a przesuwa się tylko ziemia pod nimi.

A jednak to oni szli, zgarbieni (między innymi po to, by stawiać jak najmniejszy opór wiatrowi, który przesypywał śnieg z jednego miejsca na drugie, podrzucając go przedtem wysoko, co wywoływało zamieć), a idąc, skrywali głowy w kołnierzach okryć, wysoko dźwigając ramiona, ręce natomiast (mimo że większość miała jeszcze rękawice) wsuwając naprzemiennie w rękawy lub kieszenie. Najgorzej mieli ci, co brnęli na czele kolumny, ponieważ to oni niczym pługi śnieżne rozgarniali zaspy śniegu nogami. Następni tylko poprawiali po nich, udeptując szlak. Kolumnę zamykały zazwyczaj kobiety i dzieci, które szły głównie po to, by przez otrzymanie większej racji żywnościowej przyczynić się do osiągnięcia obozowego „dobrobytu".

Brodziły w śniegu, trzymając się ręki matki lub ojca, często dzieciaki nie mające jeszcze nawet ośmiu lat, jednak – zdaniem komendanta – zdolne na przykład zbierać odrąbane przez starszych gałęzie ściętych drzew. Zabierano więc do lasu nawet siedmiolatki, nikt tego nie sprawdzał. Jeżeli rodzina uznała, że dziewczynka czy chłopiec są w stanie pójść z dorosłymi i pomóc im w pracy, nikt nie wnosił zastrzeżeń, co najwyżej ktoś ze znajomych z baraku odradzał zabieranie dzieci do tajgi.

Po długim brnięciu w śniegu (wychodziło się o brzasku, a dochodziło na miejsce o świcie), kiedy kolumna dotarła do terenów przeznaczonych do wyrębu, następował podział na grupy, które następnie rozprowadzano na tzw. kwatery leśne, rozmieszczone w dosyć dużych odstępach. Robotę należało zacząć od rozgarnięcia śniegu wokół pnia, aby cięcie zostało wykonane we właściwym miejscu, nie za nisko i nie za wysoko. Większość drzew znajdujących się w kwaterze podlegała wyrębowi, toteż ścinano je po kolei.

Każdy z członków brygady miał wyznaczone zadanie. Jedni ścinali, inni klinowali, ułatwiając pracę tym, co piłowali, jeszcze inni po upadku ściętego drzewa odrąbywali siekierami gałęzie, które z kolei odbierały kobiety i dzieci, układając je następnie w pryzmy. Początkowo praca ta nawet bawiła dzieciaki. Z przejęciem ciągnęły po śniegu gałęzie, potykając się i upadając. Nie trwało to jednak długo, wkrótce bowiem nie tylko maluchy poczuły zmęczenie.

Każdy upadek drzewa oznajmiany był wołaniem piłujących i wbijającego kliny, tak by wszyscy znajdujący się w pobliżu wiedzieli o nadchodzącym zagrożeniu. Nikt nigdy nie kazał łagiernikom ostrzegać się w ten sposób, robili to z własnej woli. Widok lecącego w dół drzewa był fascynujący, szczególnie słonecznego dnia. Upadając, takie drzewo zaczepiało gałęziami o inne, jeszcze stojące, strącając z nich śnieg, który spadając tworzył coś w rodzaju szklącej się i połyskującej wieloma barwami muślinowej kotary. Z kolei trzaski łamanych gałęzi były jak płacz, jak sprzeciw, jak oburzenie i tych ściętych już drzew, i tych na ścięcie czekających.

Zwykle od samego rana rozpalano ogniska i na porębie od razu robiło się raźniej. Na razie jeszcze nie było z tym kłopotu, bo niektórzy mieli czynne zapalniczki, względnie ostatnie zapałki, dopiero nieco później zaczęto do tego celu używać niemal wyłącznie hubki. Raz rozpalone ognisko nie miało już prawa zgasnąć, ktoś z pracujących stale podchodził i dokładał gałęzi. Często czynność tę wykonywał także enkawudzista, zapewne tylko po to, by samemu się ogrzać. Strażnikom, którzy nie wykonywali żadnej pracy prócz pilnowania, było o wiele zimniej, aniżeli tym, których pilnowali, zmuszonym do pracy ponad siły i możliwości organizmu.

Praca w tajdze – mimo iż wymuszona i wykonywana pod groźbą o różnym ciężarze gatunkowym, łącznie z tym najgorszym, czyli pozbawieniem racji żywnościowej przypadającej na dany dzień – wykonywana była w tempie, jakiego domagali się Sowieci, a czasami nawet większym. Zwiększone tempo występowało wówczas, gdy ktoś usiłował pracować ponad normę, żeby w zamian za to otrzymać podwójną porcję chleba. Ale zebranie ilości drewna równej dwóm kubikom na jedną osobę było w tych warunkach wyczynem nieosiągalnym nawet przy największych chęciach i najlepszym zgraniu brygady. Któregoś dnia udało się to co prawda jakiejś brygadzie, nazajutrz jednak, na skutek nadmiernej utraty sił, nie byli już w stanie wykonać nawet zwykłej normy dziennej.

Na porębie nieustannie słyszało się jęk pił i padających drzew, odgłosy siekier i okrzyki oznajmiające spuszczanie drzewa, które po obróbce, w zależności od gatunku i zapotrzebowania, magazynowano w wyznaczonych w tym celu rejonach. Osobno składowano dłużyce cedrowe, osobno sosnowe i świerkowe, oddzielnie układając tak zwane metry sześcienne (zresztą wszystko przeliczane było właśnie na nie). Odgłosy towarzyszące wyrębowi tajgi prawdopodobnie odstraszały zwierzęta, każąc im zaszywać się w bardziej odległych ostępach, bo w zasadzie w ogóle ich nie widziano, chociaż ciągle trafiano na ślady ich bytności na tych terenach. Nawet jeśli zdarzyło się, że ktoś zauważył przebiegające zwierzę, to znikało ono tak samo nagle, jak się pojawiło. Za to wieczorem niemalże nieustannie słyszało się wycie wilków, stale krążących wokół baraków w nadziei na zdobycz.

W miarę przybywania sztapli równo ułożonych klocków pociętych drzew oraz dłużyc różnej długości, na zrębowisku robiło się coraz przestronniej, jakby jaśniej, lecz jednocześnie bardziej przewiewnie, a tym samym zimniej. Wraz z przybywaniem obrobionych i gotowych do wywózki drzew, ubywało nie tylko strzelistych świerków czy sosen, cedrów czy modrzewi, lecz także ludzi, których układano w zmarzniętej na lód obcej ziemi, nie pozwalając nawet na oznaczenie symbolicznych grobów drewnianymi krzyżami, wykonywanymi zazwyczaj z cienkich pni białej brzozy.

Kiedy zdarzyło się, że wbrew temu zakazowi odważano się jednak pod osłoną ciemności krzyże owe stawiać, i tak było wiadomo, kto je tam umieścił, toteż tych w pierwszej kolejności spotykały represje w postaci kilkudniowego odosobnienia w lochu, będącym zwykłą lepianką. Ukarany pozbawiany był także (częściowo albo całkowicie) pożywienia, o ile areszt nie przekraczał trzech dni, jeżeli zaś był dłuższy, po upływie trzech dni aresztant otrzymywał jeden posiłek dziennie. Zdrowy stamtąd nie wychodził nikt.

* * *

Po niespełna trzech miesiącach pobytu w łagrze obraz większości zesłańców był nie do pozazdroszczenia. Na wychudzonych sylwetkach wisiały łachmany; zapadłe policzki pokrywał zmierzwiony zarost (z jego usuwania zrezygnowano niemal od samego początku pobytu, uważając, że dzięki niemu w twarz będzie cieplej); nogi omotane były resztkami odzieży (obiecane przez komendanta obuwie i kufajki wciąż nie nadchodziły). Tylko „szczurołap" szczycił się posiadaniem rękawic, czapki i obuwia, które nazywał mokasynami. Wszystkie te części jego garderoby uszyte były starannie, tak pod względem ściegu, jak i doboru odcieni skórek. Ich nadmiar „szczurzy krawiec" przekazywał tym, którzy najszybciej zaakceptowali jego działalność.

Z czasem odzieży ze szczurzych skórek przybywało, podobnie zresztą jak samych gryzoni. Te obrzydliwe, lecz – jak stwierdzono naukowo – bardzo inteligentne zwierzęta stawały się coraz śmielsze i coraz bardziej agresywne. Ogryzały już nie tylko umarłych. Teraz dobierały się już do chorych, a nawet zdrowych, lecz śpiących twardym snem. Skutkiem tego na szczęście nie była śmierć, a jedynie lekkie okaleczenia, ale i te goiły się bardzo długo.

Natomiast przy lesoróbce, gdzie miało miejsce coraz więcej wypadków, ginęło się na miejscu, względnie po okresie choroby, z uwagi na brak leków i służby medycznej przeważnie bardzo długim. Do okaleczeń odniesionych w tajdze dochodziły inne dolegliwości, najczęściej zapalenie płuc, radykalnie skracające czas trwania choroby. Coraz więcej zdarzało się też przypadków, w których spadające drzewo druzgotało kości ofierze, wgniatając ją głęboko w śnieg. W takich sytuacjach niewielu udało się pozostać przy życiu. Zazwyczaj gdy kogoś takiego wyciągnięto spod drzewa i dowieziono do obozu, nie wnoszono go już do baraku, tylko pozostawiano przed nim do czasu złożenia w dole.

Każda śmierć - niekoniecznie kogoś bliskiego - była w tym okresie przeżyciem dla całego łagru. W takich dniach, w późnych godzinach wieczornych, modlono się szczególnie żarliwie - za tych, którzy właśnie odchodzili, za tych, którym groziło odejście, gdyż leżeli obłożnie chorzy, i za tych, którzy jeszcze dzisiaj byli wśród żywych, ale nie wiadomo było, czy jutro również wśród nich będą, nikt bowiem nie znał ani dnia, ani godziny.

A sytuacja pogarszała się w zastraszającym tempie. Choroby atakowały falami, a szczególnie podatne na nie były niedożywione i osłabione dzieci. Poza wszami, pluskwami i szczurami wrogiem człowieka stawały się choroby powstające w wyniku zaziębienia, takie jak ropne anginy, zapalenia płuc i oskrzeli, a u maluchów jeszcze koklusze oraz zapalenia uszu i spojówek. Coraz częściej występowały też groźne choroby zakaźne (np. tyfus brzuszny). Pokazała się również szczególnie dokuczliwa przypadłość, zwana szkorbutem, objawiająca się owrzodzeniem dziąseł powodującym wypadanie zębów. Chorobie tej towarzyszyły krwotoki z nosa oraz inne, równie nieprzyjemne dolegliwości.

Po blisko półrocznym pobycie w łagrze lżejsze lub cięższe schorzenia zaatakowały już niemal wszystkich. Nawet ci na pozór zdrowi byli nosicielami świerzbu czy jakiejś innej łuszczycy, względnie owrzodzenia skóry. Plagę stanowiły też problemy żołądkowe, dające się we znaki w sposób wyjątkowo nieprzyjemny, bo zmuszający między innymi do częstego korzystania z latryny. Zwłaszcza w nocy było to nie dość, że niemiłe, to jeszcze z wielu względów niebezpieczne. Groziło na przykład wpadnięciem do kloaki lub spotkaniem myszkującego w pobliżu siedlisk ludzkich dzikiego zwierzęcia, nie wspominając już o szczurach.

# Rozdział 10. WIOSNA I LATO NADZIEJĄ NA ŻYCIE

Z końcem kwietnia i na początku maja dały się dostrzec pierwsze oznaki wiosny, chociaż ziemię i wszystko na niej nadal skuwała surowa zima. Dzień jednak stawał się coraz dłuższy, a słońce zataczało na niebie nieco większe półkole i, znajdując się w zenicie owego półkola, posyłało zmarzniętej ziemi i żyjącym na niej istotom nieznacznie cieplejsze promienie. Bywało, że promienie te topiły już śnieg na dachach, co powodowało tworzenie się olbrzymich sopli lodowych. Odrywali je wszyscy – i dzieci, i dorośli – po czym ssali, tak jakby miały zaspokoić głód, zapominając o tym, że to tylko zwykła woda, na dodatek z domieszką ulatujących przez komin popiołów.

Z tajgi, poza stałymi odgłosami pił, siekier i ludzkich nawoływań, dolatywał czasami jeszcze nieśmiały ptasi szczebiot lub ryki grubszego zwierza, których dotychczas się nie słyszało. W wycieńczonych zesłańców, pozbawionych już w połowie (a przynajmniej w jednej trzeciej) sił witalnych, z którymi zabrano ich z domów, wraz ze zbliżającą się wiosną zaczynała wstępować wiara w przetrwanie. Zdawano sobie sprawę z tego, że tajga latem jest swego rodzaju spichlerzem, mogącym uzupełnić braki żywieniowe powstałe w okresie długotrwałej zimy. Liczono na to, że obdarzy nas bogactwem owoców leśnych i dzikich warzyw, które wypełnią witaminową lukę, powstałą w związku ze spożywaniem jednolitego, stale tego samego pokarmu, pozbawionego owoców, warzyw, cukrów i tłuszczów.

W zasadzie nadejście wiosny w tej strefie klimatycznej nie występowało, a jeśli już, to był to okres tak krótki, że niemal niezauważalny. Obserwując otaczającą łagier przyrodę, poznając ją bliżej i szczegółowiej, było się świadkiem zjawiska niespotykanego na naszym rodzinnym Polesiu, a wprost fascynującego.

W okresie przesilenia wiosenno-letniego, jakie występowało tu na przełomie maja i czerwca, bardzo szybko wzrastała temperatura otoczenia, przemieniając zalegający jeszcze śnieg w wodę, która rwącymi strumieniami płynęła po zboczach i wzniesieniach, każdym rowkiem, drogą i ścieżynką, zamieniając wszystko wokół w jedno wielkie płytkie jezioro i powodując, że przez kilka dni teren łagru dosłownie tonął w wodzie. Wprawdzie zarządzono odprowadzenie jej w stronę jeziora, lecz nie zmieniło to faktu, że i tak wciąż dreptaliśmy w błocie, które za nic nie chciało wsiąknąć w ziemię, wciąż jeszcze zamarzniętą.

Sucho stawało się dopiero nocą, gdy błoto zamarzało. W dzień, począwszy już od godzin przedpołudniowych, znowu stawało się prawdziwym przekleństwem zarówno dla pilnujących, jak i pilnowanych. Miejscami woda wypłukała ziemię, pozostawiając gładź lodową, którą przykrywało teraz tylko błoto. Tworzyły się w ten sposób groźne pułapki, skutkujące wieloma upadkami i „kąpielami błotnymi". Każda taka przymusowa kąpiel kwitowana była śmiechem i docinkami na temat reumatyzmu czy sanatorium. Utytłanym w czarnej mazi wcale jednak nie było do śmiechu.

Po kilku dniach ku ogólnej radości błoto jak się pojawiło, tak zniknęło, chociaż nie na długo, niestety. Dwa wiosenno-letnie deszczowe dni spowodowały, że znów musieliśmy się z nim zmagać, lecz po kilku kolejnych zniknęło wreszcie na dobre, jakby wyparowało z resztkami śniegu. Silne wiatry, wiejące o tej porze roku i znacznie cieplejsze aniżeli dotychczas, szybko osuszyły wszystko dookoła. W następnych dniach tajga wyraźnie się zazieleniła i upiększyła bielą, czerwienią, fioletem oraz wieloma innymi barwami kwiatów, zdobiących krzewy, zioła i zielska. Wszystko dosłownie w oczach rosło i rozwijało się, jak w jakimś fantastycznym filmie, którego projekcja odbywa się poprzez szybsze niż normalnie przesuwanie kadrów.

Wyrąb lasu trwał nieprzerwanie, lecz ubytek drzew był niewielki, ponieważ zasoby leśne tych terenów były olbrzymie, zdawały się wprost niewyczerpalne. Wśród wysokich drzew, a także w poszyciu leśnym zagęściło się od różnorodnego ptactwa i zwierząt. Zaczął się okres godów, podczas którego w gniazdach znajdowano jajka, spożywając je na surowo, nie bacząc na wielkość czy kształt. Kolor też nie miał większego znaczenia. Niektóre były z zewnątrz niemal czarne, niektóre niebieskawe, sine albo nakrapiane, były też naturalnie białe.

Pozbawiona śniegu, a następnie wygrzana ziemia odkryła również bogactwo mchów i grzybów oraz rozlicznych ziół. Jedliśmy wszystko, co się dało. Mech reniferowy wygrzebywano spod śniegu już wcześniej, lecz teraz, odświeżony i odtworzony, był znacznie smaczniejszy. Przysmakiem był także blaszkowaty grzyb z czarnym kapturkiem, zwany surojadką. Jedzono go najczęściej na surowo, chociaż znacznie lepiej smakował, kiedy posypało się go solą, o nią jednak było trudno, jeśli nie miało się znajomości w kuchni, względnie u znajomych mających tam swoich znajomych lub krewnych. Jadalne były również wszelkiego rodzaju zielska, szczególnie te z grubymi łodygami, przypominające domową, przeznaczoną na nasiona pietruszkę bądź rabarbar. Dożywialiśmy się też marchewką z białym korzeniem i szczawiem, nadzwyczajnym wprost przysmakiem, znajdowanym na łąkach i polanach. Wszystko to nadawało się do jedzenia po ściągnięciu wierzchniej skórki.

W niektórych partiach tajgi spotykało się dzikie jabłka, względnie orzeszki leszczynowe, bukowe i cedrowe. Rajem dla podniebienia było także pałaszowanie malin, poziomek i moroszki, czy też jarzębiny i jagód czarnego bzu oraz głogu. Wszystkie jagody nie nadające się do spożycia określano mianem wilczych. Oprócz roślin co poniektórzy jedli też mięso, prymitywnymi metodami polując na ptactwo i drobną zwierzynę.

Dla ratowania płuc i ogólnie dróg oddechowych, a także uniknięcia szkorbutu, zaczęto zbierać młode odrosty drzew iglastych (głównie sosny) i przygotowywać z nich wywar. Służyły one także do przyrządzania czegoś, co nazywano herbatą, choć z uwagi na brak cukru nie przypominało ani domowej, ani żadnej innej. Było to po prostu coś nowego, tak jak zielska, mech czy grzyby, albo pity poza zwykłą wodą sok brzozowy. „Boże! Jakiś Ty był przewidujący, że stworzyłeś dla tych sponiewieranych ludzi tyle najrozmaitszego pożywienia!" – chciało się krzyknąć z radości przepełniającej serce i na czas dłuższy lub krótszy napełniającej żołądek.

W przerwach pomiędzy posiłkami, tymi regulaminowymi i innymi, żuto żywicę z drzew. Zbierało się ją skrupulatnie z każdego gatunku drzew osobno, by następnie, przestrzegając pewnych proporcji, łączyć i uzyskiwać odpowiedni smak i konsystencję, umożliwiającą jak najdłuższe żucie. Wykonanie takiej „żuwaczki" wymagało znajomości smaku i stopnia lepkości poszczególnych rodzajów żywic. Jedne z nich były bardzo kruche, inne znowu zbyt lepkie lub nadmiernie aromatyczne. Po niektórych w ustach mogła występować sama gorycz i wówczas bez przerwy się spluwało, natomiast odpowiednio dobrane nie wymagały pozbywania się wytwarzanego nadmiaru śliny, lecz pozwalały ją połykać, co też nie zawsze było obojętne dla żołądka.

Wiadomość, która zelektryzowała łagier i mogła się równać jedynie z informacją o jedzeniu szczurzego mięsa, dotyczyła jedzenia mrówek. Tych, którzy jako pierwsi odważyli się ich spróbować, początkowo obserwowano z niesmakiem lub wręcz z obrzydzeniem. Jednakże w miarę upływu czasu „mrówkojadów" zaczęło przybywać, a widok mrowiska i siedzących wokół niego ludzi powszednieć.

Zrazu mrówki wyłapywano rękoma wprost z mrowiska. Były dosyć duże i miały brązowy odcień, toteż uchwycenie ich w dwa palce nie wymagało nadzwyczajnej precyzji. Ta nieskomplikowana czynność polegała na uchwyceniu owada za łebek i odgryzieniu jego odwłoka (tylko tę część się zjadało). Później proces łapania mrówek udoskonalono, gdyż trzymanie większej ich ilości w jednej ręce i wybieranie drugą było nieco skomplikowane. Ktoś wpadł na pomysł, by posłużyć się kijem. Wsadzało się go w mrowisko, chwilę czekało, aż go mrówki oblezą, a następnie wyciągało i wyłapywało po kolei. Stworzonek wcale nie trzeba było naganiać na kij, szły same, a że szły jedna za drugą i to dosyć szybko, w górnej części kija robiło się ich sporo, dlatego nie trzeba było, tak jak poprzednio, zbyt często zakłócać spokoju mrowiska.

W odróżnieniu od innych pokarmów mrówki można było jeść i jeść aż do znudzenia, chociaż nie do nasycenia, zdawano sobie bowiem sprawę z tego, że nawet gdyby się zjadło wszystkie owady z mrowiska (rozmiarami dochodzącego nierzadko do ponad metra wysokości), to i tak w ustach i żołądku pozostałoby tylko jedno uczucie – kwaśność.

* * *

Z początku jadło się w zasadzie wszystko, co tylko wpadło człowiekowi w ręce, a jeśli potem nie występowały jakieś niepożądane objawy (np. torsje), na stałe wprowadzano to do łagrowego „jadłospisu". Stwierdzenie, że wszystko, co żyje, nadaje się do jedzenia, nie odbiegało wcale od prawdy. Żyjący jeszcze człowiek również należał do tego łańcucha pokarmowego, zjadany w małych ilościach przez chmary meszek, atakujących w porze wiosenno-letnio-jesiennej, a także komary, bąki, gzy, osy, pszczoły i szerszenie, którym usiłowano wykraść miód. Cała ta owadzia rodzina upatrzyła sobie szczególnie osoby osłabione i wychudzone, wypijając resztki krwi, jaka pozostała w ich wycieńczonych organizmach.

Najgorsze do zniesienia były jednak, zdaniem wielu, wszędobylskie meszki. Gołym okiem niemal niewidoczne wpijały się w ciało, po czym każda napełniała odwłok mikroskopijną ilością krwi. Kiedy wgryzło się ich kilka, to już była kropla, kilkadziesiąt – plama, natomiast kilka tysięcy pozbawiało człowieka małej kałuży krwi. Na domiar złego ukąszenie każdej meszki pozostawiało na skórze uczucie pieczenia, a następnie swędzenia. Gdy zostało się pokąsanym przez setki czy tysiące tych napastliwych owadów, na ciele powstawało jedno pasmo męki. Naturalnie wszyscy osłanialiśmy się przed nimi czym tylko się dało, lecz skutek był mizerny. Po to, by napełnić swoje małe organizmy ludzką krwią, meszki potrafiły dostać się dosłownie wszędzie.

Innymi bardzo groźnymi dla człowieka owadami były gzy; rzadziej muchy, których larwy wprowadzone do ludzkiego ustroju żyły w nim jako pasożyty. W następstwie pracy w środowisku podmokłym, a takie tutaj przeważało, atakowani byliśmy także przez watahy komarów. Znajdowały się wśród nich i takie, które wywoływały malarię. Potem trzeba z nią było walczyć bez lekarza czy felczera, stosując bardzo prymitywne środki, głównie schładzanie ciała trawionego wysoką gorączką i podawanie dużej ilości płynów w okresie intensywnego odwadniania się organizmu.

Lato, które tak wszystkich cieszyło i którego tak oczekiwaliśmy, stawało się często przekleństwem, właśnie z uwagi na obecność najrozmaitszych stworzeń łaknących ludzkiej krwi. Dotąd wystarczająco dały się nam we znaki pluskwy i wszy, z którymi bez względu na porę roku prawie się nie rozstawaliśmy. Teraz przytłoczyła mnogość innych owadzich wrogów człowieka.

Wspomniane wszy były jednak i w lecie nie mniejszą udręką dla tych, którzy robili wszystko, by ich nie mieć, nie mogąc i nie chcąc do nich przywyknąć. Kto dzisiaj się z nich wyczyścił, jutro miał je z powrotem od sąsiada. Pasożyty te znajdowano niemal wszędzie, głównie w odzieży (z której dało się je wyrugować jedynie na krótki czas, nigdy na stałe) i we włosach. Z tymi ostatnimi uporano się szybko: wszystkich mężczyzn pozbawiono włosów, kobietom natomiast skrócono je do niezbędnego minimum (z tego tytułu zresztą sporo było wśród pań lamentu, lecz pod groźbą ogolenia na kolano uspokoiły się i poddały strzyżeniu bez oporu, chociaż z wyraźną niechęcią). Dużo trudniej było sobie poradzić z tymi paskudnymi pasożytami, które wpijały się w inne owłosione miejsca na skórze i które określano „mendami".

Lato ożywiło nie tylko przyrodę, lecz także (choć może w nieco mniejszym stopniu) ludzi. Mężczyźni coraz chętniejszym okiem spoglądali na kobiety, a i one zbytnio się nie broniły, gdy któryś przytulił albo mocniej przycisnął, niby dla żartu. Gdy się ściemniało, młodzi i ci nieco starsi, obojga płci, częściej niż zwykle wymykali się z baraku, udając, że idą do latryny. W rzeczywistości faktycznie wychodzili za potrzebą, z tym że nie do wychodka, a w jakieś wcześniej upatrzone miejsce. Wraz z nasileniem się kontaktów damsko-męskich, często przypadkowych, pojawiły się trudności z utrzymaniem higieny, a co za tym idzie choroby weneryczne, takie jak tryper, syfilis, rzeżączka (u kobiet) i ta najgorsza – kiła.

Skutkowało to między innymi narodzinami dzieci od razu skazanych nie tylko na niewolę i głód, ale także na śmierć. Wiele z nich rodziło się martwych (zazwyczaj te urodzone przedwcześnie), inne przychodziły na świat po to, by zaraz umrzeć, tak jakby nie miały ani sił, ani chęci żyć w takich warunkach. Niemniej zdarzały się przypadki (i to wcale nie takie rzadkie) niemowlaków silniejszych, o dużo odporniejszych organizmach, które przeżywały.

* * *

Życie życiem, lecz ponad nie Sowieci przedkładali pracę, a raczej to, ile jej wykona każdy do pracy zdolny. Przygotowane i zmagazynowane zimą drewno, przy pomocy prymitywnych środków (głównie siły zesłańczych rąk), przerzucane było teraz nad rzekę, którą miało być z kolei spławiane do Archangielska. Przy samym wyrębie pracowało obecnie znacznie mniej osób, ponieważ duża grupa, przeważnie mężczyzn, zajęta była transportem i spławianiem drewna. Równie liczna grupa kobiet i młodszej młodzieży, a nawet dzieci, wraz z nadejściem pory wiosenno-letniej zatrudniona została w polu, powstałym na skutek wydarcia tajdze sporego płata ziemi.

Pozyskana poprzez wykarczowanie ziemia była żyzna i płodna, lecz nigdy całkowicie nie odmarzała. Sadzono na niej głównie ziemniaki, przy czym sadzeniaki krojono nawet na osiem kawałków, zwracając uwagę na to, by w każdym z nich znajdowało się gniazdo kiełka. Ponadto siano rzepę, rzodkiew i cebulę. Wszystko rosło bardzo szybko i przybierało duże rozmiary, niemal jak w rosyjskiej bajce o dziadku i rzepie. Zwłaszcza owe rzepy były wprost olbrzymie, do połowy tylko tkwiły w ziemi, cała reszta wysoko ponad nią.

Ziemniaki, mimo obaw towarzyszących sadzeniu, także były dorodne, podobnie jak wszystkie inne warzywa, które sadziło się i siało z nadzieją, że będą naszym zapasem na zimę. Tak się jednak nie stało. Wszystko zostało komisyjnie zabrane na potrzeby innych. Jedynym profitem z całej tej pracy było to, co zdołaliśmy ukraść z dobrze strzeżonego pola i zjeść na surowo. A na surowo smakowała i rzepa, i cebula, nawet ziemniaki (chociaż te zdecydowanie lepsze były pieczone).

W okresie letnim zdarzało się (chociaż bardzo rzadko), że do chleba dostawaliśmy zupę rybną, a czasami śledzie wprost z beczki – małe jak palec, niemiłosiernie słone i śliskie. Nieliczni, zaprzyjaźnieni z enkawudzistami, mogli chodzić na ryby do pobliskiego jeziora. a może zatoki Morza Białego? W tym względzie zdania były podzielone. Ci, którzy twierdzili, że jest to jezioro, argumentowali swoją tezę tym, że nawet w nazwie łagru („Niuchto Oziero") występuje to słowo. Inni na ziemi lub na tym, co akurat mieli pod ręką, rysowali z pamięci mapę, starając się w sposób prawie naukowy dowieść, że to morska zatoka, i zapewniając swoich słuchaczy, że można nią latem dopłynąć, a zimą nawet dojść po lodzie, do samego Archangielska. Dla większości i tak najważniejsze było to, że mieli gdzie się umyć i wytłuc na kamieniach zawszone resztki odzieży.

Latem do baraków stale docierały jakieś wiadomości. A to ktoś wspólnie z niedźwiedziem objadał ten sam krzak malin. To znowu ktoś natknął się na łosia, jelenia albo nawet renifera. Ktoś inny z kolei wypłoszył wilka, lisa czy borsuka, względnie pieprzących się łagierników. Szczury teraz nie zajmowały niczyjej uwagi, zresztą było ich jakby mniej. Ktoś nawet nie omieszkał tego zauważyć, co inni od razu skwitowali kpiącym stwierdzeniem, że pewnie nasz łagrowy „szczurojad" wyłapuje ich więcej niż zimą. Może i było to prawdą, stale bowiem widziało się rozpięte gdzie popadnie szczurze skórki.

* * *

Choć ciągle jeszcze było ciepło, a dni w przeważającej ilości słoneczne, czuło się powoli, że lato dobiega końca. Owoce były dojrzałe, warzywa wyrośnięte. Pisklęta, wyklute z niezjedzonych jajek, wydoroślały i zaczynały samodzielne życie, szykując się do przeniesienia w cieplejsze strony. Nadciągającą jesień zapowiadały coraz częściej występujące słoty. Wiewiórki i chomiki robiły już zapasy na zimę. Wszy, jakby wyczuwając zbliżającą się porę jesienno-zimową, nie łaziły teraz po odkrytych częściach ciała, lecz kryły się w szwach odzieży i we włosach, bez względu na to, gdzie rosły.

Wyczuwanie nadchodzącej zimy było tematem, o którym mówiło się dużo, pewnie dlatego, że jej nadejścia baliśmy się jak niczego innego, zdając sobie sprawę z tego, że nadejdzie równie niespodziewanie jak wiosna, z pominięciem pory zwanej jesienią. „Dziewięć miesięcy zima, a potem to już tylko lato i lato!" – głosiło powszechnie znane powiedzenie i właściwie taka była prawda, zauważało się bowiem głównie lato, które przynosiło chmary uciążliwych owadów, lecz także uczucie ciepła i niemal sytości, oraz zimę, niosącą tylko głód, przenikliwe zimno, ciężką (znacznie cięższą aniżeli latem) pracę w tajdze i zagrożenie zdrowia, a często także życia.

Zbliżanie się zimy dostrzegła także komendantura. Zarządzono przygotowanie zapasów drewna oraz dokonanie przeglądu baraków i pieców. Z pola naprędce zbierano ostatnie plony. Część ziemniaków zakopcowano bardzo głęboko, resztę dokądś wywieziono, korzystając z zaprzęgów konnych, z pomocą których wykonano też orkę zimową. Po łagrze rozeszła się pogłoska (która potwierdziła się ponad miesiąc później), że otrzymamy ciepłą odzież i obuwie. Na urzeczywistnienie tej informacji czekaliśmy z niepokojem, już nieraz bowiem coś obiecywano (jak chociażby cukier) i nie dotrzymywano słowa.

Ta obietnica została jednak spełniona, chociaż nie do końca tak, jak byśmy tego oczekiwali. Owszem, przywieziono ciepłe okrycia (tak zwane kufajki), lecz była to odzież stara i wyblakła, z licznymi łatami i zeszyciami. Różnego rodzaju obuwie – od trzewików do wysokich butów – również nosiło ślady zużycia i było niemiłosiernie sfatygowane. Dobrze zaopatrzeni zostali jedynie enkawudziści. Dla nich przeznaczono nowe kożuchy i kufajki, futrzane czapy i rękawice oraz walonki, czarne i popielate.

Jedynym plusem dla zapędzonych do tego łagru ludzi było oddalenie od linii frontu. Nawet później, gdy rozpętała się wojna niemiecko-rosyjska, nie dochodziły do nas żadne jej odgłosy. Odczuwaliśmy ją jedynie poprzez zwiększone wymagania i zwiększone zapotrzebowanie na drewno, zarówno budulcowe, jak i opałowe. Po zebrane zapasy przyjeżdżały (o ile pozwalały na to warunki atmosferyczne i stan dróg) napędzane gazem drzewnym samochody ciężarowe, które wywoziły wszystko, co się dało.

We wrześniu po raz pierwszy powiało chłodem, wówczas to wreszcie wydano nam przywiezioną wcześniej odzież i obuwie. Odbywało się to bez jakichkolwiek przymiarek, ot, po prostu, jak leci. Dopiero później następowało dopasowywanie i wymienianie się poszczególnymi rzeczami. Każdy chciał mieć nieco większą kufajkę, mając na uwadze to, że pod spód coś jeszcze można włożyć, i buty, do których także zamierzał wcisnąć chociaż jakąś onucę, garść słomy czy trawy. Zamieszanie było wielkie, bo i buty, i kufajki były różne, jedne mniej, drugie bardziej zniszczone. Targowano się więc, przekonywano i proszono o zamianę, a i tak wielu miało za duże buty albo zwisające z ramion kufajki.

Lecz chociaż głośno narzekano, że przydziela się nam łachy po zesłańcach, których już udało się wykończyć, to po cichu cieszono się i z tego. Bez tych za dużych kufajek i butów, które wielu osobom wręcz latały na nogach, niemal się na nich obracając, zimy 1941 roku najpewniej byśmy nie przetrwali. Niestety, z uwagi na zbyt daleko idące wycieńczenie lub zaawansowaną chorobę, niektórym i ten przydział już nie był w stanie pomóc, ani przeszkodzić w odejściu z tego tak niewiarygodnie okrutnego, a z drugiej strony tak przecież cudownego świata.

## Rozdział 11. ŁAGIERNICY

Kim byli ludzie, deportowani tutaj, gdzieś pod biegun północny, do obcego świata, w którym przyszło im żyć lub raczej, co bliższe prawdy, wegetować i umierać? Czym zawinili, że trzeba ich było odseparowywać od ogółu społeczeństwa i zesłać na katorgę w tereny nieznane szerszej cywilizacji? Dlaczego w tym oddalonym od ludzi miejscu znalazły się całe rodziny, łącznie z kobietami, młodzieżą obojga płci i dziećmi, nawet tymi jeszcze przystawianymi do piersi?

Takich i tym podobnych pytań nikt nam nie zadawał. Zadawaliśmy je sobie sami, zdezorientowani i nieświadomi, jakich to przestępstw dopuściliśmy się wobec Związku Sowieckiego. Ktoś stwierdził, że jedyną naszą winą jest fakt bycia Polakami, choć przecież wszyscy uznawaliśmy to raczej za chlubę, dumę i zaszczyt. Niestety, zupełnie inaczej patrzyli na tę kwestię ludzie spod znaku młota i sierpa, uświadamiając opinię publiczną (przy okazji w ogóle się z nią nie licząc), iż Polacy to element destrukcyjny, działający na szkodę wielkiej październikowej rewolucji i przeciw narodom Kraju Rad, żyjący na terenach czasowo tylko odebranych Rosji, Białorusi czy Litwie. Dla nich byliśmy obcymi, którzy osiedlili się za Bugiem czy Niemnem w wyniku napaści zbrojnej i grabieży tych ziem.

– Teraz nadszedł czas rozrachunków i odzyskania utraconych terenów – powtarzali. – Najwyższy czas, by na te ziemie wrócili ich prawowici właściciele. A polskich osadników należy wykorzystać, ile się tylko da, dla dobra Związku Sowieckiego, a potem zniszczyć, unicestwić!

Znane powiedzenie mówi, że jeżeli się chce kogoś uderzyć, kij zawsze się znajdzie. Dla sowieckiego okupanta takim kijem stały się oszczerstwa, fałsz i perfidne kłamstwa. Sprawnie nimi operując, na pierwszy ogień wzięto rodziny osadników wojskowych, a więc tych, co walczyli o ziemie, które potem zasiedlili, zagospodarowali i ucywilizowali. Najgorzej, gdy w jednej rodzinie byli i zawodowi wojskowi (bez względu na stopień), i nauczyciele bądź urzędnicy państwowi, gajowi, leśnicy, policjanci czy księża. W znacznej większości rodzin, żyjących w miarę dostatnio i spokojnie, nie utożsamiano się z leninowsko-stalinowską rewolucją, nikt też zapewne nie był skłonny żyć w warunkach przez nią gwarantowanych.

W opowieści tej nie znajdzie się wiele nazwisk – choć można by je wymyślić i nie popełnić zbyt dużego błędu, ponieważ los osadników, noszących na przykład nazwisko Kowal czy Nowak, był niemal taki sam – nie o nazwiska tu jednak chodzi, lecz o ukazanie okrucieństw, jakie dotknęły, ba, zraniły do głębi, a nawet zabiły wielu Polaków. Za tymi okrucieństwami stali wyznawcy nowej komunistycznej ideologii, za którą z entuzjazmem opowiedziały się masy Rosjan, a także Białorusinów, Litwinów i Ukraińców. To głównie spośród tych ostatnich rekrutowali się nasi oprawcy.

W mojej pamięci pozostały tylko nieliczne nazwiska deportowanych: Mickiewicz, Butrymowicz, Studziński, Szczawiński, Pierdziwoda...

Szczególnie dobrze zapamiętałem zwłaszcza Pierdziwodów (wraz z dziećmi Pierdziwodziątkami i ich matką Pierdziwodziną). Mimo iż nazwisko to nie brzmi zbyt okazale, noszący je ludzie byli najwyższej klasy. Znamionowała ich serdeczność, uczynność i przyjazne nastawienie do każdego w baraku i poza nim. Byli dobrotliwi do tego stopnia, że kochali nawet swoich oprawców, a przynajmniej takie sprawiali wrażenie. Nade wszystko zaś (co wynikało z ustawicznego odmawiania modlitw) kochali Boga, stąd też zapewne takie umiłowanie bliźnich, w tym i wrogów – wszak to Bóg powiedział: „Miłuj nieprzyjaciół swoich".

Nieco innym człowiekiem był Szczawiński, sierżant rezerwy, piłsudczyk – mężczyzna postawny, prosty jak naciągnięta struna (pomimo już ponad pięćdziesięciu lat), gwałtowny, z ognistym temperamentem. Dzieciaki zapamiętały go głównie z tego, że gdy szabrowały u niego orzechy laskowe, gonił je i gromił, strasząc, że powystrzela niczym kaczki. Bano się jego pogróżek, lecz szabrowano nadal, tylko z nieco większą ostrożnością.

Większość osadników gospodarowała na trzydziestu i więcej hektarach ziemi. W porównaniu z miejscowymi mieli dużo bardziej funkcjonalne domy, solidniejsze budynki gospodarcze oraz znacznie więcej sprzętu do uprawy ziemi i do przygotowywania paszy inwentarzowi. W każdym osadniczym gospodarstwie musiało być kilka – najmniej para – koni (chlubiono się posiadaniem osobnych do pługa i do bryki), a także kilka krów i kilkanaście sztuk trzody chlewnej. Ptactwa domowego nikt nie liczył, przynajmniej takie się odnosiło wrażenie, bo wszędzie go było pełno. Chodziło to gdzie chciało, poza ogródkiem, z którego było przeganiane ze względu na kwiatowe rabaty. Niektórzy z osadników mieli dodatkowe hobby – hodowali gołębie, króliki, czy też kozę, by mieć pożywniejsze od krowiego mleko (szczególnie dla słabowitych dzieci). Na ich ziemiach znajdowały się mniejsze lub większe lasy, czasem jeziora lub stawy, było więc i ptactwo wodne, za którym z dubeltówką uganiali się niemal wszyscy, poczynając od niepełnoletnich jeszcze chłopców. Nie brakowało też ryb. Wystarczyło zastawić na noc sieci. Tak to żyli sobie, niemal beztrosko, polscy osadnicy, nazywając siebie „szlachtą" lub „ziemianami". Trzymali się razem, nie dopuszczając do swoich domów Białorusinów, z którymi nawet nie próbowali się zaprzyjaźniać. Nic dziwnego, że białoruska biedota (spośród której wielu pracowało u Polaków na stałe, a głównie dorywczo w okresie żniw lub wykopek) traktowała ich jak panów. Kiedy wojska sowieckie zaczęły maszerować na zachód, przez Polesie, tuż obok domu Studzińskich, większość z nich cieszyła się, chociaż nie wiedziała z czego.

A propos Studzińskiego. Nie mógł odżałować, że tu na nowo postawił dom, który spalił mu się w 1937 roku. Gdyby wiedział, że mu go zabiorą, to przez te niecałe dwa lata mieszkałby w stodole. Z takim poglądem nie zgadzała się jego żona, która stwierdziła, że wolałaby raczej wyjechać do rodziny w Polsce centralnej, niż przez dwa lata mieszkać w stodole.

* * *

Kiedy na Polskę napadło z dwóch stron dwóch jej odwiecznych wrogów, w osadnikach zagotowała się żółć i krew. Miotali się i łapali za broń, która pozostała im po dwóch poprzednich wojnach, gotowi od zaraz stanąć w obronie kraju i swojej wydartej z nieużytków ziemi. Niektórzy mieli za złe głównodowodzącemu Edwardowi Rydzowi-Śmigłemu, że tak szybko oddał to, czego zobowiązany był bronić do ostatka, do ostatniego tchnienia, i salwował się ucieczką do Rumunii. Doszło nawet do tego, że osadnicy, którzy mieli w swoich rodzinach synów noszących imię Edward, nakazywali im, by nie obchodzili imienin razem z marszałkiem. Później nieco się uspokoili. Przemyślawszy sytuację, poznawszy siłę obronną i wyposażenie, zaczęli częściowo rozgrzeszać wodza. Jednakże fakt ucieczki przez Zaleszczyki na zawsze pozostał dla nich przewinieniem nie do przebaczenia i nie do zaakceptowania, zwykłym tchórzostwem hańbiącym Polskę.

Gdy doszły ich słuchy o deportacji Polaków z byłych terenów sowieckich – trudno dziś powiedzieć. W każdym razie parobcy czmychnęli wówczas niczym spłoszone myszy. A przecież gdyby głupcy zostali, staliby się panami, osiadając na majątkach, w których byli zatrudnieni. Jak się później okazało, wszyscy, którzy służyli Polakom, najpierw byli donosicielami, a następnie kolejnymi ofiarami systemu. Jeśli nie uciekli i nie ukryli się, spotykał ich taki sam, a może nawet gorszy (jeśli może być jeszcze gorszy) los.

Wrzesień 1939 roku był miesiącem bardzo ciepłym. Lekko ubrane dzieci bawiły się na pobliskich pagórkach. Nagle zjawił się „kukuruźnik". Lecąc tak nisko, że widoczni byli obaj jego piloci, zasypał pagórek ulotkami. Polaków wzywano, by przyłączali się do Armii Czerwonej, która zapewni im bezpieczeństwo i prawa równe z towarzyszami sowieckimi. Obiecywano, że tych, którzy opowiedzą się za władzą sowiecką i będą postępowali tak, jak im ta władza nakaże, spotka zasłużona nagroda, pozostałych zaś zasłużona kara. Faktycznie i jednych, i drugich spotkał taki sam los – z tą tylko różnicą, że jednych prędzej, w pierwszej turze, a innych później, podczas kolejnych deportacji.

Wcześniej czy później wszystkie polskie rodziny oraz samotni Polacy, posiadający jakieś wykształcenie, pozycję w społeczeństwie, względnie piastujący bardziej lub mniej eksponowane stanowiska czy urzędy, a także ci nieco bogatsi, zwłaszcza w ziemię od tych najuboższych, uznani zostali za element niebezpieczny, zagrażający potędze ZSRR. W rzeczywistości oznaczało to skazanie na zagładę przez bezpośrednią śmierć (taką jak rozstrzelanie) lub deportację do strefy podbiegunowej w celu wydzierania drewna tajdze, co odbywało się w tak nieludzkich warunkach, że również w większości kończyło się śmiercią.

Tych, których zabrano z jednej osady, wsi czy miasteczka, na miejscu, w łagrze, rozdzielano, tak by nie mogli się z sobą kontaktować. Nawet jeśli nadarzała się ku temu okazja, to kontakty takie trwały bardzo krótko, w sposób przelotny, ponieważ rozmowa więcej niż trzech osób (nieważne, czy na stojąco, czy na siedząco) nie była przez enkawudzistów mile widziana. Przyłapanych na niej rozganiano, grożąc dodatkową karą odosobnienia w lochu, którym nazywano zwykłą ziemiankę z obelkowanymi ścianami. Kara ta należała do szczególnie okrutnych ze względu na to, że skazany przez cały okres pobytu w takim odosobnieniu pozbawiony był pożywienia, a poza tym siedzieć i spać musiał na podłodze wykonanej z belek, spomiędzy których wyzierała zmarznięta na kamień ziemia.

Ponieważ znajomych rozdzielano, deportowani, którzy znaleźli się w jednym baraku, przez jakiś czas zapoznawali się ze sobą nawzajem. Proces ten trwał dosyć długo, w pierwszym okresie bowiem nikt nikogo nie darzył zaufaniem. Być może trwałoby to jeszcze dłużej, gdyby nie tragiczny los, który połączył tych ludzi. Innym czynnikiem, który w decydujący sposób sprzyjał przełamywaniu barier nieufności, był katolicki stosunek do bliźniego oraz wielkie przywiązanie do Polski, polskości i Trójcy Przenajświętszej.

W rodzinach osadników hasło „Bóg, Honor, Ojczyzna" to nie były czcze słowa, lecz niemalże jedenaste przykazanie. Niektórzy stawiali je nawet na pierwszym miejscu, twierdząc, że zawiera w sobie cały dekalog. Przywiązanie do Boga i Ojczyzny zawsze znajdowało odbicie w odmawianych modlitwach. Częste zbiorowe pacierze oraz śpiewane cicho patriotycznie brzmiące pieśni i piosenki stanowiły dowód ogromnego przywiązania łagierników do kraju i ich wielkiej tęsknoty do macierzy.

## Rozdział 12. GEHENNY CIĄG DALSZY

Druga z rzędu zima, po jesieni, która minęła bardzo szybko, dawała się nam we znaki. Wszyscy łagiernicy byli coraz słabsi, mniej odporni na choroby, a także mniej wrażliwi na tabuny wszy i pluskiew, którym pozwalano się gryźć, gdzie tylko chciały. Czasem złapaną wesz rozgniatano po prostu między paznokciami kciuków. W zasadzie pasożytów tych nie trzeba było szukać. Wystarczyło sięgnąć za pazuchę, czy też w inne ulubione dla tego paskudztwa miejsce, a wyciągało się kilka naraz.

Mimo że w ciągu lata, nierozerwalnie połączonego tu z jesienią, najedzono się rozmaitego zielska, leśnych owoców, jajek ptactwa zamieszkującego okoliczne lasy i mokradła oraz mrówek, które szczególnie upodobały sobie dzieci, sił nikomu nie przybyło. Przeciwnie, wszyscy byli w coraz gorszej kondycji fizycznej. Zmierzając do pracy w tajdze, słaniali się na nogach. Idąc drogami, w które wtopiono pnie drzew, wielu ślizgało się na nich i padało, często łamiąc kończyny lub boleśnie się tłukąc. Nasze kości z każdym dniem wyraźniej odznaczały się pod skórą, stając się coraz bardziej kruche i łamliwe.

Cięższej chorzy dogorywali w barakach. Bywało, że kogoś wywieziono do sąsiedniego, lepiej zorganizowanego i wyposażonego łagru, w którym był lazaret i felczer, zdarzało się to jednak niezwykle rzadko. Czym się kierowali enkawudziści, że jednych tam przekazywali, a inni mogli umierać na miejscu, trudno powiedzieć. Mimo to odnosiło się wrażenie, że Rosjanom zależy na tym, żeby Polacy żyli jak najdłużej, przynajmniej tak długo, jak to będzie potrzebne. A na razie potrzebni byli, głównie do wykonywania właśnie takich robót jak wydzieranie tajdze najlepszego drewna, prymitywnymi narzędziami i w warunkach, w których nie wytrzymywały konie.

Tej zimy opady śniegu były wyjątkowo obfite. Baraki zasypało pod same dachy. Zmarznięty śnieg z wierzchu twardniał, w środku zaś przypominał dobrze wyleżały ser, który po rozbiciu wierzchniej skorupy można było kroić. Przy pomocy szpadli, łopat i kilofów codziennie przekopywano wewnętrzne drogi, by dało się w ogóle wyjść z baraków i swobodnie poruszać po obozie. Szczególnie troskliwie należało przebić i oczyścić ze śniegu do równa drogę wzdłuż baraków, prowadzącą do komendantury i kuchni. Inne, jak choćby droga do latryny, nie wymagały aż takiej pieczołowitości. Drogi przekopywali ci, którzy niezdolni byli pójść do lasu.

Dojścia na teren ścinki i wyrębu drzew nie oczyszczano. Ludzie utrzymywali się na twardej skorupie śniegu, czasami tylko się w nią zapadając, lecz nieraz tak głęboko, że bez pomocy innych nie byli w stanie się wydostać. To jednak nie było jeszcze najgorsze. Katastrofalnie przedstawiała się sytuacja w tajdze. Przeznaczone na ścinkę drzewa zasypane były na wysokość półtora metra, albo i wyżej. Takie drzewo trzeba było najpierw długo odkopywać, by móc ściąć je możliwie jak najniżej. Wykopywano więc duży, przeważnie okrągły dół (nazywany czasem „studnią") o takich rozmiarach, by mogło się w nim swobodnie poruszać dwoje ludzi z piłą poprzeczną. Trzecia osoba (która już się tam nie mieściła) miała za zadanie ukierunkowywanie upadku ściętego drzewa, co należało uczynić przez wbicie w miejsce cięcia klinów. Ponieważ czynność tę musieli wykonać ścinający drzewo, jeden z nich musiał wyjść ze studni i pokazać drugiemu, gdzie najlepiej wbić klin, a potem z powrotem zejść na dół, by kontynuować ścinanie i dobijanie klinów.

Mimo tych zabiegów często dochodziło do sytuacji, w których upadające drzewo przekręcało się lub nie ścięte do końca odłamywało, upadając nie tak i nie tam, gdzie powinno. I chociaż krzykiem ostrzegano wówczas innych, pracujących obok, to i tak przypadków przygniecenia zdarzało się sporo.

Było dobrze, jeśli ktoś oberwał tylko gałęziami, gorzej, gdy trafiony został grubym konarem, a już naprawdę tragicznie, kiedy kogoś przygniótł pień. Każdy taki wypadek kończył się śmiercią (przychodzącą od razu, na miejscu, lub po jakimś czasie) bądź lżejszym lub cięższym okaleczeniem, o ile miało się szczęście.

Każdy niezgodny z ustaleniami upadek drzewa niósł ze sobą niebezpieczeństwo także dla pracujących w „studni". W przypadku skręcenia się drzewa, oni nie mieli dokąd uciekać, mogli co najwyżej przylgnąć do ściany dołu. Zdarzało się, że któryś z nich wylatywał ze „studni" niczym gałgan wyrzucony w górę, lądując w najmniej spodziewanym miejscu, najczęściej w gałęziach ściętego przez siebie drzewa. Były także loty w odwrotnym kierunku, wówczas kończyło się tylko na potłuczeniu i podarciu odzieży, i tak składającej się już z samych łat. Nieszczęśnika, który wpadł w gałęzie, przeważnie trzeba było wydobywać, gdyż o własnych siłach nie mógł się wydostać, najczęściej bowiem doznawał jakiegoś złamania, względnie mocnego skaleczenia. Bywało też i tak, że obydwu pracujących w dole ludzi doszczętnie zasypywał śnieg, wyrwany przez koniec drzewa z brzegów „studni".

Z lesoróbki łagiernicy wracali kompletnie wycieńczeni. Niektórzy wymagali pomocy, by w ogóle dotrzeć do baraku, po powrocie zaś padali na barłogi, nie mając nawet siły na spożycie miski zupy i porcji pseudo-chleba. Nieco sprawniejsi i zdrowsi członkowie rodzin musieli ich karmić, zdejmując z nich uprzednio wierzchnią, najczęściej przemoczoną do cna, odzież i obuwie. Zima była sroga. Mrozy dochodzące do czterdziestu stopni przeplatały się czasami z temperaturą o dwadzieścia stopni wyższą. Listopad i grudzień dały się we znaki wszystkim. Ubytki naturalne (choć przecież wymuszone przez tak trudne warunki) były w tym okresie bardzo duże, nieraz po kilka w ciągu jednego dnia.

* * *

W naszej rodzinie także zaczęło dziać się źle. Prawie czteroletnia już Zosia chorowała coraz częściej i za każdym razem poważniej. Po każdej poprawie następował jeszcze cięższy i dłuższy atak choroby, objawiającej się wysoką gorączką, doprowadzającą dziecięcy organizm do zupełnego wycieńczenia. W krótkich okresach poprawy zmuszaliśmy ją do przyjmowania pokarmów, lecz nie miała już ani ochoty ani siły jeść. Gdy zaś poczuła się lepiej, przeważnie jak na złość nie było nic do jedzenia, raczkowała wówczas jak niemowlę (nie będąc już w stanie chodzić) i wyszukiwała najmniejsze okruszki chleba, które nadawały się jeszcze do jedzenia. Panicznie w tym czasie bała się szczurów. Ich widok wyzwalał w niej resztki energii, którą objawiała głośnym krzykiem albo bolesnym płaczem, jakby podejrzewała, że gryzonie mają na nią ochotę.

Rodzice domagali się u komendanta pomocy lekarskiej, lecz ich prośby spotykały się wyłącznie z kpiną lub jednoznacznie ironiczną odpowiedzią, że „nic jej nie będzie".

Święta Bożego Narodzenia jeszcze przeżyła, chociaż z całą pewnością niczego z tych dni nie zapamiętała, ponieważ znowu leżała plackiem, z bardzo wysoką gorączką. Każdy, kto tylko mógł, zraszał jej rozpalone czoło i skronie, wycierał krople potu i otulał czym mógł, by miała jak najcieplej. Życzenia przetrwania, którym towarzyszyło łamanie się chlebem, już raczej nie dawały otuchy, wywoływały tylko wybuchy płaczu i bólu sięgającego głębokiego wnętrza.

Po tym, jak wzajemnie złożono sobie życzenia, jakaś kobieta zaczęła odmawiać na głos litanię do najświętszej Matki Boskiej Królowej Polski. Rychło dołączyli do niej pozostali. Ta rozpaczliwa modlitwa zaczynała się zawsze od słów: „Matko Boska Królowo Polski.", potem zaś następowały wciąż te same, powtarzane za każdym razem błagania: „Daj nam siłę przetrwania i możliwość powrotu do naszych domów. Daj zdrowie naszym dzieciom, matkom, ojcom, synom, córkom i innym naszym rodakom. Doprowadź do zakończenia wojny i do naszego oraz naszej ojczyzny wyzwolenia spod jarzma okupantów. Wydobądź nas z rąk oprawców." Była to nietypowa litania, jej tekstu próżno by pewnie szukać w książeczkach do nabożeństwa czy w innych religijnych wydawnictwach, ale tu i teraz odczuwano potrzebę wypowiadania właśnie takich słów.

Po długotrwałej modlitwie próbowano śpiewać kolędy, począwszy od jednej z najpiękniejszych – „Wśród nocnej ciszy". Nie wypadła najlepiej. Ktoś zaintonował „Lulajże Jezuniu", potem popłynęło kilka kolejnych, żadna z nich jednak nie zabrzmiała tak, jak w domu, przy choince, po kolacji wigilijnej. Ból dławił gardła, śpiewając połykano obficie cisnące się do oczu łzy. Cóż to za święta, jeżeli zarówno w wigilię, jak i w pozostałe świąteczne dni trzeba było pracować tak samo, jak w każdy inny dzień.

Nasycony wilgocią grudzień na długo rozpiął nad światem ciężki welon mgły, którą można było niemalże kroić. Na szczęście po grudniu przyszedł styczeń i zaświecił słońcem. Od razu nastały też większe mrozy, dochodzące do 45-50 stopni. Jednakże mróz, nawet najtęższy, jeśli tylko towarzyszyło mu suche powietrze, był przez organizm ludzki dużo łatwiejszy do zniesienia, niż mglisty, wilgotny ziąb. Odnosiło się wrażenie, że ludziom przybyło sił. Wszystkim z ust buchała para, która skraplając się osiadała na wąsach, brodach, a także na szalach (o ile ktoś jeszcze je miał) i na kołnierzach okryć wierzchnich. Śnieg ponownie skrzył się i lśnił niczym kryształy.

Monotonię życia w łagrze w Nowy Rok, a i później, urozmaicały pijatyki enkawudzistów. Pijąc do nieprzytomności, używali sobie na łagiernikach w sposób karygodny i niestety bezkarny. Żeby jakoś usprawiedliwić to postępowanie, brali tych, którzy coś tam kiedyś przewinili, po czym kazali im skakać niczym żaby, biegać tam i z powrotem, wstawać i znowu padać na rozkaz. A kiedy ktoś nie miał już sił, poganiali go dubinką, czyli kijem z lekka oczyszczonym z gałęzi. Dobrym narzędziem była także elastyczna witka, ją jednak częściej stosowano latem, gdy zesłańcy byli lżej ubrani.

Prawdziwą zaś gratką dla pijanych strażników był ktoś, kto świeżo dopuścił się jakiegoś przewinienia, na przykład kradzieży. Takiego delikwenta enkawudziści nie tylko przeganiali, ćwiczyli „padnij-powstań", czy bili kijem (i to tak długo, aż nie miał już sił wstać), ale kazali też wyznaczonym przez siebie łagiernikom zanieść go do tiurmy, czyli ziemianki służącej za więzienie. Za symulowanie choroby lub umyślne obijanie się w pracy karali jeszcze perfidniej. Przywiązywali mianowicie do drzewa, potem zaś, nie zwracając uwagi na to, że jest mróz, oblewali wodą i czekali, aż winowajca zamieni się w lodowy sopel. Długo to nie trwało, ofiara bowiem szybko słabła. Odwiązywano ją wówczas i zanoszono do ziemianki, zwanej też samotnią lub izolatką. Jeżeli nawet ktoś zdołał przetrzymać te tortury i kilka dni w straszliwym zimnie bez pożywienia, po wyjściu z tiurmy i tak zapadał na zdrowiu. Nieleczony (chyba że własnymi metodami) chorował coraz bardziej i ostatecznie odchodził do krainy wiecznego szczęścia, chociaż tylko duchem, bo ciało składano do ziemi nieopodal łagru.

Zosia również znalazła się w takim dole, nie wiedzieliśmy nawet w którym.

Boże, jakaż ona była ładna, gdy tak leżała już bez życia, przedwcześnie zmarła! Aż trudno to wyrazić słowami. Bladziutka, drobna buzia, którą okalały sploty długich, poskręcanych włosów pszenicznej barwy, w rzeczywistości nie była blada, tylko wydelikacona, a usta tak czerwone, jakby wciąż krążyła w niej krew. Starsi bracia gotowi byli wykopać Zosi osobny grób, ale nie uzyskali na to zgody. Kazano nam tylko przygotować ciało do pochówku i wyłożyć je przed barak. Resztę załatwili łagrowi „grabarze", którzy w określonym przez regulamin czasie zabierali ciała i po prostu je zakopywali.

* * *

Nie mogliśmy się pogodzić ze stratą Zosi. Gdy była jeszcze zdrowa, pełno jej było w całym baraku. Garnęła się do ludzi, a ludzie chętnie ją przygarniali. Wszyscy bardzo polubili to dziecię o złotych włosach, toteż żal po jej śmierci był wielki i niekłamany. Przed Zosią barak opuściło już wiele innych dzieci, głównie tych najmniejszych. Ale śmierć zgarniała swoje żniwo ze wszystkich stron. Dobierała się do najmłodszych i najstarszych, ale nie omijała też osób w średnim wieku. Był to czas, kiedy w każdej rodzinie ktoś chorował lub umierał.

Łagierników atakowały głównie schorzenia dróg oddechowych (zapalenia płuc lub oskrzeli), ale występowały też choroby groźniejsze, takie jak tyfus, syfilis czy kiła, a w najlepszym razie świerzb, albo rozprzestrzeniający się szybko szkorbut, względnie dolegliwości oczu. Coraz częściej ulegano także mniej lub bardziej groźnym wypadkom przy pracy. O wylegiwaniu się z powodu choroby nie mogło być mowy.

Któregoś dnia (a raczej wieczoru, ponieważ pracowano do zmierzchu) starsi bracia wnieśli na rękach do baraku naszego ojca. Stan zdrowia nie pozwolił mu wrócić o własnych siłach. Już od kilku dni czuł się bardzo słabo, wiedział jednak, że na żadną ulgę u enkawudzistów liczyć z tego powodu nie może. Należał do tych, których stale wyznaczano do pracy na najcięższych odcinkach, najlepiej pilnowano i obserwowano, zaliczając do tej grupy deportowanych, którzy z racji wykształcenia i zawodu, w razie wydostania się z obozu, mogli stanowić dla Sowietów i ich ustroju duże zagrożenie.

Kiedy mama zgłosiła barakowemu, że mąż jest bardzo chory i nie da rady pójść do roboty, ba, nie zdoła nawet stanąć do apelu, do baraku wpadł komendant w asyście swego zastępcy i jeszcze jednego szeregowca.

– Natychmiast wstać, opuścić barak i iść do tajgi! – rozkazał, niewzruszony widokiem ojca, który opuściwszy nogi na podłogę, usiłował na nie stanąć, po czym przewrócił się.

Wszyscy trzej sołdaci zimnym wzrokiem patrzyli, jak się dźwiga, wkładając w to maksimum wysiłku, a na ich twarzach malował się grymas nienawiści. Czekali tak długo, aż się ubrał i chwiejnym krokiem wyszedł z baraku, kierując się w stronę szeregu stojących współwięźniów. Po drodze upadł jeszcze raz, lecz wtedy podskoczyli do niego synowie i ujmując pod ręce, poprowadzili, a raczej donieśli go do kolumny. Naturalnie nie obeszło się bez wiązanki przekleństw i inwektyw pod adresem ojca i Polaków w ogóle („sukinsyn", „swołocz polska", „Lach" itp.), czego podkreśleniem były razy zadawane kijem lub kopniaki, gdy leżał.

W podobnych przypadkach na porządku dziennym były również groźby rozstrzelania, którym towarzyszyło kierowanie na delikwenta lufy karabinu. Nie zabijano tylko dlatego, że potrzebowano siły roboczej. Najczęstsze było jednak okładanie kijem. Jego koniec trafiał w miejsca, gdzie ból odczuwało się najszybciej i najmocniej: w nerki, kręgosłup, obojczyk, żołądek i genitalia. Zdarzało się, że bito także w głowę, doprowadzając do utraty przytomności lub nawet wstrząsu mózgu.

Po tym wydarzeniu ojciec zebrał się w sobie na tyle, że odzyskał nieco sił i zdołał przetrwać do marca. Pod koniec tego miesiąca starsi bracia po raz kolejny przynieśli go z tajgi. Od tego dnia już nie wstał. Czasami tracił przytomność, to znowu był świadomy swojego istnienia, a wtenczas wzywał nas wszystkich do siebie i pouczał, co i jak mamy robić. Prosił, żebyśmy się nie rozłączali, lecz starali trzymać razem. Zaklinał też, byśmy nie dali sobie odebrać tego, czego dopracował się wspólnie z mamą, a później i z synami (mówiąc to, przekazał mamie w tajemnicy jakieś papiery). Gdy ojciec leżał złożony chorobą, przestał się już przejmować częstymi odwiedzinami komendanta, mimo że ten za każdym razem powtarzał mu, że zdechnie jak pies, który kąsał ich w dwudziestym roku. Bywało, że widząc, iż chory czuje się nieco lepiej, rozkazywał mu wstać i iść do pracy. Na twarzy ojca widać było wówczas jedynie spokój i bierność. Nawet nie usiłował wykonać rozkazu, traktując enkawudzistę jak morowe powietrze. Tylko raz udało się komendantowi wyprowadzić go z równowagi do tego stopnia, że chciał plunąć Rosjaninowi w twarz. Niestety, zabrakło mu siły i śliny. Skończyło się na tym, że opluł sobie tylko lekko brodę.

Po jakimś czasie Sowieci zauważyli, że niczego już tu nie wskórają i dali sobie spokój. Tymczasem świeca ojca dopalała się do przedwczesnego końca, aż zgasła zupełnie. Odszedł wówczas, gdy w Polsce trwała już kalendarzowa wiosna, natomiast tu, w tajdze, był niemal środek zimy.

– Boże, za jakie grzechy tak nas doświadczasz, tak karzesz! – wołała z rozpaczy mama, klęcząc przy zwłokach męża i załamując ręce. – Żyliśmy przecież jak przykazałeś, a Ty zesłałeś na naszą rodzinę, i na inne nam podobne, takie cierpienia, takie poniżenia! Może Ciebie nie ma w ogóle? – dopuszczała się zwątpienia, lecz natychmiast odwoływała te nieopatrznie, pod presją bólu wypowiedziane słowa, prosząc Boga o przebaczenie.

I znowu kondolencje – od współtowarzyszy niedoli z tego samego baraku i z innych, a także od znajomych z tej samej osady. Ojciec był w łagrze człowiekiem wielce szanowanym, za umiejętność zachowania spokoju i za większy od innych zasób wiadomości. Pomimo przebywania na tym odludziu, w nieludzkich warunkach, wraz z niewielką grupą zaufanych wiedział niemal wszystko, co się w tym czasie działo w Europie, ze szczególnym uwzględnieniem Rosji i Polski! Skąd i przez kogo docierały do niego te informacje, nie wiedział nikt.

Ojciec od dawna był święcie przekonany, że Niemcy prędzej czy później napadną na Rosję (co w końcu się stało). Nie wierzył w jakiś tam pakt o nieagresji.

– Hitler potrzebuje terytorium. Aby zaspokoić swoje potrzeby, nie poprzestanie na podbiciu Polski, Czech czy Francji. On chce iść na wschód i pójdzie! – mawiał.

Nie doczekał dnia, w którym zwycięska Armia Radziecka zaczęła się pospiesznie cofać, a Niemcy jeszcze szybciej i z większą siłą iść za nią. Zapewne cieszyłby się z porażki „kacapów", zdając sobie jednocześnie sprawę z tego, że okupacja niemiecka niczego dobrego Polsce nie wróży. Umarł niemal dokładnie na dwa miesiące przed napaścią Niemiec na Rosję.

* * *

Tymczasem to wydarzenie jeszcze bardziej zaostrzyło dyscyplinę w łagrze. Wzrost wymagań co do ilości koniecznego do pozyskania drewna nie tylko nie spowodował podwyższenia racji żywnościowych, ale jeszcze je zmniejszył. Dla zesłańców nastały jakby inne czasy. Każda godzina musiała być skrupulatnie wykorzystana, ilość pozyskanego drewna była bowiem dowodem na to, że nadzór NKWD pracuje dobrze. Słowa „wojna" i „front" przewijały się niemal w każdej wypowiedzi strażników, którzy bezustannie nakazywali zwiększać wydajność, a tych, co już nie byli w stanie pracować więcej dobrowolnie, poganiali kijami, bijąc po plecach niczym bydło.

Mimo że przyszło już lato, nie dało się urwać nawet na chwilę, by poszukać w tajdze czegoś do jedzenia. Jedynym sposobem było symulowanie rozwolnienia. Za pozwoleniem odbiegało się gdzieś w bok i wypatrywało czegoś do zjedzenia - grzyba, jagód czy zielska, które jedzono od samego początku i znano już bardzo dobrze. Posiliwszy się, należało jednak wrócić jak najszybciej, bo w przeciwnym razie można było zasłużyć nie tylko na kije, ale i na ziemiankę, w której teraz zamykano tylko na czas wolny, ponieważ tak czy inaczej trzeba było iść do pracy. Przez pewien okres nie było nawet wolnej niedzieli. Do roboty gnano już i lżej chorych dorosłych ale i dzieci, dla których praca od ósmego roku życia stała się obowiązkiem.

W atmosferze nasilonego terroru szybko mijały dni, tygodnie, miesiące i pory roku. Ledwie pojawiło się lato, a już znowu powiało chłodem i minął wrzesień. W październiku zaś sypnęło śniegiem, który szybko stopił się. Ludzi ogarniała bezbrzeżna apatia. Coraz bardziej tracili wiarę w to, że kiedykolwiek dane im będzie żyć w innych, godnych człowieka warunkach. W barakach coraz głośniej rozbrzmiewały modlitwy, podobne lamentom i rozpaczy. O ile Wielkanoc upłynęła bez większych dramatów, zbliżające się (już drugie w tym łagrze) święta Bożego Narodzenia budziły niepokój, a nawet lęk. W barakach było coraz więcej wolnych miejsc, a każde z nich symbolizowało odrębny dramat i tragedię. W poszczególnych rodzinach brakowało już po dwie, a czasem i więcej osób. Pozostali znajdowali się w stanie krańcowego wycieńczenia.

Gdy nadeszła wigilia, barak w którym tym razem nie pozwolono nawet ustawić choinki, zatrząsł się od bolesnego, przeszywającego serce zbiorowego płaczu. Był to płacz autentyczny, wywołany wspomnieniami nie tak znowu odległej przeszłości, w której wszyscy tu obecni żyli znacznie lepiej, a nawet bardzo dobrze. Chyba właśnie porównywanie – tego, co było, z tym, co jest – mimo woli wyciskało z oczu łzy. Znowu nie zjedzono chleba, który otrzymano po powrocie z tajgi, wiedziano bowiem, że posłuży do tego, aby się nim łamać w tym uroczystym dniu, składając sobie życzenia, takie jak w roku ubiegłym, choć wypowiadane nieco inaczej, z wahaniem w głosie, jakby przestano wierzyć w ich spełnienie.

Mama, z oczami pełnymi łez, których powieki nie mogły już utrzymać, przytulała nas do siebie, każdego z osobna, życząc, byśmy dotrwali do dnia, w którym znowu będziemy normalnymi ludźmi, żyjącymi w normalnych warunkach. Chociaż, czy po takich przeżyciach, nawet jeśli się dotrwa, można na powrót stać się normalnym człowiekiem? W takich warunkach mówienie na przykład o liczbie dań, jakie winny znajdować się na wigilijnym stole, uchodziłoby za nietakt, czy wręcz za kpinę; każda taka wypowiedź wzmagała tylko uczucie beznadziejności, poniżenia, upodlenia, nie mówiąc już o pogłębiającym się głodzie, który w wigilię i święta ze zwiększoną mocą dławił gardło i ssał w żołądku.

Jakby na ironię, w Boże Narodzenie zupa była jeszcze gorsza niż zazwyczaj, w porównaniu ze zwykłym dniem, po prostu podła. Z tego, co w niej znajdowano, można było wywnioskować, że wrzucono tam wszystko, włącznie ze szczurzym ogonem, w dodatku – jak ktoś zauważył – niedogotowanym. Czy było to prawdą, czy tylko czyimś wymysłem, nie miało większego znaczenia, bo zupa i tak została zjedzona. Tylko niektóre jeszcze panie doznały z tego powodu torsji połączonej ze wstrząsem psychicznym.

Jedynymi świętami, jakie uznawali enkawudziści, był Nowy Rok, 1 Maja i rocznica rewolucji 1917 roku. W dni te mieliśmy nieco więcej swobody, ponieważ świętujący upijali się do nieprzytomności. Zresztą w zwykłe dni picie samogonu również odbywało się niemal codziennie. Pijani enkawudziści wyżywali się w najrozmaitszy sposób. Bywało, że przychodzili do baraków i wybierali co zdrowsze i ładniejsze dziewczęta, twierdząc, że biorą je po to, by sprzątnęły w komendzie. Po kilku godzinach kobiety wracały albo spłakane, albo pijane i wesołe.

W łagrowe święta oprócz zwykłej racji żywnościowej (chleba, zupy i kawy) otrzymywaliśmy dodatkowo najczęściej śledzie lub sielotki wielkości palców ręki, wprost z beczki. Tak śledzie, jak i sielotki, jadło się w całości, razem z ościami i głową, nie zwracając uwagi nawet na wnętrzności, wypełnione jakimś czarnym płynem.

* * *

W Europie i bliżej w ZSRR, trwała wojna, lecz do nas nie dochodziły nawet najmniejsze jej odgłosy. Czasami tylko doleciały strzępy wiadomości, z których zawsze wynikało, że Sowieci stale idą naprzód, pokonując bohatersko wszelkie opory Niemców. Nieraz takie komunikaty podawano na apelu porannym, zapewne dla pokrzepienia serc, tylko czyich? Zesłańcom było już obojętne, kto się posuwa naprzód. W komunikatach padały nazwy takich miast, jak Stalingrad, Sewastopol, Kujbyszew i wiele innych, jednak większości z nas nic one nie mówiły.

Znowu minęła kolejna zima, która dała się we znaki nie tyle z powodu dużych mrozów, co bardzo obfitych opadów śniegu, które zmuszały do wykonywania dodatkowej pracy, polegającej na oczyszczaniu terenu obozu. Wiosna minęła szybko, a potem nastało lato. Cieszono się powszechnie z przetrwania dokuczliwych pór roku, mając nadzieję na przeżycie (jeśli zajdzie taka konieczność) następnej zimy, a już na pewno lata i jesieni.

Podbiegunowe lato też może być ciepłe, czasami nawet gorące. Takie dni zdarzały się szczególnie w środku tej pory roku, czyli w lipcu i sierpniu. Trudno było wówczas wytrzymać. Na szczęście nie brakowało wody. Znajdowano ją niemal wszędzie, jak to na mokradłach, nie mówiąc już o jeziorze czy też zatoce Morza Białego, jak sądzili niektórzy. Większość łagierników skłonna była przyznać rację tym, którzy upierali się, że jest to koniec wielkiego jeziora, ponieważ gdyby była to woda morska, musiałaby być słona, a taką nie była. Systematycznie używano jej przecież do wszystkiego, włącznie z gotowaniem i praniem, przez okrągły rok. Ale argument ten nie wszystkich przekonywał.

W jednym z baraków znalazł się uczony, który twierdził, że woda jednak może być morska, a soli w niej nie wyczuwamy dlatego, że nasze organizmy są odsolone i soli się domagają. Ale i ten pogląd miał wielu przeciwników, którzy twierdzili, że przecież w początkowym okresie pobytu w łagrze nasze organizmy jeszcze nie były odsolone, a wtedy też nie wyczuwało się soli w wodzie. Zresztą, jak już wcześniej wspominałem, sama nazwa miejsca położenia łagru – „Niuchto Oziero" – zawierała w sobie jednoznacznie brzmiący człon, oznaczający jezioro.

To właśnie jezioro było antidotum na upały i rozkoszą w ciepłe wieczory dla spoconego, zmęczonego ciała. Każdego lata jego wody służyły nam do wszystkiego, zwłaszcza zaś do kąpieli i gruntownego mycia się, także rano, jeśli się zdążyło. Kto dysponował jeszcze jakimś zasobem sił, mógł sobie popływać, wszyscy inni, bez względu na płeć i wiek, myli się, prali odzież i chłodzili ciało, siedząc po szyję w wodzie, chociaż wcale nie można jej było określić ciepłą.

Po pewnym czasie (nie wiadomo, może to było tylko subiektywne odczucie zbiorowe) wszystkim zaczęło się wydawać, że enkawudziści nieco zmiękli i odpuścili, zaprzestając gonienia łagierników niczym psy, jak to czynili jeszcze miesiąc temu. A przecież był dopiero sierpień 1942 roku. Przypuszczano, że jest to z ich strony zwykły kaprys, względnie pospolite lenistwo, spowodowane upałem. I taka zapewne była prawda, bo już we wrześniu gonitwa zaczęła się od nowa i to tak bezwzględna, że nie zauważyliśmy nawet, kiedy minęła jesień i niebezpiecznie zbliżyła się pora roku, decydująca o przeżyciu - zima.

Plony, jakie zdołano zebrać z uprawianych przez łagierników poletek, zarekwirowano dla armii.

– Na front! – rzucali krótko zabierający je wojskowi. Był to okres, w którym na front szło wszystko, reszta się nie liczyła, a już z całą pewnością nie liczyli się ci, których spędzono tu, do tego obozu, znajdującego się gdzieś pomiędzy rosyjskim Archangielskiem a Finlandią.

* * *

Kolejna zima znowu okazała się trudna do zniesienia. Mrozy sporadycznie dochodziły nawet do 50 stopni, poza tym dookoła pełno było śniegu i głodnych, wynędzniałych, podobnych szkieletom ludzi.

W naszej rodzinie pracowali już wszyscy. Starsi bracia zatrudnieni byli przy ścince, a młodsi (w tej trójce i ja) układali pocięte na metrowe kawałki drewno i odciągali gałęzie, układając je następnie na jedną kupę. Robota szła w miarę sprawnie, ponieważ Józef i Stefan od początku byli kierowani do ścinki razem z ojcem, a Janek i Marian zajmowali się gałęziami. Mamę z Jasią często przydzielano do grupy wykonującej prace porządkowe w barakach i na terenie obozu. Było jednak wiele takich dni (ba, można by z nich złożyć miesiące albo i lata, a przynajmniej rok), w których kobiety zmuszano do pracy w lesie na równi z mężczyznami. Właściwie to nie istniał podział pracy dla mężczyzn i kobiet, a jedynie podział na pracę dla dorosłych i dla dzieci.

Głód doskwierał nam coraz bardziej. W środku zimy jadło się już wszystko, co wpadło w ręce, włącznie z mchem wygrzebywanym spod śniegu, korą z drzew i żywicą, którą trzeba było uprzednio długo żuć. Przeżuwano także igliwie drzew, głównie sosny i świerku. Jedzenia szukało się też na jedynym istniejącym w łagrze śmietniku przy kuchni, na którym od czasu do czasu można było znaleźć jakieś ziemniaki. Odnosiło się wrażenie, że ktoś wyrzuca je celowo, by ktoś inny mógł je znaleźć. Ziemniaki te przeważnie były zmarznięte i nie bardzo wiedziano, co z nimi zrobić.

Wreszcie pewnego razu ktoś znalazł puszkę po tuszonce. Najpierw patykiem wszystko z niej wyskrobał, a następnie wepchnął do niej zmarznięte ziemniaki, przygiął nie do końca wycięte denko i wrzucił do ognia. Kiedy po jakimś czasie wyciągnął puszkę i ją otworzył, po baraku rozszedł się niesamowity smród. Ale eksperymentatora wcale to nie przeraziło, wręcz przeciwnie, spróbował upieczonej (a raczej ugotowanej) zawartości i z radością stwierdził, że to nawet smaczne. Mimo że nowa „potrawa" nie przypominała babki, jaką pieczono z ziemniaków w rodzinnych stronach, taką właśnie zyskała wśród łagierników nazwę. Tym samym okazało się niezbicie, że nie zawsze to, co śmierdzi, jest niedobre.

Wynalazca nie opatentował pomysłu, toteż zaczęto go naśladować, a że puszek było mało, nawzajem je sobie pożyczano. Nie zawsze też pieczono w nich ziemniaki zmarznięte. Bywało, że ktoś miał szczęście i znalazł (lub wykradł z zapasów, co także się zdarzało) dobre ziemniaki, wówczas dopiero była uczta! Jakiś czas później skończyły się wszystkie – i te dobre, i te zmarznięte. Nie znajdowano żadnego nawet na śmietniku. W tej sytuacji wszystko musiało iść do garnka, więc aż do jesieni pieczenia babki zaniechano.

* * *

Żyjący w nieludzkich warunkach zesłańcy z każdym dniem coraz mniej przypominali ludzi, a coraz bardziej ich cienie. Przez pozbawioną tkanki tłuszczowej skórę, owrzodzoną i zaropiałą od psujących się ran, w których kłębiły się wszy, widać było ostro zarysowane kości. Zupa, jaką w tym okresie dostawaliśmy, przypominała raczej zabrudzony wrzątek, coraz trudniej było w niej cokolwiek znaleźć.

Po dwóch zgonach w naszej rodzinie nadal działo się źle. Mama skarżyła się na ból w piersiach, nasilający się przy silnych atakach kaszlu. Poza tym miała odmrożone nogi i ręce, co dotychczas jakoś ją omijało, podczas gdy inni (a takich było wielu) od dawna walczyli z tymi objawami, które nieleczone szybko zamieniały się w dokuczliwe rany. Na zdrowiu podupadała też cała reszta naszej rodziny, w tym ja i moje starsze rodzeństwo. U wszystkich następował gwałtowny spadek sił.

Któregoś dnia, jeszcze przed wymarszem do tajgi, wywołano trzech moich starszych braci oraz innych łagierników w podobnym wieku, po czym wyprowadzono ich z baraku. Gdy rodzice chłopców starali się dowiedzieć, dlaczego, dokąd i po co zabrano ich synów, padała tylko jedna odpowiedź:

– Nie wasze dieło![8]

---

8 Nie wasza sprawa!

I stało się. Bracia już nigdy nie wrócili. Wszelki ślad zaginął zarówno po nich, jak i po ich towarzyszach. Ktoś widział tylko, jak dwóch enkawudzistów pędziło pieszo grupę młodych mężczyzn w kierunku, gdzie podobno znajdował się główny łagier.

Rozpacz w rodzinach, którym zabrano potencjalnych żywicieli (otrzymywali oni bowiem zwiększone racje żywnościowe) była bezgraniczna, wprost przerażająca. Wraz z matkami płakały dzieci, a i ojcowie ukradkiem ocierali łzy. Starano się czegoś o chłopcach dowiedzieć, lecz nie uzyskano żadnych wiadomości, z których wynikałoby coś konkretnego.

Mama z tej rozpaczy tak się rozchorowała, że nie była w stanie podnieść się z łóżka. Abyśmy mogli otrzymywać racje żywnościowe, chodziliśmy do tajgi i pracowaliśmy z tymi, którzy już nie mieli dzieci lub mieli ich mało. Mama zaś przez niemal cały dzień musiała leżeć bez żadnej opieki. Czasem tylko ktoś, kto pracował w obozie, zajrzał do niej, jednak o dłuższym pobycie nie mogło być mowy. Kiedy wracaliśmy, koiliśmy jej bóle wodą i kompresami ze śniegu. Na nic więcej nie było nas stać. Jeść niczego nie chciała. Nie mogliśmy pojąć dlaczego, bo jeśli mogła pić wodę, to i zupę, która konsystencją niewiele się od wody różniła, mogłaby pić także.

Błagaliśmy komendanta i innych enkawudzistów, by coś zrobili, by pomogli naszej mamie, bo inaczej może umrzeć. Początkowo, przez jakieś dwa tygodnie, zupełnie ich to nie wzruszało. Potem zaczęli odpowiadać, że nic dla niej zrobić nie mogą. Wreszcie kazali nam ją ubrać i wsadzić na sanie, na których siedzieli już inni chorzy (o leżeniu nie było mowy). Kiedy sanie ruszyły w stronę lazaretu, zostaliśmy w obozie tylko we trójkę: Janina (lat 15), Marian (lat 12) i ja Edward (lat 9).

Po wywiezieniu mamy ogarnęła nas czarna rozpacz. Płakaliśmy całymi nocami, a często i w dzień, przez kilka dni z rzędu. Starsi roztoczyli nad nami opiekę, lecz nie zdołali nas szybko uspokoić. Rozlała się w nas gorycz do wszystkiego i wszystkich. Mieliśmy żal nie tylko do „kacapów" z czerwoną gwiazdą na czapie, lecz także do Boga, który pozwalał na takie traktowanie bezgranicznie Mu wiernych sług. W proteście przez jakiś czas nie odmawialiśmy nawet porannej i wieczornej modlitwy, aż się tym zainteresowali starsi, głównie kobiety. Wytłumaczono nam, że Bóg tu niczemu nie jest winien, tylko źli ludzie. On zaś doświadcza swoich wiernych tylko dlatego, że chce ich utwierdzić w wierze, by zasłużyli na to drugie, prawdziwe życie – w raju.

# Rozdział 13. SIEROCA DOLA

Zostaliśmy sami - troje dzieci zdanych wyłącznie na siebie i własne siły. Czasami ktoś się nami zainteresował, lecz na chwilowym zainteresowaniu zwykle się kończyło, każdy bowiem miał dosyć swoich problemów. Byliśmy ciągle głodni, podobnie jak wszyscy wokoło. Taka sytuacja trwała kilka tygodni. Powoli zaczynaliśmy się z nią oswajać. Przede wszystkim przestaliśmy płakać, nawet sporadycznie, zresztą nawet gdybyśmy chcieli, to już byśmy nie mogli, bo zabrakło nam łez. Pracując z dorosłymi w tajdze lub w obozie, czekaliśmy na powrót mamy z lazaretu, lecz kiedy po pracy wbiegaliśmy do baraku, po raz kolejny doznawaliśmy rozczarowania. Minęło już wiele dni, a mamy jak nie było, tak nie było. Nie doczekaliśmy się jej nigdy.

Któregoś styczniowego dnia 1944 roku na apelu porannym wyczytano nas i jeszcze kilkoro innych dzieci, które potraciły rodziców, a następnie rozkazano pozostać w obozie, spakować się i zgłosić do komendantury za pół godziny. Uradowaliśmy się na myśl, że pewnie odeślą nas do domu, do Polski, żałując jedynie, że tego dnia nie doczekał ojciec, starsi bracia i najmłodsza Zosia. Myśleliśmy tak, ponieważ nie zdawaliśmy sobie sprawy z odległości, jaka dzieli nas od domu, nie mówiąc już o zmianach, jakie zaszły na naszych rodzinnych ziemiach. Nie zastanawialiśmy się jednak nad tym, tylko pakowaliśmy wszystko, co było, włącznie z rzeczami ojca i mamy.

Obładowani z trudem dobrnęliśmy do miejsca zbiórki. Tam najpierw nas wyśmiano, że chcemy zabrać pościel, której stan był żałosny, oraz rzeczy po ojcu i matce (starsi bracia wzięli swój dobytek ze sobą), potem zaś kazano nam rozwiązać pakunki. Zaczęło się sortowanie. Pościel, rzeczy po rodzicach i jeszcze wiele innych polecono nam rzucić do kąta, a zabrać tylko swoje rzeczy osobiste. Ostatecznie z dwóch pokaźnych pakunków został jeden, i to maleńki. Następnie kazano nam zająć miejsca na ławie i czekać. Na co? Tego nikt nie wiedział.

W sali, służącej zapewne za jadalnię, czekało już kilkoro dzieci. Za nami przyszło jeszcze kilkanaścioro. W sumie w komendanturze znalazło się ponad dwadzieścioro dzieci w wieku od siedmiu do piętnastu lat, przeważnie po dwoje, troje z każdej osieroconej rodziny. Czekając, czuliśmy się swobodnie. Mogliśmy nawet rozmawiać, i to nie tylko z rodzeństwem, lecz także z pozostałymi rówieśnikami, których znaliśmy chociażby ze wspólnego siedzenia przy mrowisku.

Czekanie wydłużało się. Tkwiliśmy tu już ponad dwie godziny i nic się nie działo, jedynie komendant pieklił się, pluł na podłogę i klął na czym świat stoi, mówiąc do drugiego enkawudzisty, że samochód już dawno powinien tu być, tymczasem ani widu ani słychu. Powoli zaczynały nam się już wydłużać buzie od ziewania. Niektórzy kładli ręce na stole, opierali na nich głowę i zasypiali.

Komendant co jakiś czas zerkał na nas i chyba zrobiło mu się żal śpiących maluchów, bo podszedł do sołdata i coś mu powiedział, ten zaś pośpiesznie opuścił pomieszczenie. Wrócił po jakichś dwudziestu minutach z wiadrem parującej kawy i kilkoma bochenkami chleba pod pachą. Wprawdzie jedno czarniejsze od drugiego, lecz dla głodujących trudno było o przyjemniejszy widok. Kiedy dzielono chleb na porcje, oczy aż nam się skrzyły radością, jakby nie wiadomo jakie spotkało nas szczęście.

– Jedzcie, dzieci, bo jazda będzie bardzo długa – powiedział komendant. – Następne jedzenie być może dostaniecie na miejscu, jeśli zajedziecie o odpowiedniej porze.

– Słyszeliście? „Dostaniecie na miejscu" – powtórzyła siostra, po czym ze smutkiem spojrzała na mnie i na brata. – To znaczy, że nie jedziemy do domu. Wybijcie to sobie lepiej z głowy! – poradziła trzeźwo nam i innym siedzącym obok dzieciom.

Akurat kończyliśmy jeść, gdy pod budynek podjechała dziwna ciężarówka. Z baraku wybiegli strażnicy. Przez jakiś czas słychać było krzyki, dopiero potem kazano nam wychodzić i włazić na skrzynię samochodu. Wielu maluchów nie miało siły wdrapać się tam samodzielnie, gdyż pojazd był wysoki. Enkawudziści łapali je byle gdzie i obojętnie za co, po czym zwyczajnie wrzucali do środka. Dzieciaki podnosiły się z trudem, zajmując miejsca tuż za szoferką, jakby w niej widziały zabezpieczenie przed wiatrem i zimnem w czasie jazdy.

W szoferce siedziało dwóch sołdatów. Palili skręty. Ten obok kierowcy wysiadł z samochodu i podszedł do komendanta.

– Ja ich żywych chyba nie dowiozę – powiedział. – Zamarzną!

Mróz tego dnia nie był tak srogi, bo zaledwie 25-30 stopni, więc dotknięty tą uwagą komendant zdenerwował się i krzyknął:

– Pust' podochnut![9]

Kiedy jednak spojrzał na kierowcę, opamiętał się i rozkazał przynieść zatrzymane resztki odzieży oraz pościel (głównie koce) i rozdać je dzieciom, by rozłożyły to wszystko na deskach podłogi. Dopiero teraz samochód parsknął i zapalił. Skacząc po wertepach i przedzierając się przez zwały śniegu, ruszył w nieznane.

---

[9] A niech zdechną!

Wszyscy pracujący w obozie machali nam na pożegnanie rękoma, względnie narzędziami, jakie w nich trzymali. Odpowiadaliśmy krzykiem, który również oznaczał pożegnanie. Niektórzy krzycząc płakali. Jak się później okazało, część dzieci po prostu zabrano rodzicom i nie były to wcale sieroty. Ich rozpacz była piramidalna, wprost rozdzierająca serca. Nasza trójka też ryczała, a to dlatego, że opuszczaliśmy łagier, nie doczekawszy się powrotu mamy. Płacz ustał dopiero po odjechaniu na większą odległość, chociaż wciąż jeszcze co poniektórzy szlochali.

Ciężarówka jechała teraz przez bezkres śnieżnej równiny, na której gdzieniegdzie tylko czerniły się dachy wiejskich chałup. Pozostałe części domów okalała gruba warstwa śniegu. W pierwszej fazie podróży z zaciekawieniem przyglądaliśmy się mijanym obrazom, choć w zasadzie nic poza wszechobecną i męczącą już oczy bielą nie było widać. Z czasem i rosnącą liczbą przebytych kilometrów większość znudziła się jednostajnymi widokami i skuliła za szoferką w nadziei, że w kupie będzie cieplej.

W końcu równina przemieniła się w teren zalesiony, z początku rzadko porośnięty drzewami, potem coraz gęściej. Kiedy las stał się tajgą, ogarnęło nas przerażenie. Teraz byliśmy już pewni, że ta jazda nie wiedzie do wymarzonego celu. Baliśmy się, że zakończy się raczej tam, gdzie nic dobrego nas nie czeka, chyba tylko jakiś inny łagier, być może specjalny, dla dzieci. Samochód syczał, parskał i prychał z wysiłku, jaki musiał włożyć, by wspiąć się na górkę. Pełzł raczej niż jechał, lecz jednak wtoczył się na nią, po czym, jakby zadowolony z pokonania przeszkody, z zawrotną szybkością puścił się w dół.

Po około trzech godzinach dalszej jazdy ciężarówka zatrzymała się na prostym odcinku leśnej drogi. Mogliśmy rozprostować nogi, poskakać dla rozgrzewki i wysiusiać się. Kierowca tymczasem ładował klocki drewna do baniaka, znajdującego się pomiędzy szoferką a skrzynią. Na koniec ulżył sobie wprost pod koła samochodu, wskoczył do szoferki i ruszył z kopyta tak gwałtownie, że dzieciaki, które niczego się nie trzymały, powywracały się, a niektóre nawet o mało nie wypadły za burtę.

Niebawem droga zaczęła opadać w dół, a pojazd zaczął nabierać coraz większej szybkości, niebezpiecznie podskakując na nierównościach. Bywało, że jego tył wyrzucało wysoko w górę, a wtedy i my narażeni byliśmy na gwałtowne podrzucenia i bolesne niekiedy potłuczenia. Każde uderzenie odczuwało się teraz znacznie dotkliwiej, byliśmy już bowiem na wskroś przemarznięci. Niektórzy nawet wyglądali, jakby całkiem zamarzli i niemal zupełnie zesztywniali.

Pokonawszy niebezpieczną pochyłość, przez jakiś czas ciężarówka jechała korytem rzeki, co dało się poznać po tym, że był to pas wolny od drzew i krzewów, a jednocześnie szeroki i kręty. Mimo to jakoś nie myśleliśmy o tym, że pod samochodem może zarwać się lód, a my możemy pójść na dno, albo co najmniej zażyć lodowatej kąpieli. W tym momencie było to nam obojętne.

Nie minęło wiele czasu, a pojawiła się kolejna przeszkoda w postaci górki, potem znowu równina. Ci, co jeszcze byli przytomni, dziwili się i zastanawiali, w jaki sposób kierowca rozpoznaje drogę i kierunek, skoro ani drogi, ani kierunku nigdzie nie widać, ba, nie da się zobaczyć nawet jakiegokolwiek pobocza drogi, czy też koleiny.

Mróz przestał nam doskwierać, ponieważ zdążył opanować cały organizm, włącznie z zastygłą w nim krwią. Nie czuliśmy już ani rąk, ani nóg, chociaż tupiąc i uderzając rękoma po bokach broniliśmy się przed zamarznięciem. Wszystkie tego rodzaju zabiegi kończyły się jednak niepowodzeniem. Ziąb był okrutny, a my słabi, na wpół żywi i niedożywieni.

Samochód jeszcze raz się zatrzymał, by po chwili ruszyć ponownie. Jadąc teraz po jakichś wybojach, niebezpiecznie przechylał się to w prawo, to w lewo, albo wyrzucał do góry swój zad i nasze zmarznięte ciała. Na tym etapie w większości leżeliśmy już pokotem na podłodze, jeden obok drugiego, a raczej jeden na drugim, szukając w ten sposób ciepła brata, siostry lub sąsiada niedoli.

Po około czterech, a może pięciu godzinach dalszej jazdy tym, którzy mieli jeszcze otwarte oczy, ukazała się najpierw jedna chata i prosto w niebo unoszący się nad nią dym, a potem następne, z których część była większa od innych. Nieco dalej stało kilka kolejnych małych domów, podobnych do siebie. Miasto to z całą pewnością nie było, lecz jeśli wieś, to dosyć duża.

Przez jakiś czas ciężarówka jechała wzdłuż rzeki, potem skręciła w lewo i zatrzymała się koło dużego, piętrowego budynku z wieżą, wykonanego w całości z drewna. Budynek stał na uboczu. Otaczała go pusta, obszerna płaszczyzna, pokryta grubą warstwą zbitego śniegu. W niezbyt dalekiej perspektywie widoczny był las. Kierowca dał sygnał klaksonem i czekał.

Zdając sobie sprawę z tego, że osiągnęliśmy cel podróży, usiłowaliśmy podnosić się z podłogi, co po włożeniu w tę czynność maksimum wysiłku ostatecznie się udawało. Niektórzy jednak nadal leżeli, wcale nie próbując wstać, ba, nie zamierzając się nawet poruszyć, aby zademonstrować, że jeszcze żyją. Dopiero, kiedy ich szturchano, otwierali oczy, dowiadując się, że wciąż jednak należą do żywych. Podnoszono ich z podłogi, lecz przeważnie stali na nogach dopóty, dopóki trzymało się ich pod ręce; puszczeni padali z powrotem.

Po dłuższym oczekiwaniu z budynku wyszła kobieta potężnej postury, okryta dużym, wełnianym szalem. Siedzący koło szofera sołdat wyszedł jej naprzeciw. Rozpoczęła się rozmowa. Musiała być dosyć burzliwa, ponieważ kobieta machała rękoma, jakby chciała się przed czymś obronić. Dolatywały do nas tylko strzępy tej dyskusji, poszczególne słowa: „Polaczki", „nie ma miejsc", „nie ma co jeść", „żuliki". Ostatecznie chyba się dogadali, bo kazano nam wysiadać.

Niektórzy chcieli zeskoczyć, lecz gdy nie udało się to pierwszemu, który upadł na twarz, a potem drugiemu, spod którego uciekły nogi i jak długi przewrócił się do tyłu, uderzając głową w twardy, zleżały śnieg, zrezygnowaliśmy z tego pomysłu, usiłując spuszczać się na dół po klapie, co też zazwyczaj kończyło się upadkiem. Część dzieciaków w ogóle nie miała zamiaru schodzić, gdyż nie była w stanie tego uczynić o własnych siłach. Konwojent poprosił więc kierowcę, by ten wszedł na samochód i im pomógł. Kierowca załatwił to szybko i bez zbędnych ceregieli. Po prostu brał każdego po kolei i podawał towarzyszowi podróży. Niektóre maluchy, nawet zdjęte z wozu i postawione na śniegu, nie były w stanie ustać.

Kiedy wszyscy już – o własnych siłach bądź z pomocą innych – wydostali się z ciężarówki, wprowadzono nas do budynku. Tym, którzy nie mieli sił iść samodzielnie, pomagali bardziej sprawni, a także sołdaci i kobieta. Wszystkich zaprowadzono do dużej sali i posadzono przy stołach. Było tu nieco cieplej aniżeli na zewnątrz, a już na pewno znacznie cieplej niż podczas jazdy samochodem. Kiedy już zostaliśmy usadowieni, kobieta podeszła do okienka w ścianie, które natychmiast się otworzyło, i wydała jakieś polecenie, potem zaś szczegółowo przyjrzała się każdemu z nas.

Kilka minut później do pomieszczenia, które – jak się domyślaliśmy – było jadalnią, weszła inna kobieta, brzęcząc niesionymi kubkami aluminiowymi. Niebawem w okienku pokazało się wiadro z parującym płynem, który (choć mógł być tylko wrzątkiem) okazał się kawą zbożową. Kucharka rozlewała ją do kubków i z troską w głosie zachęcała do picia, zapewniając, że się w ten sposób rozgrzejemy.

– Daj im po kawałku kirpicza! – poleciła przełożona (duża kobieta o czarnych, przeplecionych siwizną włosach, która nas wprowadziła) głosem równie mocnym jak cała jej sylwetka.

Po chwili każdy z nas dostał po porcji chleba. Gryźliśmy go łapczywie i równie łapczywie, dużymi łykami popijaliśmy kawą, parząc sobie usta i gardło. Kiedy uporaliśmy się z posiłkiem, kobieta oznajmiła, że wszyscy tutaj pozostać nie możemy, bo to jest dom poprawczy dla chłopców, a poza tym nie ma tylu wolnych miejsc.

– Zostaną tylko najmłodsi i najsłabsi – oznajmiła. – Starsi chłopcy i dziewczynki pojadą jeszcze kilkadziesiąt kilometrów dalej.

Do grupy tych, którzy mieli jechać dalej, przydzielono także moją siostrę i brata, wyprowadzając ich na dwór, gdzie mróz potężniał z minuty na minutę. Nie pomogły protesty ani rozdzierający płacz. W ten bezwzględny sposób rozdzielono wiele rodzeństw. Były przypadki (do których należał i nasz), że grupki braci i sióstr łapały się nawzajem i trzymały tak kurczowo, że konwojent i kobieta zmuszeni byli wręcz je od siebie odrywać. I tak jednak zrobili, co chcieli. Siła i bezduszność była po ich stronie. Ta czarna, wielka suka (jak ze złością nazywaliśmy kobietę w myślach) pewnie nigdy nie była matką. Nie wzruszał jej ani płacz, ani bezgraniczny dziecięcy ból.

Klamka zapadła. Zostaliśmy podzieleni. Ci, którzy mieli jechać dalej, odjechali. Żegnaliśmy ich gromkim płaczem i protestami kierowanymi pod adresem oprawców. Uważaliśmy za nich wszystkich Rosjan i im podobnych, w tych okolicznościach nie liczyło się bowiem, czy któryś z prześladowców jest Ukraińcem (których było sporo), Białorusinem, Litwinem czy też Łotyszem. Swoją nienawiść kierowaliśmy pod adresem Rosji i Rosjan, gdyż oczywistą prawdą było, że to ich właśnie wśród prześladowców Polski i Polaków jest najwięcej.

## Rozdział 14. BANDYCKO-ZŁODZIEJSKIE SCHRONISKO

Po odjeździe mojego rodzeństwa oraz grupy innych dzieci, wraz z pozostałymi nadal siedzieliśmy w jadalni, przy wyszorowanych do białości stołach, wykonanych ze zwykłych, nigdy nie malowanych desek. Wszystkim udzieliło się negatywne nastawienie. Ten dom już od samego początku sprawiał nieprzyjemne wrażenie. Siedzieliśmy w milczeniu, czasami jeszcze popłakując i czekaliśmy, co będzie dalej.

Przez nieustannie uchylające się drzwi do jadalni zaglądało wiele par oczu. Szpara coraz to powiększała się, to znowu zwężała. Ciekawskich musiało chyba przybywać, bo odnosiło się wrażenie, że jedni siedzą na plecach drugim, żeby tylko móc nam się przyjrzeć. Nagle ktoś za drzwiami krzyknął: „Pogromszczyca!" A potem rozległ się szybki tupot stóp. W ten oto sposób dowiedzieliśmy się, jak nazywana jest duża, czarnowłosa kobieta.

Kiedy ponownie wchodziła do jadalni i drzwi otworzyły się szerzej, ujrzeliśmy grupkę stojących nieopodal chłopców. Byli mniej więcej w tym samym wieku, co my. Wszyscy mieli bardzo krótko ostrzyżone włosy w różnych odcieniach i kolorach. Tylko jeden, blondynek stojący na czele, wyróżniał się dłuższymi włosami, a raczej grzywką, która uparcie spadała mu na oczy;

nerwowym ruchem ciągle odrzucał ją w bok. Jego chuda twarz sprawiała wrażenie sinej, jakby obolałej. Ubrany był w przykrótkie spodnie i ciasnawą bluzę, która uwypuklała dosyć mocno zbudowany tors. Mógł mieć dwanaście, a równie dobrze czternaście lat. W tym przypadkowo zapewne skompletowanym stroju mógłby uchodzić za pastuszka albo jakiegoś zawadiakę. Tak czy owak z jego zachowania wynikało, że odwagi mu nie brakuje.

Inni chowali się za jego plecami, a on nie dość, że wysunięty do przodu, to jeszcze stale się przybliżał do stołu, przy którym siedzieliśmy. Kiedy był już na tyle blisko, byśmy go mogli usłyszeć, czystym rosyjskim zagadnął pierwszego z brzegu:

– Za co was tu przywieźli? Ukradliście co? A może poderżnęliście kogo? Tak?

Pytania zadawał szybko, jakby wcale nie zależało mu na odpowiedzi. Prawdopodobnie wychodził z założenia, że i tak je zna. Jeden z nas odpowiedział mu po polsku, że nie rozumie, o co chodzi, ponieważ nie zna rosyjskiego. Tego akurat z kolei blondynek nie zrozumiał, jako że nie znał polskiego.

Przez chwilę w powietrzu zawisła cisza. W końcu zakłócił ją jeden ze starszych w naszej grupie, Mietek Kwiecień.

– Niczego nie ukradliśmy i nikogo nie poderżnęliśmy – odpowiedział po rosyjsku. – A przywieźli nas tutaj dlatego, że jest wojna. Kiedy się skończy, wrócimy do domu, do Polski.

Na dźwięk nazwy naszego kraju blondynek zastanowił się przez chwilę, a potem wykrzyknął na głos:

– Chłopcy, to są Polacy! I do tego niewinni, job ich mać [10]! Chłopcy, to Lachy!

Dla pozostałych było to jak sygnał do skandowania: „Lachy! Lachy! Lachy!" Znaleźli się i tacy, co zaczęli nam wygrażać, pięściami względnie słownie, albo rzucać w nas czym popadło. Nie wiadomo, jak długo by to trwało, gdyby nie ponowny okrzyk „Pogromszczyca!", któremu towarzyszyło pojawienie się dużej, czarnowłosej kobiety, wychodzącej właśnie z kuchni.

Kobieta spojrzała, najpierw na Rosjan, stojących spokojnie, jakby nic się nie stało, a potem na Polaków, którzy wystraszeni czekali na to, co ich dalej czeka w tym ponurym domu.

– Pierwszy dzień i już szum! – krzyknęła.

Nie bardzo było wiadomo, do kogo to się miało odnosić. Dopiero następne słowa wskazały adresata. Niestety, byliśmy nim my.

– Jeżeli chcecie tu chuliganić i rozrabiać, to będzie z wami źle! – ostrzegła, po czym, widząc jakieś przedmioty na podłodze, ryknęła: – Kto tego tu narzucał?!

---

[10] przekleństwo, wulg.

Było cicho, więc zapytała po raz drugi, a wtenczas Mietek odpowiedział, że to nie my. Teraz z kolei jemu się oberwało.

– Nie nauczyli cię kultury!? Nie wiesz, że odpowiadając starszemu trzeba wstać? Jak się nazywasz?

– Kwiecień Mieczysław – odpowiedział, wstając.

– Co to za nazwisko? Co to za imię? Przetłumacz! – rozkazała.

– Tu nie ma czego tłumaczyć, to jest przecież nazwisko – odparł śmiało Mietek, w miarę biegle posługując się językiem rosyjskim. – Mogę jednakże powiedzieć, że nazywam się tak, jak się u nas nazywa czwarty miesiąc w roku.

Pogromszczyca policzyła coś na palcach, a następnie oznajmiła:

– Od dzisiaj będziesz się nazywał Apriel.

– To niemożliwe! – oburzył się Mietek. – Nazwiska nie wolno zmieniać dowolnie.

– Co ty mówisz?? – wrzasnęła kobieta. – Ty chcesz mnie uczyć, co mi wolno, a czego nie? Mnie wszystko tu wolno, rozumiesz? Ja tu jestem carem i bogiem dla was! – Widać uznała tę scenę za zakończoną, bo przeniosła wzrok na grupkę Rosjan i ryknęła: – Smirnow, do mnie!

– Przecież jestem – odezwał się stojący w drzwiach blondynek.

– Weź Polaczków i zaprowadź do części sypialnej. Ja tam zaraz przyjdę.

Rosjanin przejął komendę. Rozkazał nam ustawić się w dwuszeregu na korytarzu przed jadalnią.

– Musicie wiedzieć, że tutaj wszystko robi się na komendę – oznajmił, po czym kazał Mietkowi przetłumaczyć swoje słowa na polski. – W lewo zwrot! Naprzód dwójkami marsz!

Wydawszy rozkaz, niczym heroiczny dowódca Smirnow ruszył przodem, a my za nim. Z tyłu podążali luźno pozostali Rosjanie. W dalszym ciągu odnosili się do nas nieprzychylnie i zaczepnie. Niektórzy nawet podstawiali nogi, przez co idący na końcu przewrócili się parę razy.

Gdyby nie interwencja Smirnowa, być może już w pierwszym dniu doszłoby do międzynarodowej bijatyki.

Przemaszerowaliśmy tak przez korytarz, hol i kolejny korytarz. Wszystko tonęło już w mroku lamp naftowych. W końcu znaleźliśmy się w korytarzu, w którym na jednej ścianie było kilka (chyba koło sześciu) drzwi. Otworzyły się teraz jak na komendę i jak na komendę stanęli w nich kolejni młodzi Rosjanie, przyglądając się nam z zaciekawieniem. „To niewinni Polacy!" – podawano sobie z ust do ust. „Jak to niewinni? I na dodatek Polacy?" Zdziwienie rosło.

Smirnow chodził majestatycznie od pokoju do pokoju, szukając wolnych miejsc. Zdarzało się, że do jednego trafiało i trzech Polaków. Każdy pokój, w którym znajdowało się tuzin miejsc, miał swojego grupowego. Kiedy już wszyscy zostali ulokowani i znaleźli się w przydzielonych łóżkach, grupowi pokazali każdemu, co należy do wychowanka tego domu w czasie jego pobytu. Okazało się, że niewiele: tylko łóżko i taboret. Poza tym dookoła było pusto, goło i ponuro. Na dodatek zewsząd spozierały na nas oprychowate, niekiedy nawet zdeformowane gęby.

– Macie coś do jedzenia? – wszyscy zadawali to samo powtarzające się pytanie.

Nietrudno się było zorientować, że i tutaj będzie nas prześladował ten przeklęty głód. Kiedy tłumaczyliśmy, że nic nie mamy, ponieważ byliśmy w łagrze, nie wierzyli, każdego z nas musieli obmacać. Nie znalazłszy niczego, stawali się jeszcze bardziej źli i napastliwi, co objawiało się potrącaniem, bądź pstrykaniem palcami w nos lub w czoło. Podobnym zaczepkom z reguły towarzyszyło powtarzane z obrzydzeniem słowo „Lach".

Język, jakiego używali miejscowi chłopcy, był dla nas w zasadzie niezrozumiały. Mieliśmy wrażenie, że ci młodzi Rosjanie stosują jakiś szyfr „upiększony" wulgaryzmami. Bardzo wiele wyrazów (szczególnie tych mających charakter komend, względnie przekleństw) znaliśmy z łagru, ale o normalnej rozmowie po rosyjsku nie mogło być mowy. Będąc w obozie, nikt z nas nie kwapił się zbytnio do nauki tego języka, ponieważ wszystko, co się z nim wiązało, było znienawidzone. Teraz ta umiejętność bardzo by się przydała.

Nie dano nam jednak wiele czasu na podobne rozważania, już wkrótce bowiem na korytarzu rozległy się krzyki, nakazujące opuszczanie pokoi i wychodzenie na korytarz do wieczornego apelu. Rosjanie, mimo że ponaglani przez grupowego, opuszczali sypialnię z dużym ociąganiem, nie śpiesząc się, a wręcz jakby demonstrując swego rodzaju opór. Nam również rozkazano wyjść i ustawić się na korytarzu.

Ostatecznie ze stanu osobowego sześciu pokoi, wśród przepychanek i kuksańców (którymi oczywiście głównie nas obdarzano), ustawiono w dwuszeregach jakby trzy oddziały. My znaleźliśmy się na końcach każdego z nich, chociaż na wstępie powiedziano, że należy ustawiać się według wzrostu, a kilku naszych znacznie przewyższało Rosjan. Widząc to, dowódcy zaczęli co roślejszych Polaków przesuwać na miejsca zgodne z ich wzrostem. Nie wyszło to im na dobre. Teraz, mając Rosjan po obu stronach, byli jeszcze bardziej narażeni na szykany czy nieprzyjemne wygłupy. Panujący w oddziałach hałas uciszano w sposób dosadny, zrozumiały dla wszystkich. Dominowały takie określenia jak: „Stul pysk, bo zęby wybiję!" lub „Spokój, bo kopnę w jaja!" (albo w żopę, czyli dupę). Nic dziwnego, że jako nowo przybyli czuliśmy się spięci i nieco wystraszeni. Kiedy harmider udało się w końcu uciszyć, a oddziały uporządkować, padła komenda: „Baczność! Kolejno odlicz!"

Zaczęliśmy więc odliczać, po polsku, co wywołało u Rosjan kolejne wybuchy śmiechu i przedrzeźnianie. Najbardziej podobały się im liczby „trzy", „siedem", „jedenaście" i wszystkie inne kończące się na -ście. Dowódcy zmuszeni byli do ponownego uciszania swoich podkomendnych.

Wreszcie zabrzmiał rozkaz: „W lewo zwrot! Na lewo marsz!" i wszystkie oddziały doprowadzone zostały do holu, po czym ustawione w czworoboku, którego jeden bok pozostał wolny. Niebawem w miejscu tym stanęła Pogromszczyca.

– Do raportu! – huknęła.

Na środek, przed jej oblicze, wystąpili dowódcy oddziałów, po kolei podając stany osobowe, w tym liczbę chorych (z czego wynikało, że w budynku znajduje się także izba chorych) oraz liczbę ukaranych odosobnieniem, które określano krótko znanym nam dobrze słowem tiurma. Pogromszczyca (co w dowolnym tłumaczeniu oznaczało „pogromczyni") niczego nie notowała, wydawała się niemalże nie słuchać tego, co mówią dowódcy. Nie zauważyła nawet, kiedy meldunki dobiegły końca. Dopiero po jakimś czasie kazała dowódcom odmaszerować na miejsce i wydała komendę:

– Do hymnu!

„Sojuz nieruszymyj riespublik swobodnych..." odśpiewano nieskładnie w zniekształconej i jakby specjalnie zafałszowanej tonacji. Następnie Pogromszczyca wygłosiła mowę, w której poinformowała o tym, o czym już wszyscy wiedzieli, a mianowicie o przybyciu do domu grupy „Polaczków" (inaczej o nas nie mówiła), których dowódcy i grupowi mają otoczyć opieką. Oznajmiła, że mamy w krótkim czasie zapoznać się z regulaminem i warunkami, w jakich przyjdzie nam tu żyć, nie wiadomo jak długo, a także jak najszybciej nauczyć się rosyjskiego.

– Zakazuję, i to już od jutra, używania polskiego, sobaczego języka! Za każde słowo wypowiedziane w tej nieludzkiej mowie będzie się karać pozbawieniem posiłku, a w przypadku uporczywości, winowajca wsadzany będzie do tiurmy, gdzie oprócz szczurów niczego nie ma – ostrzegła głosem przesiąkniętym nienawiścią do wszystkiego, co polskie, jakby to od Polaków doznała największych życiowych krzywd!

To nastawienie udzieliło się też wykolejonej rosyjskiej dziatwie, przywiezionej w ten odległy od ludzi i Boga zaułek świata w celu tzw. wyprostowania moralnego. Większość z nich zetknęła się już z tym, co zwie się przestępczością, i to o różnym ciężarze gatunkowym, począwszy od złodziejstwa kieszonkowego, poprzez pijaństwo, prostytucję, a skończywszy na zbrodniach. Na szczęście w przypadku tych ostatnich chłopcy ci zazwyczaj byli tylko narzędziami, a nie wykonawcami, chociaż potrafili już na przykład pozbawić wzroku sprytnie umieszczonymi pod paznokciami żyletkami, względnie pchnąć nożem albo walnąć jakimś tępym narzędziem. Szczególnym sprytem popisywali się w kradzieżach. Kieszeń, torebka czy teczka nie stanowiły dla nich najmniejszej przeszkody.

Po apelu, obowiązkowym myciu się w lodowatej wodzie i załatwieniu potrzeb fizjologicznych (jeżeli takowe występowały), zbierano się w pokojach, oświetlonych tylko lampą naftową, i aż do godziny dziesiątej spędzano czas w sposób niemal dowolny. Nie można było jedynie opuszczać budynku i nadmiernie hałasować, ale jeśli grupowy był „równym chłopem", to i te regulaminowe zakazy regularnie obchodzono. Bywało, że niektórzy już po apelu znikali na całe noce, a wracając przed pobudką znosili przeróżne rzeczy, głównie to, czym można było choć trochę zaspokoić odwieczny głód. Jedzenie zdobywano różnie. Jedni chodzili od chaty do chaty i żebrali, inni woleli kraść, co się dało i gdzie się dało.

Tego wieczoru Rosjanie przejawiali nieustające zainteresowanie nowo przybyłymi Polakami. Wypytywano nas na okrągło, skąd pochodzimy, gdzie byliśmy i dlaczego, gdzie są nasi rodzice i jak było w łagrze. Po etapie wypytywania nastąpił etap zastraszania. Zaczęły się opowieści na temat tego, co nas czeka w tym domu.

– Przede wszystkim głód – mówiono, dodając, że co prawda karmią tu trzy razy dziennie, ale dają do jedzenia tyle co kot napłakał. – Na śniadanie kromka chleba i kawa. To samo i tyle samo na kolację.

Wzięty z obydwu tych posiłków chleb nie przekraczał dwustu gram. Czasem, głównie latem i jesienią, dodawano do niego marmoladę lub jakieś inne smarowidło, które śmierdziało śledziem. Na obiad przeważnie była tylko zupa, za każdym razem inna, lecz smakująca zawsze tak samo. Zdarzało się, że zamiast zupy wychowankowie otrzymywali śledzia (czy też śledziki) i ziemniaki, zwykle dwa lub trzy (w zależności od ich wielkości). Często podawano też „mamałygę", jak nazywano zupę z brukwi.

– Najgorsze dla was będzie to, że owszem, chleb otrzymacie jak każdy z nas, lecz nie zawsze będziecie mogli go zjeść – ostrzegali Rosjanie.

– Jak to? – pytaliśmy zdumieni.

– Będziecie musieli oddać go komuś innemu.

– Dlaczego?

– Dlatego tylko, że ktoś tego od was zażąda. Jeśli się sprzeciwicie, marny wasz los!

Groźnie to wszystko brzmiało, mimo to jakoś nie bardzo chciało nam się wierzyć w opowieści miejscowych chłopców. Było już późno, gdy w końcu odstąpili, pozwalając nam się położyć.

Po trzech latach mogliśmy wreszcie wyspać się na jednoosobowych, w miarę normalnych łóżkach, bez konieczności dzielenia ich z kimś innym.

Wprawdzie były to tylko sienniki, przypominające zwykłe worki, podobnie jak poduszki wypchane sieczką, która może kiedyś była słomą, jednakże po tak dużej porcji wrażeń i doznań, mimo odczuwanego dalej głodu i zimna, każdy zawinął się w koc (nic innego do przykrycia już nie było) i zasnął niemal natychmiast, nie zważając na wciąż panujący w pokoju hałas.

* * *

Po przebudzeniu większość z nas miała wrażenie, że w ogóle nie spała. Gdy się kładliśmy, było tak samo ciemno, jak w chwili, gdy kazano nam wstawać. Pobudka – ogłaszana donośnym głosem Pogromszczycy, która chodziła od pokoju do pokoju, goniąc wszystkich do wstawania i mycia – była jak uderzenie obuchem w głowę.

Pierwsza potrzeba po wstaniu z łóżka? Wiadomo, ubikacja. W sowieckim domu wychowawczym przybytek ten był obskurny, lecz i tak znacznie przyjemniejszy, aniżeli w łagrze, gdzie siadało się na jednym wspólnym drągu, korzystając z dołu, do którego w każdej chwili można było wpaść, stojąc zazwyczaj na oblodzonej ziemi. Tutaj były cztery kabiny i to jednoosobowe, zamykane od wewnątrz i zewnątrz na haczyk. Wchodziło się do nich z korytarza. W środku wyglądały nawet względnie, ale nie to było najważniejsze. Liczył się fakt, że korzystając z nich nie było się narażonym na bezpośrednie oddziaływanie zimna, tak jak w łagrze.

Każdą kabinę ze wszystkich czterech stron osłaniały ściany z desek. Między deskami były jednak szerokie szpary. Najgorzej zawiewało (i sypało śniegiem) przez ścianę wychodzącą na zewnątrz. Niesamowity ziąb dochodził także z kloaki, w tym czasie znacznie już zapełnionej zamarzniętymi ekskrementami (świeże zresztą też natychmiast zamarzały). Najgorsze w tych kabinach było to, że deski służące do siadania nie mogły spełniać swojej funkcji, ponieważ były okropnie zapaskudzone kałem (wprawdzie też zamarzniętym na kamień, lecz i tak nie zachęcającym do siadania), toteż trzeba było na nich stawać. Boczne deski kabin również były obsmarowane. Papier w tych warunkach i w tym czasie był szczytem marzeń.

Zgodnie z zapowiedzią naszych współlokatorów śniadanie składało się z kromki chleba i kawy zbożowej. W czasie posiłku Rosjanie grali w pewną grę, dzięki czemu jedni pozyskiwali dodatkową porcję kosztem innych, którym pozostawało tylko wypicie kawy i oblizanie się. Gra polegała na tym, że kładło się kromkę chleba na środku stołu i na komendę każdy łapał swoją. Kto się spóźnił lub pośpieszył, tracił przydział. Przeciwnicy, jeśli tak można ich nazwać, musieli wyczuć się nawzajem, by wyciągnąć rękę jednocześnie. W grze brały udział nie więcej niż cztery osoby, a to dlatego, by nie zwrócić uwagi Pogromszczycy, nieustannie krążącej po jadalni.

Ponieważ nie chcieliśmy włączać się do tej gry, Rosjanie zastosowali inną metodę. Codziennie typowali Polaków, którzy musieli oddać chleb komuś z nich. I biada temu, kto nie zastosował się do tego nakazu. W najlepszym razie mogła go za to spotkać „kocówa" (przykrycie kocem i bicie, czym i gdzie popadło, często do nieprzytomności), a jeśli miał mniej szczęścia – cięcie twarzy żyletką lub innym narzędziem, bądź pchnięcie nożem (na przykład w pośladek albo udo).

W początkowym okresie naszego pobytu w tym domu bywało, że nie jedliśmy chleba nawet przez kilka dni pod rząd, bo jeśli dzisiaj zażądał jego oddania Smirnow, to jutro mógł to samo zrobić Bakałow, a jeszcze następnego dnia Kaletkin czy jeszcze ktoś inny. I chociaż Pogromszczyca chodziła po jadalni i pilnowała, by każdy zjadł to, co dostał, to i tak przekazywanie chleba odbywało się codziennie.

Jako zupełny jeszcze dzieciak, w dodatku słaby, często byłem pozbawiany swojej porcji i chodziłem coraz bardziej głodny, słaniając się na nogach. Raz nawet poprosiłem Bakałowa, żeby nie zabierał mi chleba, bo już nie pamiętam, kiedy go jadłem. Ten jednak w odpowiedzi wpadł na makabryczny pomysł. Złapał mnie za prawą rękę i naciągnął skórę po zewnętrznej stronie dłoni.

– Jak się zgodzisz na ucięcie tego, to ci zostawię chleb – powiedział, nie puszczając mojej ręki.

Byłem tak bardzo złakniony chleba (chociaż w niczym nie przypominał domowego), że nie zastanawiałem się długo. Cięcie było krótkie i niemal bezbolesne. Widocznie nóż był ostry. Dopiero, gdy z rany zaczęła płynąć krew, przeraziłem się i rozpłakałem. Pech chciał, że zobaczyła to Pogromszczyca i natychmiast kazała wydać tego, kto mi to zrobił. Wykręcałem się, lecz wreszcie, boleśnie szarpany za ucho, powiedziałem prawdę. Skończyło się na tym, że Bakałow wprawdzie został ukarany dwudniowym pobytem w piwnicy, ale po powrocie sprawił mi takie manto, że już nigdy później nie wydałem swojego prześladowcy.

Po śniadaniu ci, co nie szli do szkoły, musieli sprzątać w domu i w obejściu. Polaków przydzielono do jednej z najgorszych chyba prac – do sprzątania w ustępach. Pogromszczyca zaznaczyła przy tym, że deski w kabinach mają być przynajmniej tak czyste, jak stoły w jadalni, jeśli nie bardziej. Inną grupę, głównie Rosjan, skierowano do odgarniania śniegu, z którym stale było dużo roboty.

Po pracy (o ile jej wykonanie zostało dobrze ocenione) można było iść na pobliską górkę i pojeździć na nartach. Ta przyjemność jednakże zarezerwowana była wyłącznie dla Rosjan, my mogliśmy tylko popatrzeć lub poślizgać się na butach. Dzień był słoneczny, mróz siarczysty, lecz nie stanowiło to przeszkody w zażywaniu ruchu na świeżym powietrzu. Stok prowadził w stronę rzeki Pinega, o tej porze skutej grubym lodem.

O drugiej wołano nas na obiad. Po zjedzeniu zupy, która miała nieco więcej składników, aniżeli ta otrzymywana przez trzy lata w łagrze (trafiała się w niej i marchewka, i ziemniak, czasem jakaś kluska lub kawałek liścia kapusty), co nieco już czuło się w żołądku. Kucharki były dobrymi kobietami, rozdzielały jedzenie zgodnie z sumieniem: starszym nieco więcej, małyszom za to bardziej od dna, żeby było gęściejsze.

Po zupie, zwanej szumnie obiadem, przychodził czas na odrabianie lekcji i naukę w ogóle. Wszystkim Polakom nakazano uczyć się języka rosyjskiego. Początkowo nadzór nad tym sprawowała Pogromszczyca, potem rolę nauczyciela powierzyła Kaletkinowi, który uchodził za jednego z najlepszych w tym domu uczniów. Odtąd kierowniczka siedziała tylko przy piecu i obserwowała, kto się naprawdę uczy, a kto rozrabia. Kiedy przyuważyła jakiegoś rozrabiakę, kazała mu najpierw podejść do siebie, a potem lała kijem gdzie popadło.

W salce słychać było jedynie Polaków powtarzających bez przerwy rosyjski alfabet. Tego, kto się pomylił, Kaletkin pstrykał w czoło, co było cholernie bolesne. Zupełnie już źle było wtedy, gdy któryś z nas zapomniał się i użył polskiego słowa. Pogromszczyca natychmiast wzywała do siebie i uruchamiała kij. Te kije, rózgi, witki stale nam towarzyszyły, jakby wymyślono je specjalnie po to, by nas karcić. Byliśmy też ciągani za ucho, i to tak mocno, że nadrywało się do krwi. Jednak to jeszcze jakoś dało się przetrzymać. Najgorsze było bicie po twarzy. Trudno to wytłumaczyć, ale policzek zadany ręką Rosjanki czy Rosjanina zdawał się boleć podwójnie. W tym biciu Pogromszczycę najczęściej wyręczali jej rodacy, ona tylko mówiła, kiedy przestać.

* * *

Tydzień później na apelu oznajmiono, że mimo iż jest styczeń, od następnego dnia Polacy pójdą do szkoły razem ze wszystkimi. Nazajutrz była akurat niesamowita zawieja. Przez małe okna prawie nie widziało się świata. To jednak nikogo nie zwalniało z pójścia do szkoły. Szliśmy więc dwójkami, potykając się i wpadając w śnieżne zaspy, przez około pół godziny. Gdy dotarliśmy do budynku szkoły, wyglądaliśmy niczym bałwany i byliśmy przemarznięci do szpiku kości.

W szkole wszystkich nas przydzielono do pierwszej klasy (nawet tych, których wiek kwalifikował do szóstej, a nawet siódmej), razem z miejscowymi pierwszoklasistami. Wśród Rosjan byli tacy, co mając dziesięć, a czasami i więcej lat, chodzili do pierwszej lub nieco tylko wyższej klasy. Zresztą w szkole tej chyba nie uczono dłużej, niż pięć lat.

Kiedy do sali lekcyjnej wszedł duży, barczysty i mocno kulejący mężczyzna, wszyscy zerwali się z miejsc. Był zapewne jedną z pierwszych ofiar trwającej wciąż wojny, świadczył o tym noszony przez niego mundur oficerski bez dystynkcji. Już pierwszego dnia Chromyj (tak go nazywali uczniowie) dał się poznać jako zaciekły wróg Polaków. To do nas skierował pierwsze pytania, do odpowiedzi wybierając delikwenta poprzez wskazanie go trzymanym w ręce długim, stożkowato okrągłym kijem. Chciał dowiedzieć się o nas wszystkiego. Kiedy pytał: „Ty kto?", odpowiedzią było przeważnie nazwisko i imię. Wtedy zadawał drugie pytanie: „Jakiej nacji?". Zapytany, korzystając z podpowiedzi Mietka, odpowiadał po rosyjsku, że z Polski.

– Takiego kraju ja nie znam i znać nie chcę! – zaczynał się miotać kulejący mężczyzna, na prawo i lewo rozdzielając razy kijem.

Za każde nie tak wypowiedziane lub zniekształcone rosyjskie słowo, bądź pomaganie sobie polskim wyrazem, otrzymywało się uderzenie w obojczyk lub w plecy, jeśli akurat Chromyj stał za odpowiadającym.

Kiedy wystarczająco już namachał się kijem i nakuśtykał, podszedł do tablicy, na której wisiała mapa Europy i zapytał:

– No, który z was, Polacy, pokaże, gdzie jest ta wasza Polska, co?

I znowu nikt inny, tylko Kwiecień podniósł się i zgłosił do odpowiedzi. Chromyj polecił mu podejść do tablicy i pokazać. Jakiś czas trwało, zanim Mietek znalazł właściwe miejsce na mapie.

– O tu! – wykrzyknął uradowany, odruchowo po polsku.

Komendant (nie kierownik czy dyrektor szkoły, lecz właśnie komendant) wzdrygnął się, a następnie prędko dokuśtykał do chłopca i zdzielił go kijem.

– W jakiej ty jesteś szkole? Do kogo ty mówisz i jakim językiem, co? – Zadając te pytania, uderzył go jeszcze kilka razy, po czym kazał iść na miejsce. – Ostrzegam was, wy psie syny, że tu, w Rosji, należy mówić po rosyjsku! Za każde wypowiedziane po polsku słowo będę bił, aż z was wybiję to wszystko, czego nauczyliście się w domu, czy też w waszej szkole. Tutaj zrobimy z was prawdziwych (nastojaszczych) Rosjan. Polaków już nie ma! Ba! I Polski nie ma! Część zajęli Niemcy, my z kolei im odbierzemy i cała będzie nasza! – Mówiąc to, przyłożył opuszkę kciuka do mapy, przykrywając niemal całą powierzchnię Polski. – My was jednym butem zgnieciemy! – krzyczał, wygrażając kijem.

Postępowano z nami tak, jak zapowiedział. Bito nas przy każdej nadarzającej się okazji i bez okazji: za nieopatrznie wypowiedziane słowo, a nawet za gest, który wydał się „zbyt polski". Na przerwach też nami pomiatano. Tylko jedna nauczycielka, mała i niepozorna, zdawała się być nastawiona do Polaków przychylnie. Nigdy nikogo z nas nie uderzyła, chociaż oficjalnie nie demonstrowała swojej sympatii.

W takiej oto upiornej atmosferze i nieustannym prześladowaniu minął styczeń i luty. Żyjąc w ciągłym strachu, szybko opanowywaliśmy język rosyjski, potrzebny przecież także w kontaktach z rówieśnikami. Dzięki tym kontaktom zresztą znacznie łatwiej było się go nauczyć.

## Rozdział 15. WYSŁANNICY POLSCY W PINEDZE

Zbliżał się chyba koniec kwietnia, gdy w szkole pojawili się jacyś ludzie. Skąd przyjechali zaprzężonymi w jednego konia saniami, tego na razie nikt nie wiedział. Było ich pięcioro: trzech mężczyzn i dwie kobiety. Skierowali się od razu do kancelarii komendanta, zapytawszy o drogę ucznia znajdującego się najbliżej sań. Zanim jednak weszli do budynku, jedna z kobiet, przechodząc koło grupy młodzieży, zapytała po polsku, bardzo wyraźnie:

– Czy są tu polskie dzieci?

Grupa składała się akurat z samych Rosjan, ale niedaleko stał jeden z Polaków. Usłyszawszy pytanie, odpowiedział, również po polsku:

– Tak, są.

– Poczekajcie! – krzyknęła kobieta do czwórki swoich towarzyszy, a sama podeszła do niego i mocno go przytuliła. Po chwili dołączyli do niej pozostali. Teraz cała piątka zaczęła wypytywać Polaka, skąd pochodzi, od kiedy tu jest, kim byli jego rodzice i tak dalej. Przyjezdni chcieli też wiedzieć, ile polskich dzieci tu przebywa.

Widząc to, inni Polacy podeszli bliżej i zaczęli przysłuchiwać się tej rozmowie. Ktoś zapytał nawet, czy goście nie przywieźli czegoś do zjedzenia, bo tutaj nie ma co jeść. Przybysze głaskali po głowach, przytulali i obiecywali, że coś załatwią, lecz jeszcze nie dzisiaj. Nie tylko obie kobiety, ale i mężczyźni mieli oczy pełne łez. Dzieci, z którymi rozmawiali, też się popłakały – z radości, że nowo przybyli są Polakami, którzy w dodatku ich szukają.

Łzy dzieciaków sprawiły, że dorośli nie wytrzymali i też zaczęli wycierać oczy. Aby zapłakać nad losem tych biednych istot, nie trzeba było wiele. Wystarczyło tylko popatrzeć na wychudzone twarze z wysuniętymi kośćmi policzkowymi i zapadłymi w głąb oczyma, na szmaty wiszące na chuderlawych ciałkach zamiast odzieży i niekompletne, obwiązane sznurkami obuwie na nogach. Rozmowa być może przeciągnęłaby się jeszcze, gdyby nie to, że ktoś uderzył w żelastwo, oznajmiając w ten sposób koniec przerwy.

W połowie lekcji do klasy wszedł komendant. Zgrzytając zębami, oznajmił, że wszyscy Polacy mają się zebrać w świetlicy. Gdy już się w niej znaleźliśmy, pojawił się ponownie, tym razem w towarzystwie przyjezdnych. Bezceremonialnie, nie wspominając nawet słowem o gościach, poinformował, że od jutra będziemy chodzić do jednej klasy i uczyć się tylko polskiego.

– Od jutra w szkole będziecie również wszyscy otrzymywać skromny posiłek – dodał jeden z przybyłych. – Nie należy liczyć na coś nadzwyczajnego – zastrzegł – nie pozwalają na to warunki, lecz pani, która będzie waszą nauczycielką i opiekunką – tu wskazał na jedną z towarzyszących mu kobiet – zadba o to, byście codziennie dostali coś ciepłego i w miarę pożywnego.

Z zachwytem słuchaliśmy płynnej polskiej mowy, mając nadzieję, że wreszcie skończą się nieustanne prześladowania ze strony Chromego, tym bardziej że wspomniano także o jakiejś Polonii, poszukującej polskich dzieci po całym ZSRR, po to, by mogły jak najszybciej (to znaczy, jak tylko skończy się wojna) wrócić do domu, do Polski.

– Tym, którzy utracili rodziców, zapewniona będzie opieka państwa – zakończył nasz rodak.

Słysząc te tak słodko brzmiące słowa, płakaliśmy jak bobry, nie wstydząc się łez. Zresztą kobieta, która miała być odtąd naszą nauczycielką, tak samo jak my nie mogła powstrzymać się od płaczu.

Kiedy nadszedł czas pożegnania, przybysze z ojczyzny zaczęli całować każdego z nas po kolei, apelując, byśmy nie zapominali, że jesteśmy Polakami, byśmy wierzyli w to, że wrócimy do kraju. Nie chcieliśmy ich puścić, lecz tłumaczyli, że muszą jechać dalej i dalej szukać, ponieważ takich jak my jest na tych terenach bardzo dużo.– Jak odjedziecie, Rosjanie znowu będą się nad nami znęcać! – uskarżaliśmy się, a komendant tylko patrzył i mrużył oczy, nie wiedząc, co robić. Zagadnięty przez jednego z przybyłych obiecał w końcu, że dopilnuje, by dano nam spokój.

Wychodząc ze szkoły, hurmem garnęliśmy się do przybyszów z kraju, marząc o tym, by jeszcze raz nas przytulili lub chociaż dotknęli ciepłą polską ręką – ręką, która mogła być tylko przyjazna. Odjeżdżając, machali nam na pożegnanie, a my odpowiadaliśmy takim samym gestem, tak długo, aż sanie nie zniknęły za wzgórzem i rzadko rozsianymi domami.

Od tego dnia we wszystkich nas wstąpiła nowa wiara, że dotrwamy i wrócimy do kraju. Uradziliśmy także, że powinniśmy trzymać się razem i nie pozwolić byle komu się wykorzystywać, szczególnie w domu wychowawczym.

Chryste! Jak myśmy czekali na następny dzień! Nawet pomimo tego, że Pogromszczyca – na wieść o tym, co się wydarzyło w szkole – ze zwykłą dla siebie zatwardziałością postanowiła wybić nam z głowy wszystko, co polskie.

– Wcześniej zdechniecie z głodu, niż skończy się wojna i wrócicie do kraju! – zapowiedziała.

* * *

A jednak następny dzień, tak przez nas wyczekiwany, okazał się chyba najszczęśliwszym od 10 lutego 1940 roku. W utworzonej dla Polaków klasie czekała już na nas nauczycielka. Bez kożucha wydawała się małą i drobną, chociaż bardzo ładną, brunetką około trzydziestu lat. Łagodnym, wręcz aksamitnym głosem poleciła nam zająć miejsca w ławkach i uspokoić się. Następnie, chodząc po klasie i opowiadając o kraju ojczystym, dotykała nas delikatnie po głowach niemal matczynym gestem, przypominającym głaskanie.

Nie kłamała. Mówiła wprost o tym, że Polska jest strasznie zniszczona i w dalszym ciągu rujnowana przez dwóch okupantów: sowieckiego i niemieckiego. Powiedziała także (chociaż z wyraźną przykrością), że na normalną naukę nie mamy co liczyć, ponieważ nie sposób jej tutaj zorganizować.

– Będziemy się uczyli pisać, czytać, śpiewać, deklamować, a nawet tańczyć! A wszystko to w oparciu o język polski – zapewniła. – Pozostałe przedmioty będziecie musieli opanowywać wraz z rosyjskimi dziećmi. – To ostatnie stwierdzenie wywołało na naszych twarzach smutek.

W celu bliższego poznania nauczycielka zaczęła wywoływać każdego z nas po nazwisku, zadając najprzeróżniejsze pytania i bacznie nam się przyglądając. Trwało to dosyć długo. Niepostrzeżenie minęła lekcja i rozległ się brzęk żelastwa.

– Jeżeli ktoś musi, to niech się nie krępuje i idzie skorzystać z przerwy – powiedziała nauczycielka, ale ponieważ nikt się nie ruszył, lekcja, a raczej ceremonia zapoznania, trwała nadal.

Kiedy wszyscy już zostali przepytani, kobieta wyjęła z torby ołówki oraz wykonane z gazet zeszyty.

– Prawdziwych zeszytów na razie nie udało się załatwić – westchnęła – dlatego będziemy zmuszeni pisać na gazetach, między wierszami. – Dla zorientowania się, co kto umie, najpierw zrobimy sobie dyktando. Podyktuję wam wiersz o Wiśle. Kto może coś o Wiśle powiedzieć?

Ujrzawszy większość rąk w górze, odetchnęła z ulgą i zaczęła dyktować: „Płynie Wisła, płynie po polskiej krainie, a dopóki płynie, Polska nie zaginie." Można było odnieść wrażenie, że szczególny nacisk położyła na ostatnie słowa: „Polska nie zaginie".

W czasie dyktanda nie obeszło się bez kłopotów. Jednym łamały się grafity, innym z kolei zbyt mocno zaostrzony ołówek dziurawił zbyt miękki papier gazetowy. Pisanie pomiędzy wierszami też nie należało do łatwych, nie było tam zbyt wiele wolnego miejsca. Nauczycielka jednak dwoiła się i troiła, by wszystkie te mankamenty usunąć i dyktando doprowadzić do końca. Potem zaś poleciła nam kolejno odczytać to, co napisaliśmy. Niektórzy mieli z tym poważne trudności, więc im pomagała.

– Wiersz ten można także śpiewać – oznajmiła po chwili, po czym zaproponowała, żebyśmy spróbowali i, odchrząknąwszy, zaintonowała melodię.

Początkowo chóralne śpiewanie szło opornie. Nie zrażając się, próbowaliśmy drugi raz i trzeci, aż wreszcie wszyscy podchwycili melodię i przynajmniej w części zapamiętali słowa. Tak oto po Pinedze – miejscowości położonej bardzo blisko koła podbiegunowego, leżącej nad rzeką o tej samej nazwie – rozniosła się polska piosenka. A brzmiała jakoś tak wyzywająco, jakby jej słowami chciano Rosjanom przekazać wiadomość, że Polska żyje i żyć będzie po wsze czasy.

Nasze dziecięce głosy śpiewały tę piosenkę z ogromnym zaangażowaniem. Wczuwaliśmy się w jej słowa do tego stopnia, że przed oczyma ujrzeliśmy rodzinne strony i domy, a to z kolei uzmysłowiło nam, jak nieludzko z nami postąpiono. Śpiewając, nagle zaczęliśmy płakać, ale już nie tak demonstracyjnie jak dotychczas, bo i przyczyna łez była nieco inna. Będąc z polską nauczycielką, mogliśmy rozmawiać, pisać, czytać, a nawet śpiewać w ojczystym języku. Robiliśmy coś, co było nam dotąd zakazane, czego – jak nam wielokrotnie powtarzano – nie mieliśmy robić już nigdy.

Kiedy rozległ się gong oznajmiający kolejną przerwę, nauczycielka poleciła nam wyjść i rozprostować kości. Posłuchaliśmy. Rosjanie, jak tylko nas zobaczyli, zaczęli sobie robić kpiny ze śpiewów, które najwyraźniej wszyscy słyszeli. Ktoś z naszych w końcu nie wytrzymał i wyrżnął jednego z nich w ryj, aż polała się jucha. W tym samym momencie pojawił się komendant szkoły, rozpryśliśmy się więc prędko na wszystkie strony, wiadomo jednak było, że Rosjanin Polakowi nie podaruje i wcześniej czy później zechce wyrównać rachunki.

Po dziesięciominutowej przerwie, gdy wszyscy siedzieliśmy już w ławkach, do klasy wraz z nauczycielką weszły dwie kobiety, niosąc dużych rozmiarów garnek.

– Każdy teraz otrzyma porcję gotowanego bobu – oznajmiła nauczycielka. – Ze względu na to, że nie mamy naczyń, najlepiej nadstawcie czapki. Nic im się nie stanie, ziarno jest prawie suche, tylko gorące – dodała z uśmiechem, po czym kazała nam podchodzić rzędami.

Ziarna bobu, nabierane drewnianą warząchwią, wędrowały do czapek. Chwytaliśmy je i szybko wracaliśmy do ławek, nie mogąc się doczekać, kiedy zaczniemy jeść. Pochłanialiśmy bób łapczywie, niewiele gryząc. Ci, którzy zjedli pierwsi, domagali się dokładki, ale kucharki tak podzieliły strawę, że w zasadzie nie zostało nic prócz niewielkiej garstki dla nauczycielki. Każdy przecież zdawał sobie sprawę z tego, że i ona może być głodna, uczucie to bowiem nie odstępowało nikogo, obojętnie, czy był Polakiem czy Rosjaninem. Na szczęście porcje były dosyć pokaźne, toteż poczuliśmy się w jakimś stopniu nasyceni, co wywołało prawdziwy wybuch radości.

Po posiłku wróciliśmy do nauki śpiewu. Teraz słowa piosenki o Wiśle zabrzmiały znacznie głośniej i wyraźniej. Potem nauczycielka ustawiła nas koło ławek i, po uprzednim zapoznaniu ze słowami, zaintonowała inną piosenkę, w takt której każdy miał się poruszać tak, jak nam najpierw zademonstrowała sama.

– Zasiali górale owies. – płynęły w dal słowa znanej ludowej przyśpiewki, podczas gdy my, trzymając się pod boki, wymachiwaliśmy na przemian nogami, pozorując taniec. Było przy tym sporo śmiechu, żartów i poszturchiwań, ale bez złośliwości. Bawiliśmy się w ten sposób, więc nauczycielka nie ingerowała, bawiąc się razem z nami, a nawet śmiejąc się przez łzy. Trudno było je powstrzymać, kiedy się widziało nędznie ubrane, wygłodzone, zawszone i ostrupiałe dzieciaki, wymachujące nie zawsze obutymi nogami (niektórzy mieli je owinięte tylko szmatami, a mimo to przyszli do szkoły, bo to polska szkoła i mieli w niej dawać coś do jedzenia).

* * *

Ten dzień w szkole, podobnie jak wiele następnych, upłynął w znacznie przyjemniejszej atmosferze, aniżeli poprzednie. Zasadniczym powodem tego lepszego nastroju w głównej mierze było właśnie owo dokarmianie, chociaż skromne, bo składające się (także w kolejnych dniach) przeważnie z ziarna i nasion roślin strączkowych. Drugi czynnik stanowiła polska nauczycielka i polski język, używany w nauce pisania, czytania, śpiewania, a także modlenia, odtąd bowiem zawsze przed pierwszą lekcją i po ostatniej odmawialiśmy modlitwę.

Nauczycielka uczyła nas również myślenia po polsku i robiła to nie tylko w szkole. Bywało, że przychodziła do domu poprawczego i przebywała z nami do późnych godzin wieczornych. Mieszkała – co często podkreślała – u dobrych ludzi we wsi. Gdy wracała do nich, by wypocząć, odprowadzaliśmy ją tak daleko, jak to było możliwe i jak sama pozwoliła.

Stwierdzenie, że zarówno w szkole, jak i w domu wychowawczym liczono się ze zdaniem polskiej nauczycielki, nie będzie zbytnio odbiegało od prawdy, lecz aby prawda była pełna, należy dodać, że z polskimi dziećmi obchodzono się dobrze tylko wtedy, gdy ona była w pobliżu. Podczas jej nieobecności wszystko wracało do normy, przyjętej i stosowanej przez Rosjan, choć zdarzało się, że i przy niej ktoś z nas oberwał po twarzy lub został ukarany za jakieś wykroczenie dyscyplinarne. Kara za kradzieże i bójki, często krwawe, była dla nas zawsze znacznie wyższa niż dla miejscowych chłopców. Za takie samo przewinienie Rosjanin otrzymywał jeden, góra dwa dni piwnicy, Polak natomiast miał przypisane trzy dni, nawet jeśli w jego obronie stanęła nauczycielka.

Za to, że byliśmy w szkole dokarmiani, Rosjanie nienawidzili nas jeszcze bardziej. Odbieranie nam chleba było na porządku dziennym. Dochodziło do tego, że niektórzy – przede wszystkim ci mniejsi i słabsi – nie widzieli go przez tydzień i dłużej. Prym w tym procederze wiódł Smirnow wraz ze swoją bandą. Polacy, którzy mieli odwagę mu się sprzeciwić i, mimo nakazu oddania chleba, zjedli swoją porcję w jadalni, dostawali takie lanie, że na drugi raz już się na to nie odważyli. Pewnie byłoby z nami krucho, gdybyśmy w końcu wszyscy razem nie zorganizowali oporu.

W pierwszej kolejności uzgodniliśmy, że zrobimy zasadzkę na Smirnowa i spuścimy mu solidne manto. W zasadzie to już się nie baliśmy. Każdy był tak obity, że następnych razów nie odczuwał prawie wcale lub w minimalnym stopniu. Wcześniej co poniektórym pojedynczym Rosjanom już się od Polaków oberwało. Przyjęta taktyka nie należała do gentlemeńskich. Polegała na tym, że grupa naszych, składająca się z trzech i więcej osób, zaczepiała pojedynczych (góra dwóch jednocześnie) Rosjan i spuszczała im tęgie lanie. Poturbowani, jak zwykle w takich sytuacjach, byli po obu stronach.

Z czasem rachunki zaczęły się wyrównywać, a to z tej przyczyny, że do tego negatywnego pod każdym względem współzawodnictwa nie przyłączało się zbyt wielu młodych Rosjan. Większość bowiem nie sympatyzowała z grupą Smirnowa i ograniczała się głównie do roli obserwatorów, ewentualnie arbitrów.

W takiej oto atmosferze nadszedł dzień, w którym Polacy zdecydowali się utrącić głowę hydrze. W tym celu postanowiono zwabić Smirnowa do pokoju. Część chłopaków poukrywała się po kątach, czekając na sygnał, podczas gdy czterech zaczaiło się w pokoju, trzymając w pogotowiu koc. Mieli nim nakryć Rosjanina, powalić go i obezwładnić, po czym dać sygnał pozostałym, by wkroczyli do akcji. Pech jednak chciał, że Smirnow pojawił się nie sam, lecz w towarzystwie dwóch równych mu kolegów: Bakałowa i Kaletkina. Cała trójka szła pośpiesznie, dyskutując po drodze, cóż takiego mogło się w pokoju wydarzyć, że to nie Pogromszczycę, a Smirnowa wołają. On sam zaś z całą pewnością nie podejrzewał, że to Polacy odważyli się przygotować na niego – bożyszcze tego domu – zasadzkę.

Kiedy pierwszy (nikt inny przecież nie mógł iść przed nim!) wszedł do pokoju, przyczajona czwórka naszych wyskoczyła, usiłując zarzucić mu koc na głowę, lecz on był szybszy. Błyskawicznie podniósł obie splecione ręce do góry i mocno nimi uderzył w brzeg koca, wytrącając go z rąk napastników wprost pod swoje nogi. Nie było rady! Na dany znak w pokoju pojawiła się reszta Polaków. Teraz przypadało ośmiu naszych na trzech miejscowych. Ci, którzy wpadli do pokoju z korytarza, obezwładnili (choć nie bez trudu) Kaletkina i Bakałowa. Smirnow, widząc nadchodzącą pomoc, chciał uciec w głąb pokoju, lecz potknął się o koc i runął jak długi na podłogę. Tam został przygnieciony i obezwładniony przez wykręcenie rąk do tyłu. Dwóch naszych trzymało go w tej pozycji, a reszta okładała czym popadło i gdzie popadło. Próbował się wyrwać, ale bezskutecznie.

Sztuka ta udała się za to nie stawiającemu zbytniego oporu Bakałowowi, który wybiegł, krzycząc:

– Lachy rozprawiają się ze Smirnowem!

Rzeczywiście, wyładowywano na nim całą dotychczasową krzywdę. Nawet wtedy, gdy już prawie nie dawał znaku życia, nadal kopano go w żebra, głowę i dupę. Wreszcie skopanego i sponiewieranego odstąpiono.

Podniósł się z trudem, a wówczas podszedł do niego Mietek.

– Broń się! – rzucił niczym wyzwanie, po czym potężnym prostym zdzielił go w twarz i poprawił drugim ciosem w żołądek.

Rosjanin skulił się i zatoczył, lecz nie upadł. Po chwili przyjął postawę obronną, a nawet usiłował zaatakować, jednak Mietek był na to przygotowany. Usadził go piorunującym ciosem w brzuch, a potem kopniakiem w biodro.

Smirnow znowu się skulił.

– Odpłacę się! Odpłacę! – wyszeptał.

W tym samym momencie Mietek rąbnął go w głowę z góry, jakby uderzał młotkiem. I jeszcze raz. I jeszcze. A każdy kolejny cios miał swoje uzasadnienie.

– Za zabierany Polakom chleb! Za poniewieranie nami! Za bicie! I jeszcze raz za chleb! I za zniewagi.

I tak w koło, aż nie nadbiegli z odsieczą kumple Rosjanina.

Zaczęła się międzynarodowa kotłowanina ciał. Zewsząd słychać było jęki, w powietrzu latały części odzieży. Tego jeszcze ten dom nie widział. Zaraz, jak tylko pojawiła się banda Smirnowa, nasze siły również zostały zwiększone, toteż żadna ze stron nie odnosiła zdecydowanego zwycięstwa. I nie odniosła, ponieważ do pokoju wkroczyła Pogromszczyca. Łapiąc za kołnierze, za ręce i nogi, zaczęła siłą rozdzielać bijących i rozstawiać po kątach. Wszyscy, bez względu na narodowość, mieli rozkwaszone nosy, podsiniałe oczy i podartą odzież. Niektórym nawet pospadały z nóg buty i teraz stali niemal boso, z rozwiniętymi na podłodze onucami.

Smirnow przytrzymywał się łóżka. Z nosa ciekła mu krew, miał mocno podbite oko. Pogromszczyca rozejrzała się wokoło i, sycząc niczym żmija, podeszła do chłopaka. Przyjrzała się jego twarzy, po czym spojrzała na Mietka.

– Za co? – wycedziła.

– On dobrze wie za co! – żachnął się Mietek. – On i jego banda bili nas od pierwszego dnia i od początku zabierali nam chleb! Wielu z nas nie jadło go wiele dni!

– Trzeba było przyjść z tym do mnie, a nie urządzać samosądy! – wydarła się na całe gardło. – Za napaść na starszego grupy zostaniesz ukarany! – zawyrokowała, nie wdając się w rozważania, po czyjej stronie leży wina. We wszystkich konfliktach przegraną stronę i tak zawsze stanowili Polacy.

W ten sposób Mietek trafił na trzy doby do tiurmy. Protesty, że to on mówi prawdę, co mogą potwierdzić (i potwierdzali) inni, nic nie dały.

– Kłamiecie! – Pogromszczyca uciszyła wszystkich jednym krótkim stwierdzeniem i klamka zapadła.

Kiedy wyszła, prowadząc Mietka przed sobą, w pokoju zrobiło się jakoś markotnie, jakby nikt nie akceptował tego, co się stało. Tylko jeden Bakałow zaśmiał się w głos.

– Posiedzi trzy dni i trzy noce w tej piwnicy, w głodzie, ze szczurami, to mu się wszystkiego odechce! Tam nawet nie ma gdzie usiąść, a co dopiero położyć się! Biedny chłopak. – W tych ostatnich słowach zabrzmiało nagle jakby współczucie. – Jeść też dostanie tylko raz dziennie, chleb i kawę. Ale jak będzie mądry i znajdzie dojście do piwnicy z ziemniakami, to z głodu nie skona.

Pewnie powiedziałby coś jeszcze, lecz nagle „ożył" Smirnow.

– Zamknij mordę, bo inaczej sam ci ją zamknę! – zasyczał.

– Uważaj, Smirnow! – odciął się Bakałow. – Ja nie Lach! Nie pozwolę, żebyś mną komenderował! Gdyby nie ja, być może zatłukliby cię na śmierć!

Smirnow nie odpowiedział. Wziął tylko ręcznik (podobny raczej do ścierki) i opuścił pokój.

– To ulubieniec Pogromszczycy – stwierdził poirytowany Bakałow. – Teraz weźmie klucz od piwnicy i pójdzie porachować się z Lachem!

Miejsce, w którym znajdowała się tiurma, znane było w zasadzie wszystkim, jeśli nie z autopsji, to z opowiadania. Uradziliśmy więc, że trzeba pomóc Mietkowi, dzieląc się z nim swoim chlebem, a przedtem ostrzegając przed Smirnowem. Zaraz po kolacji znalazł się odważny, który w sposób nie rzucający się nikomu w oczy wykonał, co postanowiono. Przewidywania

Bakałowa co do tego, że Smirnow pójdzie do piwnicy, sprawdziły się co do joty. Nie sprawdziły się tylko słowa o tym, że się z Lachem porachuje. Mietek był przygotowany na jego przybycie.

Rosjanin pokazał się w pokoju tuż przed wieczornym apelem. Twarz miał niesamowicie brudną, na jego odzieży widać było ślady zabrudzeń ziemią i pyłem. Z czoła musiała ciec mu krew, bo jedna ze strużek dopłynęła nawet do oczodołu i zastygła.

– Kto cię tak urządził? – dopytywał się Kaletkin.

– Pewnie ciężko pracował. – kpił Bakałow, mrugając do kolegi.

Żaden z Polaków się nie odezwał. Siedzieliśmy cicho, ciesząc się w duchu, że nasz rodak nie dał się zaskoczyć, co więcej, sam raczej zaskoczył Rosjanina.

Na wieczornym apelu sprawa bójki została mocno napiętnowana. Całą winą Pogromszczyca obarczyła oczywiście „tych przybłędów, darmozjadów, sobaczych synów – Polaczków!" Usiłowała nawet znaleźć następnych winnych, by po kolei wsadzać ich do piwnicy, lecz nikt jakoś nie kwapił się z ich ujawnianiem. Dzięki bójce, jaka miała miejsce tego dnia, Polacy jakby zyskali u Rosjan uznanie i szacunek. Naturalnie nie u wszystkich, a już na pewno nie u Smirnowa, który poprzysiągł nam wszystkim zemstę.

Mietek odsiedział swoją karę, wspomagany przez kolegów, którzy dzielili się z nim chlebem, dzięki czemu skazany miał go czasem więcej niż oni sami. Poza tym udało mu się dobrać do ziemniaków, o których wspominał Bakałow, toteż nimi w dużej mierze zaspokajał głód i pragnienie.

– Najgorsze było to, że siedząc w nocy na gołej ziemi czułem, jak łażą po mnie szczury. Z początku to ich bałem się najbardziej, bardziej niż głodu. Później gorszy od szczurów okazał się ziąb – opowiadał po wyjściu z piwnicy, jednak wielkiego zainteresowania jego przeżyciami nie było, w tiurmie siedziało już bowiem dwie trzecie wychowanków domu poprawczego w Pinedze.

## Rozdział 16. WSZYSTKO DLA FRONTU

Nadszedł maj 1944 roku, a z nim więcej dnia, więcej słońca, więcej pracy i więcej jedzenia.

Tak samo jak przy łagrze, przy każdym domu dziecka czy też domu wychowawczym lub poprawczym (nieważne jak je nazwać) znajdowały się gospodarstwa rolne. Było to normą. Gospodarstwa te miały za zadanie zapewnić wyżywienie przy jednoczesnym wykorzystaniu bezpłatnej siły roboczej. Zadanie to nie zawsze jednak wypełniano zgodnie z założeniami – to znaczy w kwestii darmowej siły roboczej i owszem, natomiast co do zapewnienia wyżywienia już niekoniecznie. Odkąd Rosjanie wykopali topór wojenny przeciwko Niemcom, skromne zbiory, wydarte ziemi przez zesłańców, zamiast do łagrowych kuchni szły niemal w całości na front.

W polu musieli pracować wszyscy wychowankowie domu poprawczego w Pinedze – z tym, że jedni ciężej, a drudzy lżej lub prawie wcale. Korzystając z naszej obecności, postanowiono tutejsze pięć hektarów obsiać i obsadzić głównie naszymi rękoma. Ciężka to była praca, ponad siły i, co gorsza, niemal w całości wykonywana ręcznie, z użyciem zwykłych narzędzi ogrodniczych, takich jak szpadle, grabie, łopaty, widły czy motyczki. Przy pomocy konia zaorano jedynie i rozbronowano ten areał, później zaś podzielono go na poszczególne kultury rolne, po czym nastąpiło sianie oraz sadzenie. Największą część pola przeznaczono na ziemniaki, kolejne, już mniejsze, na brukiew, rzepę, kapustę i cebulę.

Sadzenie ziemniaków odbywało się taką samą metodą, jaką stosowano w łagrze – kawałki z oczkami w ziemię i pod but, a środek na bieżące jedzenie. Prace polowe wykonywane były pod nadzorem wybrańców Pogromszczycy, którzy szczególnie surowo pilnowali przygotowywania sadzeniaków, obawiając się, by nic z tego, co się wykroiło, nie zostało przekazane do kuchni. I tak jednak, pomimo nadzoru, znaczna część okrojonych ziemniaków trafiała za bluzę lub do kieszeni spodni, które specjalnie przerabiano, żeby sięgały aż do kostek.

Podobnie jak w „Niuchto Oziero", tak i tutaj, w Pinedze, życie było ciężkie, a pogoda i klimat wymagały pośpiechu przy pracach polowych. Jak zwykle wiecznie odczuwając głód, zaspokajaliśmy go jedząc znane już sobie rośliny lub ich bulwy, mchy, a później jagody, grzyby i kwaśne odwłoki mrówek (chociaż byli i tacy, którzy nie bawili się w odgryzanie odwłoków). Latem, gdy nie chodziło się do szkoły (a co za tym idzie, nie było też dokarmiania), przy każdej nadarzającej się okazji uciekaliśmy do lasu w poszukiwaniu pożywienia, głównie jajek i żywicy. Chodziliśmy też nad rzekę, usiłując – nieraz z dobrymi wynikami – łowić ryby, które najczęściej zjadaliśmy później na surowo, rzadko kiedy piekąc je nad ogniskiem. Niektórzy odkryli także smak lepiku czy czegoś podobnego, czym zalewano szpary w stojących nieopodal barkach; inni nie darowali nawet żabom, twierdząc, że są równie smaczne jak surowe ryby. Rosjanie natomiast, najczęściej parami, urządzali wieczorne wyprawy do miejskich zagród, żebrząc i kradnąc co się dało.

Nasze życie w Pinedze w zasadzie nie różniło się niczym od tego, jakie wiedliśmy w łagrze, może jedynie mieliśmy tutaj nieco więcej swobody i po robotach w polu, wolnego czasu. Można zaryzykować stwierdzenie, że przebywaliśmy w tej samej strefie klimatycznej, ponieważ zaczynające się raptownie lato było równie wilgotne i parne (czasami nawet upalne), jak w „Niuchto Oziero", zaganiając wszystkich do rzeki, która była niczym eliksir czystości dla ciała i w której szukało się ochłody.

Późną wiosną Pogromszczyca organizowała wymarsze do lasu – po drewno stanowiące jedyny opał i po młode pędy drzew iglastych, służące później do przygotowywania herbaty. Od końca maja do połowy czerwca masowo zbierało się pokrzywę i lebiodę, obie te rośliny stanowiły bowiem podstawowy składnik zup wiosennoletnich. Lato – pora roku, pozwalająca nabrać sił i ciepła, którego musiało wystarczyć na całą jesień i długą zimę – było jednak niezmiernie krótkie, zbyt krótkie jak na potrzeby naszych osłabionych, a wręcz wycieńczonych organizmów.

Wiosenne i jesienne prace polowe dziesiątkowały szeregi wychowanków domu poprawczego w Pinedze. Niektórzy doprowadzali swoje ręce do stanu, który nie pozwalał już na utrzymanie jakiegokolwiek narzędzia. Innych męczyły choroby, głównie przeziębienia, ale także tyfus, czerwonka i dolegliwości skórne, takie jak owrzodzenia i liszaje, które można już było zakwalifikować do schorzeń występujących masowo. Dokuczliwe stawały się zwłaszcza liszaje, atakujące wszystkie wystające części twarzy, a u niektórych także penisa, uniemożliwiając normalne oddawanie moczu. Jesienią z kolei izbę chorych i przyległe do niej korytarze zapełniali chorzy na świnkę. Co jakiś czas kłuto wszystkich to w piersi, to pod łopatką, ale po tych zastrzykach większość chorych stawała się jeszcze bardziej chora, a ci, co dotąd byli zdrowi, zaczynali chorować, albo przynajmniej udawać chorobę, by nie musieć nadmiernie pracować.

* * *

Pinega – ni to wieś, ni to miasteczko – jak na warunki tej strefy klimatycznej położona była bardzo malowniczo, nad wartką rzeką, która nosiła taką samą nazwę, szeroką na wiosnę i nieco węższą latem. Dwa razy dziennie przepływał po niej parostatek, a czasem kuter ciągnący barki. Parostatek nosił nazwę „Kalinin" i miał w Pinedze swoją przystań pasażersko-towarową, znacznie oddaloną od centrum osady. Zazwyczaj mało kto tu wysiadał, wszyscy raczej wsiadali, udając się do większych miejscowości, najczęściej na targ, po towar, którego w Pinedze nie było, a który mogli nabyć po uprzednim sprzedaniu czegoś innego (głównie skór dzikich zwierząt). Niektórzy płynęli do samego końca – Archangielska – do urzędów albo też na zakupy.

Wielu mieszkańców Pinegi, osiadłych bliżej lasu lub w dole rzeki, musiało wychodzić wcześnie rano, by zdążyć na przyjazd parostatku. Do

Archangielska płynęło się około dwudziestu godzin, a przy niskim poziomie wody w rzece nawet dłużej. Z parostatku oglądało się czerwony zachód słońca i takiż wschód rano. Górny pokład zazwyczaj zajęty był przez podróżnych z tobołkami, którzy siedzieli na nim, spali, jedli, grali w karty albo w kości i ciągle pili samogon. Często zdarzały się tu kradzieże i bójki, początkowo na pięści, a później nieraz i na noże.

Po pijatykach, w których uczestniczyły również kobiety, nierzadko dochodziło do gorszących scen, polegających na prostackim, zwierzęcym niemal kopulowaniu, kompletnie pozbawionym troski o zachowanie odrobiny intymności i wstydu. Krótka noc odsłaniała o świcie pobojowisko amoralności i wyzierającego zewsząd brudu oraz zapijaczone, zarośnięte gęby syberyjskich chłopów i myśliwych, nawet latem ubranych w kufajki. Czasem dochodziło do tego, że załoga parostatku, dla zaprowadzenia na pokładzie porządku i spokoju, jako argumentu używała broni palnej, strzelając ostrzegawczo w górę, a jeśli to nie skutkowało, to i pod nogi.

* * *

Był sierpień. Wtedy to właśnie Pogromszczycy dostała się pomoc pedagogiczna w osobie małej, szczupłej i młodziutkiej szatynki, która (jak się później okazało) rzeczywiście była pedagogiem z prawdziwego zdarzenia – po studiach w instytucie pedagogicznym, z ukierunkowaniem na młodzież trudną, zdemoralizowaną i zdeprawowaną przez wojnę.

Niektórzy wychowankowie, szczególnie ci najstarsi, usiłowali z początku traktować ją jak swoją koleżankę. Nie wnosiła co do tego zastrzeżeń, a nawet sprawiała wrażenie, że to akceptuje. Na takie stosunki pomiędzy wychowawcą a wychowankami nie godziła się jednak Pogromszczyca, nakazując zwracanie się do pani pedagog z pełnym poszanowaniem. Nowa wychowawczyni od samego początku miała poważne problemy z Rosjanami, zwróciła się więc w stronę Polaków, z którymi jakoś szybciej potrafiła się porozumieć. My też przecież byliśmy ofiarami wojny i totalitarnego systemu stalinowskiego, który jednak jeszcze nie zdążył nas zdemoralizować i zdeprawować tak, jak naszych rosyjskich rówieśników.

Ostatnim kursem „Kalinina" zabrano prawie wszystko, co udało nam się wyhodować i zebrać z pól przy domu wychowawczym w Pinedze. Pogromszczyca zdołała jedynie uprosić, by zostawiono przynajmniej trochę ziemniaków na sadzeniaki w przyszłym roku. Uzyskawszy zgodę, wzięła ich tyle, że choć trochę spokojnie można było przekazać do jedzenia. Smirnow proponował jej ukrycie części plonów, lecz nie chciała o tym słyszeć, tłumacząc, że własnego kraju, wykrwawiającego się w wojnie, w której ginie tylu wartościowych obywateli, towarzyszy Kraju Rad, nie godzi się oszukiwać i okłamywać.

Kilka dni po tym, jak statek odpłynął, odnieśliśmy wrażenie, że rzeka uspokaja się i zamarza. Wtedy to po raz pierwszy do Pinegi dotarły odgłosy wojny.

Któregoś późnego już wieczoru w domu wychowawczym ogłoszono alarm przeciwlotniczy. Kazano nam szybko zasłonić okna kocami, ściągniętymi na ten czas z łóżek. Okazało się, że Archangielsk został zaatakowany z powietrza nalotem dywanowym. Ciekawi zerkaliśmy przez okno. Z oddali dolatywały przytłumione odgłosy spadających i wybuchających bomb. Miasto broniło się. Niebo przeczesywały reflektory, mimo dużej odległości dosyć wyraźnie widoczne. Można było zobaczyć, jak gonią za samolotami, wychwytują je i prowadzą tak, by działka przeciwlotnicze mogły je trafić. Ta kanonada wybuchów i rewia świateł trwała jednak bardzo krótko. Żaden samolot nie zapuścił się dalej, nawet po to, by zrzucić coś na Pinegę. Dla chłopców z domu wychowawczego było już po wojnie. Podobny alarm nigdy więcej się nie powtórzył.

* * *

Powtórzyła się za to zima, a wcześniej wymarsz do szkoły. Po półrocznej nauce otrzymaliśmy promocje do następnej klasy. Niektórzy nawet jedną przeskoczyli i zostali skierowani od razu do trzeciej, co mogło świadczyć o tym, że są bardziej pojętni (choć to akurat po części wynikało ze strachu, a dopiero potem z uzdolnień i pilności).

Zima – okrutna, bezwzględna, wszechobecna – znowu porządnie dała się wszystkim we znaki. Już na samym początku śniegu napadało tyle, że sięgał aż do okien parteru. Postanowiliśmy to wykorzystać, skacząc w niego z wieży. Wysokość, jak dla nas, była imponująca. Gdy patrzyło się na stojących na dole, wydawało się, że są bardzo mali (tak zresztą było, przecież wszyscy byliśmy jeszcze dziećmi).

Kiedy pierwszy odważny skoczył i zniknął w śniegu, początkowo czekaliśmy, aż się z niego wygramoli. Jednak czas mijał, a on wciąż się nie pokazywał, zaczęliśmy go więc wydobywać, sądząc, że stało mu się coś złego. Ale jemu nie stało się nic. Leżał po prostu w śniegu, bo tak mu było dobrze. Kiedy wstał i zaśmiał się nam w twarz, zaczęliśmy skakać wszyscy. Radości było co niemiara! Na jakiś czas zapomnieliśmy nawet o głodzie i braku nadziei na to, że go prędko zaspokoimy. Bawiliśmy się tak aż do pierwszego wypadku. Kiedy śnieg był już ubity, któryś z chłopaków boleśnie skręcił nogę i skończyło się skakanie.

Z wieży przenieśliśmy się na stok, gdzie urządziliśmy sobie ślizgawkę, zjeżdżając na butach lub na tyłku aż do samej rzeki. Niektórzy używali do jazdy nart, ale niedługo. Kiedy dostarczono je do domu wychowawczego, miały wiązania wykonane ze świńskiej skóry, ktoś jednak odkrył, że ta skóra nadaje się do jedzenia, toteż wiązania szybko zostały zjedzone.

W listopadzie zazwyczaj zaczynało się ograniczanie racji żywnościowych do dwóch kromek chleba dziennie, czarnej kawy i zupy w porze obiadowej. Zimą, a często nawet już jesienią, nasi rosyjscy rówieśnicy urządzali wyprawy (w składzie kilku chłopców) do przetwórni ziemniaków. Produkowano tam w zasadzie wyłącznie susz ziemniaczany, naturalnie z myślą o froncie. Do zakładu można się było dostać bez większego trudu, gdyż poza dozorcą, który zazwyczaj spał, nikt nie pilnował tego terenu. Najczęściej wyruszano tam zaraz po apelu wieczornym i po godzinie wracano, z ładunkiem suszonych ziemniaków, ładowanych za pazuchy, do przepastnych kieszeni, do czapek, a niekiedy do prowizorycznych worków, robionych z bluz, którym zawiązywano rękawy.

Te bezkarne kradzieże skończyły się dopiero wówczas, gdy odkryto duże ubytki suszu. Kiedy urządzono zasadzkę na tajemniczego złodzieja, pewni swego chłopcy z domu poprawczego w Pinedze wpadli w nią jak śliwka w kompot. Któregoś dnia, gdy upychali zdobycz gdzie mogli, hala nagle została oświetlona, a oni otoczeni przez uzbrojonych mężczyzn. O ucieczce nie było mowy, ponieważ pomieszczenie magazynowe miało tylko jedno wąskie wyjście, zastawione teraz przez dwóch rosłych i groźnych drabów z gwintówkami.

Pod strażą zaprowadzono winowajców na komisariat, gdzie przetrzymano ich przez całą noc, nie pozwalając spać. Każdego z osobna wzywano i przesłuchiwano. Z przesłuchań tych nie wyniknęło nic prócz tego, że chłopcy kradli z głodu, ponieważ w domu wychowawczym nie dają im jeść tyle, ile zjeść by mogli. Wypuszczono ich następnego dnia, gdy zgłosiła się po nich wychowawczyni. Jej zresztą też się dostało – za to, że źle pilnuje swoich podopiecznych. Chłopcom z kolei, już na miejscu, oberwało się dodatkowo od Pogromszczycy. Nie obeszło się bez tiurmy i pozbawienia (przez kilka dni) dwóch z trzech posiłków. Kary były tym razem surowe, biorąc pod uwagę fakt, iż byli to sami Rosjanie.

Jeszcze bardziej drastyczny przypadek zdarzył się innemu wychowankowi naszego domu poprawczego, Dmitrukowi, który w poszukiwaniu pożywienia zakradł się do jedynej w Pinedze piekarni. Szukając po ciemku pieczywa, potrącił coś i narobił hałasu. Przerażony stał chwilę bez ruchu, a kiedy nic się nie wydarzyło, ponownie rozpoczął poszukiwania. Wtedy drzwi nagle otworzyły się, a raczej uchyliły. Dmitruk wykorzystał moment zawahania się wchodzącego i wskoczył do skrzyni na mąkę, ale w ostatniej chwili został dostrzeżony przez żonę piekarza. Kobieta podeszła do skrzyni, podniosła wieko, po czym złapała chłopaka za włosy. Dmitruk, chcąc się uwolnić, zaczął ciąć ją scyzorykiem po ręce. Puściła go, a potem, krzycząc: „Złodziej! Złodziej! Bandyta!", patrzyła, jak zmyka i ginie w mroku nocy. Problemów z rozszyfrowaniem jego tożsamości nie miała jednak żadnych.

Z samego rana skierowała swe kroki do domu wychowawczego. Ogłoszono zbiórkę, lecz Dmitruk się nie stawił, więc kobieta nie wskazała nikogo, chociaż kilku chłopcom długo się przyglądała. Ale Pogromszczyca dopatrzyła się absencji Dmitruka. Zarządziła przeszukanie pokoi. Kiedy żona piekarza zobaczyła chłopaka, nie wahała się ani przez moment. Natychmiast wskazała go jako tego, który dotkliwie pociął jej prawą rękę, demonstrując przy tym wszem i wobec rzeczone skaleczenia. Pogromszczyca, nie zastanawiając się długo, zaczęła bić Dmitruka po twarzy i głowie kijem oraz pięścią lewej ręki, aż piekarzowej zrobiło się go żal i zaczęła prosić, by kierowniczka przestała się nad chłopcem znęcać, dodając, że wycofuje skargę. Mimo to Dmitruk otrzymał karę trzech dni odosobnienia w ciemnicy z jednoczesnym zupełnym pozbawieniem posiłków.

Na jakiś czas urwała się możliwość zdobywania pożywienia, zaostrzono bowiem (jak to już nie raz bywało) zasady opuszczania budynku po apelu. Urwało się też dodatkowe dokarmianie Polaków w szkole. Głód tej zimy był szczególnie boleśnie odczuwany. Chłopcy z domu wychowawczego, nie bacząc na represje, uciekali z lekcji i szli żebrać po okolicznych domach, czasem też udało się im coś ukraść. Ale nawet wyżebrać cokolwiek było trudno, gdyż ludność miejscowa również odczuwała braki, no może z wyjątkiem samogonu, który lał się bez przerwy i niemal w każdym domu.

Na domiar złego piekarnia coraz częściej nie otrzymywała przydziałów mąki i ludzie, którzy już w nocy ustawiali się w kolejkach po chleb, stali i marzli na darmo. A jeśli nawet mąka była, to zwykle nie starczało jej na to, by każdy mógł kupić tyle chleba, ile by chciał. Zdarzało się, że mieszkańcy Pinegi, nie wierząc, że piekarnia nie ma mąki, a więc i chleba, wdzierali się do środka przemocą i przetrząsali wszystkie kąty, po czym, nie znalazłszy niczego, opuszczali sklep srodze zawiedzeni i rozsierdzeni na cały świat. Ci, którzy mieszkali najbliżej, całymi dniami obserwowali piekarnię w nadziei, że będą świadkami dostawy mąki.

Bywało, że chleba w piekarni brakowało przez kilka dni pod rząd, a wtenczas nie dostawali go także wychowankowie domu poprawczego. W zamian otrzymywało się wtedy ziemniaki w łupinach, naturalnie gotowane, w ilości dokładnie odliczonej i wymierzonej. Mało było takich, którzy ściągali z nich skórkę i odkładali na bok, przeważnie jadło się, jak leci, popijając kawą.

Nasze wycieńczone i wygłodzone organizmy stawały się coraz bardziej podatne na choroby. Izba chorych, wraz z korytarzami, znowu była wypełniona po brzegi, a zdrowi snuli się po domu jak cienie. Zupełnie gdzieś zginął śmiech, który i tak rozlegał się z rzadka. Zaniechano żartów, a nawet bójek, bez których przedtem się nie obywało. Niektórzy sprawiali wrażenie poruszających się szkieletów. Inni zamiast ciała mieli same wrzody, wielkie jak śliwa, nie pozwalające ani usiąść, ani leżeć normalnie, umiejscawiały się bowiem głównie na barkach, udach i pośladkach. Wyciskano je sobie nawzajem.

Jednemu z wychowanków wyrósł na tyłku taki okaz, że chłopiec cierpiał wprost niesamowicie, lecz nie pozwalał go nikomu wycisnąć, panicznie bojąc się tego zabiegu. Chcąc mu ulżyć, użyto podstępu. Uzgodniono mianowicie, że wsadzi się mu głęboko pod łóżko but i kiedy będzie tam po niego właził, kopnie się go w zadek tak mocno, żeby wrzód pękł. Zamysł zrealizowano już następnego dnia. Precyzyjnie kopnięty chłopiec zaryczał jak zarzynana świnia, po czym wyrżnął głową w krawędź łóżka i zemdlał.

Świadków zdarzenia ogarnął przestrach. Podnieśli kolegę, a potem ostrożnie położyli na łóżku. W miejscu, gdzie znajdował się wrzód, spodnie chłopca były mokre. Szybko spryskano go wodą, poklepano po twarzy i po chwili świadomość mu wróciła. Przypomniawszy sobie, co się stało, dotknął miejsca, które bolało go okrutnie od dłuższego czasu, po czym na jego twarzy pojawił się cień zadowolenia. Po pęknięciu wrzodu musiał doznać wyraźnej ulgi.

Był wśród wychowanków naszego domu taki, co lubował się w grzebaniu we wrzodach i tego typu rzeczach. Nazywaliśmy go z tego powodu „Łapiduchem".

– Daj, wycisnę ci ten wrzód do końca, usunę rdzeń i wyczyszczę ranę – zaproponował koledze.

Chłopiec spuścił spodnie i położył się na brzuchu, a wtedy wszyscy ujrzeli na jego tyłku dziurę, w którą można było wsadzić pięść. Wrzód opanował niemal cały (choć mały i chudy) półdupek chorego. Zabieg wykonywany był w warunkach zaprzeczających wszelkim zasadom higieny, przy użyciu zimnej wody i brudnego ręcznika, podobnego raczej do szmaty.

Drugą, poza owrzodzeniami, plagą prześladującą wychowanków domu poprawczego w Pinedze były wszy. Odnosiło się wrażenie, że są wszędzie. I faktycznie były. Wszyscy chodziliśmy, drapiąc się bez przerwy i wyłapując te zbyt mocno gryzące, a potem je rozgniatając. Oprócz mydła, które przypominało raczej kostkę wysuszonej gliny, nie mieliśmy żadnych środków do mycia.

W takich oto warunkach mijała zima z 1944 na 1945 rok. Dała się nam we znaki jak żadna z dotychczasowych, gdyż była śnieżna, mroźna i najbardziej głodna ze wszystkich. Każdy marzył tylko o wiośnie i lecie, wierząc, że jeśli do nich dożyje, to dożyje także do następnej zimy.

## Rozdział 17. WYJAZD Z PINEGI

Było koło jedenastej, dzień majowy, słoneczny i ciepły. Wszyscy ciężko pracowaliśmy w polu, kiedy do domu poprawczego przybyła nauczycielka ze szkoły. Po chwili na pole przybiegł jeden z wychowanków, krzycząc:

– Wszyscy Polacy mają natychmiast wracać, zabierając ze sobą narzędzia!

O końcu wojny dowiedzieliśmy się od Pogromszczycy na apelu jakieś sześć dni wcześniej. Wiadomość ta u nikogo nie wywołała ani euforii, ani radości, ani nawet widocznego zadowolenia. Żaden z nas – obojętne, Rosjanin czy Polak – nie liczył już na jakąkolwiek zmianę lub chociażby poprawę swego losu. Skazani na dom wychowawczy młodzi Rosjanie musieli siedzieć na tym odludziu aż do czasu uzyskania pełnoletności lub wieku, który umożliwiał przeniesienie ich do więzienia, względnie wypuszczenie na wolność, jeżeli delikwent miał dokąd się udać. Nam, młodym Polakom, stale co prawda powtarzano, że w końcu wrócimy do domu i do kraju, lecz im częściej to słyszeliśmy, tym bardziej wątpiliśmy, sądząc, że tylko się nas pociesza.

Kiedy wojna się skończyła, polska nauczycielka, pani Iza, oświadczyła, że nadszedł czas naszego powrotu do ojczyzny. Z jej wypowiedzi wynikało, że cieszy się z faktu, iż nie będą już ginęli niewinni ludzie, lecz tej radości jakoś nie było po niej widać. Tego, co nie pozwalało jej cieszyć się do końca, nie zdradziła nam jednak.

Gdy wezwani z pola skupiliśmy się wokół niej, poleciła nam spakować rzeczy.

– Jeszcze dzisiaj odpłyniecie parostatkiem do Archangielska – oznajmiła, a następnie razem z Pogromszczycą udała się do kuchni.

Nieco później spotkaliśmy się wszyscy przed gankiem. Większość nie miała czego pakować. Nawet jeśli ktoś miał coś ze sobą w dniu, w którym tu przybył, do tej pory zdążył już wszystko przehandlować, albo mu to ukradli. Każdy więc włożył na siebie całą odzież, jaka mu została, a drobne przedmioty schował do kieszeni. Bagaż pani Izy stanowiła nieco wytarta i obdrapana walizka oraz węzełek z pościelą, do którego włożyła także kilka bochenków chleba przyniesionego z kuchni i kawałek słoniny. Węzełek ten przekazała pod opiekę dwóm starszym chłopcom, informując, że powierza im prowiant na podróż dla całej grupy.

– Podróż będzie trwała długo, prawie całą dobę – ostrzegła. – To, co mamy, musi wystarczyć dla wszystkich. Prawdziwy posiłek otrzymamy dopiero na miejscu, w Archangielsku. Cieszcie się, że na statku dostaniecie po plasterku słoniny, którą podarowała nam na pożegnanie pani kierowniczka! – zakończyła, uśmiechając się do Pogromszczycy.

Słonina była czymś, czego nie widzieliśmy przez całe pięć lat, toteż ucieszyliśmy się już na zapas, na samą myśl, że nasze podniebienia doznają takiej rozkoszy.

Spod domu wyruszyliśmy kupą, kierując się w stronę przystani. Żegnały nas okrzyki: „Lachy! Lachy!", czasem ktoś zawołał życzliwiej: „Żegnajcie!" Pogromszczyca stała tam, gdzie ją zostawiliśmy, wygrażając łopatą (tak to przynajmniej wyglądało). Cóż, pożegnalne gesty w takim wydaniu przyjaznym się raczej nie wydawały. Nie pozostaliśmy dłużni, wymachując w stronę Rosjan zaciśniętymi pięściami.

Gdy dotarliśmy do przystani, parostatek już tam stał, jakby czekał tylko na nas. Ludzi było sporo, lecz miejsce na pokładzie jeszcze się znalazło. Na polecenie nauczycielki ulokowaliśmy się całą grupą w pobliżu mostka kapitańskiego, z widokiem zarówno na dziób statku, jak i oba brzegi rzeki. Mimo zakazu rozchodzenia się, niektórzy zaczęli krążyć po pokładzie, mając zapewne nadzieję na zdobycie czegoś do jedzenia. Suchy prowiant mieliśmy otrzymać dopiero rano.

Część pasażerów zainteresowała się naszym pochodzeniem. Widać było, że smuci ich wygląd dzieci przypominających żywe trupy. Dwunastoletni chłopiec ważący nie więcej niż dwadzieścia kilogramów?! Nie mogli uwierzyć.

Dowiedziawszy się wszystkiego od naszej opiekunki, dzielili się z nami tym, co mieli, a zazwyczaj mieli tylko chleb i słoninę. Pani Iza przyjmowała te dary z zażenowaniem, serdecznie dziękując i ciesząc się, że będzie mogła dać nam cokolwiek na kolację. Serdeczność pasażerów poruszyła najwyraźniej także kapitana, bo podszedł i podał jej cztery całe bochenki chleba, i to znacznie bielszego, aniżeli ten, jaki jedliśmy od niepamiętnych czasów. Tak jasny chleb ostatni raz mieliśmy w ustach chyba w wagonie, którym wieziono nas do łagru.

Kapitan zaproponował także herbatę, dodając, że zarówno nasza opiekunka, jak i my wszyscy, możemy się jej napić na dole, w jadalni załogi. Pani Iza z wdziękiem wyrażała słowa podziękowania, prosząc jednocześnie, byśmy, jeśli to możliwe, mogli się napić herbaty tutaj, bez konieczności schodzenia pod pokład, ponieważ musi mieć nas stale na oku, przy sobie. Kapitan przystał na jej prośbę i obiecał, że zaraz (a zapadał już wieczór) dostaniemy herbatę i rano również będziemy mogli się jej napić.

– Gorący czaj[11] to życie! – zapewniał panią Izę, patrząc natarczywie w jej duże, brązowe oczy.

Faktycznie, jakieś pół godziny później jeden z matrosów przyniósł wiaderko parującej herbaty i kilka aluminiowych kubków, z których piliśmy po kolei. Aby przebiegało to sprawniej, nauczycielka napełniała je do połowy. Herbata stygła dosyć szybko, zaczynało już bowiem robić się chłodno. Słońce kładło się na ziemi i od dziobu lekko zawiewało.

Nieco rozgrzani herbatą zaczęliśmy szykować się do spania, układając się wprost na pokładzie. Kto przedtem czuł potrzebę załatwienia się, sikał do rzeki, a przeważnie na pokład tuż przy burcie. Jeżeli zaś kogoś przycisnęło i musiał się wypróżnić, wystawiał tyłek za burtę i robił, co trzeba. Dorośli podróżni postępowali identycznie. Kto się wstydził, czekał, aż się ściemni. W nocy ze wszystkich zakamarków dobiegało chrapanie, zgrzytanie zębami, rozmowy i krzyki przez sen. Parostatek, oznakowany lampami, sunął po ciemnej toni rzecznej bardzo powoli. Olbrzymie koło, które w dzień obracało się szybko, powodując powstawanie wodnej kipieli i głośnego szumu, teraz było prawie niesłyszalne.

Krótka noc minęła tak szybko, jakby jej wcale nie było. Najpóźniej o piątej rano wszyscy już byli na nogach lub siedząc przygotowywali posiłek, sprawiając wrażenie zmarzniętych. Nas też obudził chłód. Nauczycielka, której nie dano dłużej pospać, wstała, a następnie poleciła nam poruszać się trochę i pogimnastykować dla rozgrzewki. Na statku panowało normalne, dzienne życie. Jeden z członków załogi, wyrzucając za burtę wiadro, nabierał wody.

Jakąś godzinę później parostatek przybił do przystani. Na pokład wsiadło kilka osób z tobołkami. W czasie postoju pani Iza przy pomocy Mietka Kwietnia podzieliła chleb, kładąc na każdą porcję plasterek słoniny. Zgodnie z zapowiedzią kapitana ponownie dostarczono nam wiadro herbaty i kubki. Piliśmy łapczywie, trzymając kubek oburącz i ogrzewając w ten sposób dłonie. Po krótkim postoju statek ruszył w dalszą drogę. Miał przed sobą jeszcze kilka godzin płynięcia.

W miarę przybywania długości dnia, na pokładzie robiło się coraz cieplej. Dzień był słoneczny, wiatr umiarkowany. Mimo próśb nauczycielki, żeby trzymać się razem, rozpełzliśmy się po statku, zapewniając ją, że nic nam nie grozi, bo nawet gdyby ktoś wypadł za burtę, to i tak nic mu się nie stanie (każdy z nas, lepiej lub gorzej, potrafił już pływać). I tak snuliśmy się po pokładzie, zaglądając wszędzie, gdzie to było możliwe, a także tam, gdzie to było niemożliwe (dla innych, nie dla nas).

---

[11] herbata

Niektórzy z ciekawością przyglądali się czwórce mężczyzn grających w karty. Interesujące było szczególnie to, że w samym środku kręgu, jaki utworzyli, wbity był nóż, i to taki, którym można by zabić niedźwiedzia. Każdy z graczy ćmił skręta. Wykonywali je z gazety. Najpierw pieczołowicie odrywali kawałek, potem sypali na niego wyjmowaną wprost z kieszeni tabakę, a następnie bardzo sprytnie skręcali to wszystko. Na koniec, gryząc brzeg papieru i śliniąc go zarazem, sklejali gotowego skręta i przypalali hubką. W międzyczasie od jednego do drugiego gracza krążyła butelka samogonu. Kiedy kończyła się jedna, któryś z nich wyjmował następną. Każda zatkana była korkiem z gazety lub ze szmaty.

Nieco dalej jakiś mężczyzna (jeszcze młody, lecz mocno zarośnięty czarnym włosem, co przydawało mu lat) bawił się wbijaniem noża pomiędzy palce lewej ręki. Spodobało nam się to do tego stopnia, że zaczęliśmy go naśladować (każdy z nas miał jakiś nóż lub przypominające go i zastępujące narzędzie). Nie było to takie proste, jak się okazało. Chociaż robiliśmy to znacznie wolniej niż on, i tak kłuliśmy się w palce aż do krwi, mimo to ćwiczyliśmy zażarcie, chcąc dorównać zarośniętemu podróżnemu.

Niektórzy, wyjątkowo wygłodniali, kiedy tylko spostrzegli, że ktoś się obżera, stawali naprzeciw i, łykając ślinę, przyglądali mu się uporczywie, szeroko otwartymi, błagającymi oczyma. Jedni reagowali na to zniecierpliwieniem i przeganiali, drudzy litowali się i odkrawali kawałek chleba czy słoniny, jeszcze inni proponowali łyk gorzałki. Część chłopaków i tego nie odmawiała. Wypijali, ile im się tylko zmieściło w ustach, po czym otrząsali się i po krótkim czasie tumanieli.

Dochodziło południe, gdy parostatek wpłynął w szerokie rozwidlenie rzeki Dwiny, a następnie przybił do przystani. Spuszczono trap. Pani Iza podziękowała kapitanowi oraz załodze za pomoc i szczęśliwe dowiezienie do portu. Skrzyknąwszy swoje stadko, pierwsza weszła na trap, a my wszyscy po kolei podążyliśmy za nią.

Obraz, jaki ujrzeliśmy, nieco nas oszołomił. Po raz pierwszy mieliśmy okazję zetknąć się z dużym miastem, w którym jeździły tramwaje i samochody. Patrząc w lewo, widzieliśmy szeroki bulwar i olbrzymie statki stojące w porcie. Po drugiej stronie, za szeroką, poprzecinaną szynami tramwajowymi ulicą, po której pędziły samochody (głównie ciężarowe, chociaż osobowe też się zdarzały), wznosiła się ściana budynków różnej wysokości. Staliśmy jak wryci i przyglądaliśmy się temu wszystkiemu z zachwytem, ogłuszeni hałasem, w którym dominował zgrzyt i pisk tramwajowych kół.

Wreszcie, na znak opiekunki, ruszyliśmy, kierując się na przeciwległą stronę ulicy. Niektórzy zagapili się i teraz biegiem doganiali pozostałych. Pani Iza była wyraźnie zdenerwowana. Najpewniej zdawała sobie sprawę z faktu, że przechodzenie przez zatłoczoną ulicę to dla nas coś zupełnie nowego, coś, co jest w stanie oszołomić i doprowadzić do wypadku, może nawet śmiertelnego. Samochody jeździły tu jak szalone, nie przestrzegając żadnych przepisów. Na szczęście wszyscy dotarli tam, gdzie mieli dotrzeć, zatrzymując się na chodniku przed dużym, chyba największym w tej okolicy, budynkiem.

## Rozdział 18. CUDOWNE SPOTKANIA

Po dokładniejszym przyjrzeniu się domom, stojącym szeregowo wzdłuż ulicy, dało się zauważyć, że i tu wojna pozostawiła po sobie ślady. Przy szerokim na kilkadziesiąt metrów bulwarze wznosiły się ruiny wielu budynków. Teren wokół nich był jednak uprzątnięty i utrzymany w czystości, podobnie zresztą jak cały bulwar. Wśród licznych przechodniów wyraźnie odznaczali się marynarze (przeważnie ze wstążeczkami przy okrągłych czapkach), których widziało się tu bardzo wielu, co świadczyło o wielkości i znaczeniu białomorskiego portu Archangielsk.

Większość z nas w swoim krótkim życiu jeszcze nie widziała morza, nic dziwnego, że jego widok budził taki zachwyt, tym bardziej że na redzie portu widoczne były statki (te, które nie zmieściły się na nabrzeżu). Ze zdziwieniem zaobserwowaliśmy, że nie wszyscy marynarze mają na sobie jednakowe mundury.

– To marynarze innych krajów – wyjaśniła zapytana o to opiekunka. – Do portu w Archangielsku przypływają statki z całego świata, w tym także z Polski.

Nie było zbyt wiele czasu na rozglądanie się i zwiedzanie okolicy, chociaż nasza ciekawość sięgała zenitu. Na jakiś czas zapomnieliśmy nawet o tym, że jesteśmy głodni. Tak wielkiego miasta i tylu ludzi żaden z nas nie widział ani przed deportacją, ani tym bardziej w łagrze czy w Pinedze. Naszym oczom po raz pierwszy w życiu ukazały się okręty pełnomorskie, marynarze szwedzcy, angielscy i inni, a także tramwaje obwieszone ludźmi (głównie młodzieżą i dziećmi, dorośli bowiem woleli jeździć wewnątrz). Był maj. Od morza nadciągała chłodna, słona bryza. W powietrzu wyczuwało się swąd spalin, dymu i zapach ryb. Z wyjątkiem tego ostatniego, wszystko było dla nas nowe.

W końcu dobrnęliśmy do budynku, który już wcześniej wydał nam się największy w okolicy. Weszliśmy do środka i zatrzymaliśmy się w dużym, przestronnym holu, czekając na dalsze dyspozycje.

Czekanie przedłużało się, toteż niektórzy powoli i nieśmiało zaczęli się rozchodzić na wszystkie strony, zaglądając, gdzie się da. Dzięki temu zauważyli (co wcale nie było takie trudne), że w budynku przebywa już bardzo wiele dzieci obojga płci. Część z nich co jakiś czas przemierzała hol. Mijając nas, wypytywały, skąd przybyliśmy, rzucały jakimiś nazwiskami, po czym szły dalej. Duża grupa dzieci bawiła się też na podwórzu, na którym (co dało się dostrzec przez okna w holu) poza jednym rachitycznym drzewem nie było niczego, tylko goły plac.

Nasze obserwacje w końcu zostały przerwane. Zaprowadzono nas do pomieszczenia, gdzie czuło się obecność pary i wilgoci. Mężczyzna, który przejął nad nami opiekę, polecił każdemu rozebrać się do naga i przejść do kabiny, będącej czymś w rodzaju „salonu fryzjerskiego". Zaczęło się strzyżenie – na kolano – podczas którego stopką maszynki fryzjer rozgniatał od razu uciekające wszy (często, zamiast gnieść, uderzał też maszynką w głowę, wywołując ból i protesty).

Po strzyżeniu przeprowadzono u każdego przegląd całego ciała. Tych, u których nie znaleziono żadnych chorób zakaźnych, wepchnięto do łaźni, zwanej też banią, względnie sauną. Było w niej niesamowicie gorąco. Łazienny polecił wejść na pierwszą półkę i bić się wierzbową miotełką, potem zaś stopniowo przemieszczać się wyżej.

– Gdyby komuś było za gorąco i zaczęło go mdlić, niech idzie pod prysznic – instruował. – Ochłodzi się i może wracać na półkę.

W rogu, w pewnym oddaleniu od półek, znajdowało się coś w rodzaju paleniska. Kiedy się rozbieraliśmy, łazienny kazał nam powyjmować wszystko z kieszeni i ułożyć w kupkę na ławkach. Po chwili byliśmy świadkami bezceremonialnego wrzucenia naszej odzieży do pieca.

Niektórzy protestowali i wyrażali swoje oburzenie w sposób nieraz zbyt agresywny. Łazienny śmiał się z tego i uspokajał, mówiąc, że otrzymamy czyste, prawie nowe ubrania i bieliznę, bo to, co mieliśmy na sobie już i tak nie nadawało się do noszenia.

Odzież, rzucana bezpośrednio w ogień, szybko zajmowała się płomieniem, a wtedy rozlegały się charakterystyczne trzaski.

– Słyszycie, jak pękają wasze wszy? – wołał palacz, przekrzykując nasze oburzone głosy. – A teraz wracajcie na półki i wygrzewajcie swoje zmarznięte ciała – dodawał spokojniej i na dodatek po polsku.

Jeszcze przez jakiś czas patrzyliśmy, jak pali nasze ubrania. Brał je do ręki z wyraźnym obrzydzeniem i, trzymając jak najdalej od siebie, wkładał do pieca delikatnie, jakby nie chciał niczego uronić, za każdym razem otrzepując potem swoje ręce i odzież. Bał się zapewne, by pasożyty nie wtargnęły do jego ubrania albo włosów.

Sauna miała z pięć pięter. Na każdym następnym było cieplej. Miotełki brzozowe znajdowały się w ciągłym ruchu. Gdy ktoś sam nie mógł dosięgnąć, pomagał mu kolega, i nawzajem. Co jakiś czas łazienny nakazywał iść pod prysznic i opłukać się z potu oraz brudu, który wyłaził z rozszerzonych porów skóry. Po każdym takim płukaniu przechodziło się na wyższe piętro.

Widać było, że łaźnia sprawia wszystkim niebywałą radość. Czuliśmy się cudownie. Rozgrzani, miotełkowaliśmy się zawzięcie, potem opłukiwaliśmy i z powrotem rozgrzewaliśmy swoje ciała. Gdyby nie to, że kazano nam kończyć, siedzielibyśmy tu pewnie jeszcze długo. Był już jednak najwyższy czas, by wyjść z sauny, ponieważ co poniektórych zaczynało mdlić. Wysoka temperatura i intensywne pocenie się spowodowało najwyraźniej, że i tak już słabe organizmy jeszcze bardziej osłabły.

Mimo że wciąż byliśmy żywymi istotami, składaliśmy się wyłącznie ze skóry i przeraźliwie spod niej wystających kości. Każdy, kto na nas spojrzał, wyrażał zdumienie, że coś tak zrujnowanego może się jeszcze w ogóle poruszać, i to dosyć sprawnie. Ten trudny do zaakceptowania obraz normalnemu obserwatorowi sprawiał przykrość i rodził żal do tych, którzy doprowadzili nas do takiego stanu.

U większości kończyny dolne i górne kompletnie pozbawione były tkanki mięśniowej, nie mówiąc już o tłuszczowej. Pod skórą wyraźnie odznaczały się wszystkie żebra, a także kości obojczyka, podobnie zresztą jak cały kręgosłup (bez trudu dało się policzyć każdy jego kręg). Stawy łokciowe i kolanowe stanowiły wyłącznie miejscowe zgrubienie kończyn. Pośladków prawie wcale nie było widać, żartowano nawet, że to tylko przedłużenie pleców. Z ostrzyżonych głów wystawały jedynie uszy i nos, cała reszta zapadła się do wewnątrz. Liczne blizny po wrzodach i innych skaleczeniach dopełniały ten żywy obraz naszych przeżyć.

Po wyjściu z sauny ponownie zostaliśmy obejrzani od stóp do głów, tym razem przez młodą kobietę w fartuchu. Jeśli ktoś nie przyłożył się należycie do kąpieli i przypadkiem pozostała na nim jeszcze jakaś wesz, kobieta ją zabijała. Gdy ktoś miał wrzód, wyciskała go (o ile nadawał się do wyciśnięcia) albo smarowała czarną maścią, przykładała gazę i zaklejała ranę plastrem. Na świerzb dawała maść, polecając nacierać się nią dwa, trzy razy dziennie; to samo dotyczyło odmrożeń, których zaraz po wszach i wrzodach było najwięcej. Wszystko robiła sama i to bardzo sprawnie.

Czyści i zaopatrzeni w leki, oblepieni i obandażowani, przechodziliśmy, wciąż nago, do następnego pomieszczenia – magazynu, gdzie wydawano bieliznę, odzież, obuwie oraz ręczniki i mydło.

Odzież (w jednym, zielonym kolorze i dużych rozmiarach) stanowiły mundury z demobilu, o dziwo, alianckiego, a nie sowieckiego. Kalesony i podkoszulki mogły pomieścić dwóch, a może i trzech takich chłopców jak my. Za duże były także buty z krótką cholewką, tak zwane trzewiki. Próbowaliśmy się wymieniać, by chociaż trochę dopasować te rzeczy do siebie, lecz na niewiele się to zdało. Wszystkie mundury wyglądały tak, jakby szyto je na jeden rozmiar. Tylko wśród butów można było znaleźć mniejsze, chociaż niewiele. Aby temu zaradzić, podwijaliśmy rękawy bluz, a nogawki spodni wsadzaliśmy w cholewki, dopiero potem wiążąc buty.

Musieliśmy przedstawiać przezabawny widok. Ubranie zwisało na nas, skręcając się i utrudniając poruszanie. Jeszcze gorzej wyglądała sprawa z butami. Były solidne, ale tak wielkie, że gdybyśmy nie mieli nóg grubo owiniętych onucami, moglibyśmy się w nich swobodnie obracać. Sprawiały nam wiele trudności, zanim zdołaliśmy się do nich przyzwyczaić. Chodząc, początkowo nie podnosiliśmy nóg, przesuwając je tylko po ziemi czy też podłodze.

Pomysł ubrania nas w mundury, pozbawione jedynie dystynkcji, był najwyraźniej nieco nieprzemyślany. Nikt chyba nie spodziewał się, że zajdzie potrzeba włożenia ich na dziecięce szkielety, zamiast na normalnie zbudowane ciała młodych mężczyzn. Coś, co zostało uszyte na zdrowego żołnierza, nie mogło pasować na wychudzonego kilkunastoletniego chłopca, nawet jeśli miał lat siedemnaście (a i tacy zdarzali się w naszej grupie).

O ile w domu, do którego trafiliśmy, wszyscy chłopcy ubrani byli na jedno kopyto, o tyle dziewczęta wyglądały niesamowicie kolorowo! Ich ubrania, przeważnie dary nie wiadomo skąd i od kogo, w znacznej mierze też były za duże (głównie za długie), mimo to dziewczęta i tak prezentowały się dużo korzystniej niż my.

* * *

Wszystkie czynności i zabiegi, jakim zostaliśmy poddani, w znacznym stopniu skróciły czas dzielący nas od obiadu. Wreszcie rozległ się dzwonek – zwiastun posiłku (i, jak się okazało następnego dnia, pobudki). Jadalnia, do której nas zaprowadzono, była jasna i przestronna. Przez całą jej długość ciągnęły się trzy rzędy stołów, przy których stały krzesła (a nie, jak dotąd, obskurne ławy). Na sali uwijały się kobiety i starsze dziewczęta, roznoszące i rozlewające zupę do wcześniej rozstawionych talerzy.

Boże, jaki pyszny krupnik nam podano! A do tego jeszcze biały chleb! Rzuciliśmy się na to jedzenie niczym zgłodniałe wilki na jagnię. Szybko uporawszy się z talerzem gorącej zupy (czuło się w niej warzywa i jeśli nie smak mięsa, to kości na pewno), zaczęliśmy zerkać w stronę kuchni, licząc na dolewkę. Inne dzieci, przebywające tu już od kilku dni, radziły pójść z talerzami do kuchni. Poszliśmy. Jak się okazało, nie na darmo, dostaliśmy bowiem jeszcze po całej chochli krupniku!

Przy osobnym stole siedziało kilkoro dorosłych. Niektórzy już nam znani – fryzjer, łazienny i pani doktor – a poza nimi jeszcze dwaj mężczyźni i trzy kobiety. Oni także posilali się krupnikiem, zagryzając go chlebem. Przez cały czas zerkali przy tym na dzieci, co chwila uciszając je lub przywołując do porządku, gdyż hałas w jadalni panował niemiłosierny. Wychodzenie odbywało się na komendę, dlatego chociaż większość już zjadła, co miała zjeść, wszyscy nadal siedzieli.

Po skończonym posiłku na środek sali wyszedł starszy z dwójki nieznanych nam mężczyzn i kategorycznym głosem wezwał wszystkich do zachowania absolutnej ciszy. Pozostali dorośli przechadzali się w tym czasie między rzędami stołów, również uciszając podopiecznych, co wcale nie było łatwe, ponieważ w jadalni znajdowało się w tej chwili około sto pięćdziesiąt osób.

Gdy na sali nieco ucichło, szpakowaty, ubrany w zielone bryczesy i oficerskie buty mężczyzna, liczący około pięćdziesięciu lat, oznajmił, że jest kierownikiem tego oto polskiego domu dziecka i nazywa się Konczewski. Następnie przedstawił z imienia i nazwiska wszystkie kobiety oraz drugiego mężczyznę, informując, iż są to nasi wychowawcy, których zadaniem będzie opiekowanie się nami aż do czasu powrotu do kraju.

– Pobędziecie tutaj jeszcze kilka tygodni – poinformował – po to, by do Archangielska mogły dotrzeć inne dzieci, które także marzą o tym, by wrócić do Polski.

Z dziesiątek ust jakby na komendę wyrwał się dziki okrzyk radości. Wychowawcy pozwolili nam się wykrzyczeć, a gdy po kilku minutach znowu zapanowała cisza, kierownik kontynuował swoją wypowiedź.

– Przebyliśmy wszyscy trudną drogę – mówił. – Mam tu na myśli wszystkich Polaków, znajdujących się w Związku Radzieckim. Zdaję sobie jednak sprawę z tego, że to wy, dzieci, przecierpiałyście najwięcej, ponieważ odebrano wam dzieciństwo. Teraz należy się wam zadośćuczynienie pod postacią szczególnej opieki sanitarnej i dobrego, na miarę możliwości, jedzenia. Dzięki darom napływającym z kraju i zagranicy, mamy go pełne magazyny, dlatego głodować już nikt z tu obecnych nie będzie! W tym miejscu jadalnią i całym budynkiem kolejny raz zatrzęsło. Kierownik jeszcze nie skończył, poczekał więc, aż sala się uciszy i mówił dalej, między innymi o tym, że każdy będzie otrzymywał trzy (i to w miarę urozmaicone) posiłki dziennie, poinformował też od razu o godzinach ich wydawania. Potem powiedział jeszcze parę słów o lekarzu oraz o obowiązku kąpieli i zmiany bielizny w każdą sobotę.

– Znane są nam przypadki rozdzielania rodzeństw i umieszczania ich w różnych miejscowościach – podjął po krótkiej przerwie. – Dlatego bardzo się cieszę, że wielu z was odnalazło tu swoje siostry, braci czy krewnych. Teraz już nikt was nie rozdzieli – zapewnił. – Dzisiaj przybyła do nas grupa chłopców z Pinegi. Podam ich nazwiska, być może znajdą się wśród nich tacy, na których ktoś z was czeka. – Powiedziawszy to, mężczyzna odczytał nasze nazwiska, ale nikt jakoś nie odnalazł swoich bliskich. Pojawiła się tylko jedna przypadkowa zbieżność nazwisk.

Na koniec kierownik przestrzegł nas jeszcze przed oddalaniem się od domu, a to z uwagi na panujący w mieście bandytyzm i chuligaństwo, a także inne zagrożenia.

– Nie będziemy w stanie was upilnować, jeżeli nam w tym nie pomożecie. Już jest was dużo, a ma być jeszcze więcej, podczas gdy nas, wychowawców, tylko pięcioro. Jeśli więc ktoś chce wrócić do domu, do Polski, musi także sam się pilnować – oznajmił kierownik, informując ponadto, że nowo przybyli zostaną za chwilę przydzieleni do pokojów, pozostali zaś mają aż do kolacji czas wolny.

* * *

Budynek, w którym umieszczono polskie dzieci, musiał jeszcze niedawno spełniać rolę hotelu lub internatu. Do małych pokoi wstawiono jednak dwa razy więcej łóżek. Było bardzo ciasno, poruszało się z trudem. Wychowawca, który zaopiekował się naszą grupą, pocieszał, że to na krótko, że musimy wytrzymać tylko kilkanaście dni, a my patrzyliśmy na czyste łóżka z czystą pościelą i cieszyliśmy się, że wreszcie będziemy mogli spać tak, jak przystało na cywilizowanych ludzi. Już w domu wychowawczym w Pinedze pod tym względem było znośnie, lecz tutaj warunki były stokroć lepsze.

Niczym urzeczeni podchodziliśmy do przydzielonych łóżek, głaszcząc czyste koce i poduszki w czystych poszewkach. Poza kocem (ci, co przybyli tu wcześniej, mieli na nich dodatkowo poszwy) do przykrycia było drugie prześcieradło. Każdy otrzymał też ręcznik, który należało przewiesić przez poręcz łóżka u wezgłowia. Obejrzawszy posłania z zewnątrz, zaczęliśmy zaglądać pod spód, chcąc wiedzieć, czy będziemy spać na dechach, czy może na sprężynach. Na widok sprężyn nasza radość wzrosła jeszcze bardziej. Spania na dechach i sieczce albo, jak w łagrze, na szmatach i gałęziach drzew iglastych mieliśmy już serdecznie dość. Z czułością siadaliśmy na nowych łóżkach, wypróbowując elastyczność sprężyn i ciesząc się na myśl o nadchodzącej nocy.

Po przydzieleniu miejsc do spania nasz nowy wychowawca, pan Edmund, oznajmił, że teraz nas zostawi, prosi jednak, byśmy się nie rozchodzili, tylko przebywali w budynku, ewentualnie na podwórzu. Po jego wyjściu wyciągnęliśmy się na łóżkach, bo po prawdzie byliśmy już mocno zmęczeni. Niektórzy nawet zasnęli. Inni krążyli, zapoznając się z otoczeniem.

Popołudnie minęło bardzo szybko, a wieczorem wezwano nas na kolację. Chryste, cóż to były za rarytasy! Przede wszystkim znowu biały, puszysty chleb, biała kawa (i do tego słodka!) ze skondensowanym mlekiem, jakiś biały tłuszcz, przypominający masło i marmolada. Każdy otrzymał tyle jedzenia, że nie był w stanie zjeść wszystkiego, a jeśli nawet był w stanie, to i tak coś z tego wolał schować na później, bojąc się, że jutro może dostać mniej lub wcale.

Nasze wygłodzone organizmy domagały się pożywienia tak bardzo, że mogłyby je pochłaniać nie trzy razy dziennie, ale nawet i pięć! To, że wszystko się nie mieściło, było wyłączną winą zasuszonych, skurczonych żołądków. Do przyjmowania większej ilości pożywienia należało je przygotowywać, stopniowo i powoli. Fakt, że tego zaniechano, był przyczyną wielu dolegliwości trawiennych, a nawet chorób przewodu pokarmowego. Spotykały one głównie tych, którzy jedli na siłę i zapijali się słodką kawą, jakby chcieli zaspokoić głód i pragnienie słodkości już na zawsze. Wciąż jeszcze bowiem obawiano się nadejścia dni, w których powróci tak doskonale wszystkim znane uczucie głodu.

* * *

Kilka beztroskich dni upłynęło bardzo szybko, wręcz niepostrzeżenie. Czwartego chyba dnia po przybyciu do polskiego domu dziecka w Archangielsku siedziałem akurat na parapecie otwartego na oścież okna pokoju na parterze i strugałem kijek, gdy na plac weszła kilkunastoosobowa grupa starszej młodzieży. Przeważali w niej chłopcy, ale były także dziewczęta. Wyglądem niewiele różnili się od tych, którzy przyjechali wcześniej. Mieli na sobie strzępy odzieży i dziurawe obuwie, a o ich stanie sanitarnym najlepiej świadczyło charakterystyczne drapanie się.

Część miejscowych dzieci zaraz podeszła do nich i zaczęła wypytywać o wszystko, przede wszystkim o to, skąd i kim są. W pewnej chwili pod oknem, na którym siedziałem, znalazł się mój kolega z Pinegi.

– Ktoś cię szuka! – zawołał.

– A skąd wiesz, że akurat mnie? – zapytałem, nie dowierzając.

– Przecież podali twoje nazwisko i imię! – zniecierpliwił się. – Jest ich dwoje! Tych, co się o ciebie pytali. Dziewczyna i chłopak! – Podniecał się tak, jakby to o niego chodziło.

Nie przejąłem się zbytnio tymi rewelacjami. Nie ruszając się z miejsca, nadal spokojnie strugałem kijek. Najwyraźniej wiadomość ta nie dotarła do mojej świadomości w sposób, który utwierdziłby mnie w przekonaniu o prawdziwości słów kolegi. Jakoś nie chciało mi się wierzyć, że ktoś mógłby mnie szukać.

– Ogłuchłeś czy co?! – dobiegło wołanie z dołu.

Zdecydowałem się w końcu spojrzeć na grupę nowo przybyłych.

– Którzy to? – zapytałem.

Kolega wskazał ręką jedną z dziewcząt.

Przeniosłem na nią wzrok i... jakby mnie zamurowało. Wydało mi się, że rozpoznaję swoją siostrę Jankę. Obok stał chłopiec. Czyżby to Marian? Ponieważ nie miałem pewności, zeskoczyłem z parapetu i powoli, niby od niechcenia podszedłem do grupy obszarpańców, biorąc kurs na dziewczynę, nawet ładną, która mogła być moją siostrą. W odległości kilku metrów od niej przystanąłem i zacząłem się jej przyglądać. Jakby wiedziona moim wzrokiem, odwzajemniła spojrzenie, ale najwyraźniej nie poznała mnie. Bardzo musiałem się zmienić.

Nie dając za wygraną, jako znacznie starsza, podeszła jednak do mnie pierwsza i zapytała:

– Kogo szukasz?

– Siostry Jasi i brata Mariana – odparłem wprost. – Kolega powiedział mi, że ktoś mnie szuka.

– To ty masz na imię Edward, prawda? – spytała pośpiesznie, wszystko już odgadując i, nie czekając na odpowiedź, przytuliła mnie do siebie.

Objęliśmy się bardzo mocno i trwaliśmy tak długą chwilę, całując się i płacząc na cały głos. Pierwsza ochłonęła ona. Teraz dopiero przyjrzała mi się dokładniej.

– Boże, Edek, jakiś ty chudy! – zawołała, a potem, zwracając się do stojącego obok chłopca, dodała: – Chodź tu, Maniek, przywitaj się z bratem Edkiem. Pamiętasz przecież, że został w Pinedze.

Objęliśmy się obaj, przycisnęliśmy i pocałowaliśmy. A potem podeszła do nas Jasia i długo staliśmy tak we trójkę, trzymając się nawzajem i tuląc do siebie, na przemian to śmiejąc się, to płacząc.

Kiedy zaczęliśmy rozmawiać, okazało się, że Marian w niewielkim już stopniu pamięta język polski, posługując się raczej, i to dość biegle, rosyjskim. Ja natomiast, rozumiejąc dobrze rosyjski, jakby na przekór, operowałem wyłącznie polskim. Nasza siostra znalazła się w trudnej sytuacji, musiała bowiem odpowiadać nam w obu tych językach.

Radość ze spotkania nie trwała długo. Grupę nowo przybyłych skierowano do łaźni. Nie miałem zamiaru znowu rozstawać się z cudownie odnalezioną siostrą i bratem. Bałem się, że kolejny raz ich utracę. Było dużo krzyku i płaczu, a także zapewnień, że teraz już nikt nas nie rozdzieli, zanim wychowawczyni wreszcie jakoś udało się mnie uspokoić i przekonać, że te obawy są bezpodstawne. Mimo to nie dałem się zbyć tak łatwo. Czekałem pod łaźnią dopóty, dopóki grupa z Wierkoły (skąd przybyło moje rodzeństwo) nie wyszła.

Stojąc tak, zdałem sobie sprawę z tego, że siostra dobrze wygląda, jakby nie miała do czynienia z głodem. Brat z kolei był mizerny, choć nie aż tak bardzo jak ja. Janina była już wówczas panną, liczyła lat siedemnaście. Marian był o trzy lata od niej młodszy, a zarazem o trzy lata starszy ode mnie, grubszy i lepiej zbudowany. Po godzinie czekania w końcu ujrzałem brata, także ubranego w wojskowy uniform, i znów uczepiłem się go, nie chcąc odstąpić. Nieco później wyszła siostra, również w mundurze, tylko jakimś dziwnym, kobiecym. Nawet ładnie jej było, chociaż mogłaby być jeszcze ładniejsza, gdyby nie głowa owinięta ręcznikiem (dziewcząt, szczególnie tych starszych, nie chciano pozbawiać włosów).

Do obiadu było jeszcze sporo czasu, toteż grupę z Wierkoły rozlokowano po pokojach. Niestety, każde z naszej trójki wylądowało gdzie indziej, choć blisko siebie. Pocieszaliśmy się jednak, że osobno będziemy tylko w nocy, w dzień bowiem prawie się nie rozstawaliśmy. Tyle było do powiedzenia i opowiedzenia. Teraz wspólnie snuliśmy marzenia związane z powrotem do domu rodzinnego, mając nadzieję odnaleźć w nim mamę.

Streściłem rodzeństwu słowa kierownika, wypowiedziane kilka dni wcześniej, w tym najważniejsze: że za kilka tygodni mamy wracać do kraju. Dużo też mówiłem o dobrym jedzeniu, jakie dostajemy w tym domu, i o wielu innych przyjemnych doznaniach, z jakimi się tu zetknąłem. Potem żaliłem się na to, jak źle mi było w Pinedze, a oni opowiadali o tym, jak było w Wierkole. Dowiedziałem się, że siostra prawie cały czas pracowała w kuchni, dzięki czemu i ona, i Marian mieli nieco lepsze życie, nie tak głodowe, jak pozostali. Janina dopytywała się, czy otrzymałem od niej jakiś list, mówiąc, że wysłała ich do Pinegi kilka, lecz na żaden nie dostała odpowiedzi. Przyznałem, że owszem, jeden przyszedł, lecz nie odpisałem na niego, bo adresu nadawcy nie było i nie wiedziałem, dokąd miałbym wysłać swoją odpowiedź.

* * *

Od dnia naszego spotkania czas upływał znacznie przyjemniej, ale mijały tygodnie, dekady, zleciał cały miesiąc maj, a myśmy nadal tkwili w domu przy archangielskim bulwarze. Zdążyliśmy już dobrze poznać bliższą i nieco dalszą okolicę. Jak większość, jeździliśmy tramwajami na gapę, na dodatek na stopniach lub innych występach, albo grasowaliśmy po portowych magazynach, choć było w nich niewiele, przeważnie tylko puste opakowania.

W okolicy co jakiś czas organizowano nagonki na tak zwanych żulików, czyli drobnych złodziejaszków. Niektórzy chłopcy z naszego domu, włócząc się po mieście, byli podczas takich akcji łapani i odprowadzani na milicję, skąd musiał ich odbierać kierownik Konczewski. Zdarzało im się być świadkami bardzo drastycznych niekiedy zajść, związanych głównie z kradzieżami.

Pewnego razu jakiś marynarz obcej bandery przyłapał na gorącym uczynku jednego z żulików, który (w sposób sobie tylko znany i zazwyczaj niewyczuwalny) chciał mu zdjąć zapięty na pasek zegarek. Na szczęście marynarz poczuł, że coś się za nim dzieje. Wykonał błyskawiczny ruch i niedoszły złodziejaszek, który mógł mieć nie więcej jak dziesięć, góra jedenaście lat, znalazł się w jego rękach. Wściekły matros postawił go przed sobą i zaczął prać po twarzy i głowie, nie zważając na to, gdzie uderza, potem zaś wykręcił mu rękę tak mocno, że w okolicach obojczyka lub łokcia aż coś chrupnęło. Żulik wydał z siebie okrzyk bólu i zaczął błagać o przebaczenie, tłumacząc, że kradnie, ponieważ on i jego siostra nie mają co jeść, a ich rodzice zginęli na wojnie. Mężczyzna odepchnął go od siebie tak mocno, że chłopiec przeleciał kilka metrów i upadł na bruk, szybko jednak podniósł się i, rzucając na marynarza przekleństwa, zaczął uciekać, bojąc się, że może być ponownie schwytany.

– I tak wszystko dobrze się skończyło – komentowano później to zdarzenie. – Gdyby marynarz był Szwedem, złodziej mógłby zostać pozbawiony ręki! U nich tak kiedyś ponoć ze złodziejami postępowano.

Kradzieże spotykało się niemal na każdym kroku. Ginęły rzeczy z kieszeni, zarówno zewnętrznych, jak i wewnętrznych (np. portfele); kobietom obcinano zwisające z ramienia torebki; w tłoku tramwajowym i z rąk, i z kieszonek znikały zegarki. Ale biada temu, kto, widząc złodzieja, ośmielił się ostrzec okradanego! Na takiego żuliki polowały potem tak długo, aż go dopadły. Kiedy zaś delikwent taki trafił w ich ręce, zadawano mu tylko jedno pytanie:

– Widziałeś, jak kradłem?

Jeśli odpowiedź była twierdząca, w odwecie natychmiast padało sakramentalne stwierdzenie:

– Bolsze nie uwidzisz! [12]

Następnie zaś błyskawicznie wpychano pechowcowi w oczy dwa palce, pod paznokciami których tkwiły kawałki ostro zakończonych żyletek. Był to postępek tak okrutny, że gorsze chyba mogło być tylko zabójstwo. Czasami komuś udało się zasłonić rękoma i salwować ucieczką, unikając okaleczenia. Taki szczęściarz nigdy już potem na ulicę sam nie wyszedł.

---

[12] Więcej nie zobaczysz!

Polacy poruszali się po Archangielsku grupami liczącymi nawet pięć osób, tak było bezpieczniej. Nie okradano mieszkańców miasta. Zdarzało się, że wyniesiono coś z magazynu, ale rzadko i przeważnie tylko żywność. Mimo że nie głodowaliśmy już tak, jak przez minione pięć lat, nie zachodziła więc potrzeba usilnego zdobywania pożywienia, to jednak przyzwyczajenie pozostało.

Co innego miejscowe dzieciaki. Pozbawione przez wojnę rodziców, żyły na ulicy i z ulicy, tak też zdobywały edukację. A jeśli je złapano, wywożone były do takich samych domów, w jakich przez prawie dwa lata przebywaliśmy my, nie mając przecież nic wspólnego ani z włóczęgostwem, ani ze złodziejstwem. Takich domów, zwanych wychowawczymi lub poprawczymi – poza tymi w Pinedze i Wierkole – było tu, na północy, jeszcze bardzo wiele, a w całym ZSRR całe mnóstwo.

* * *

Tymczasem minęła pierwsza dekada czerwca, a my nadal tkwiliśmy w Archangielsku, natrętnie dopytując się wychowawców i kierownika o to, kiedy wreszcie wyjedziemy do wytęsknionej i upragnionej Polski. Chociaż w zasadzie nie było nam tu źle. Jeść, jak na warunki powojenne, kiedy samych niedożywionych Rosjan były miliony, dawano dobrze i smacznie. Na nowo poznaliśmy smak cukru, mleka, mięsa, ryb i prawdziwego, bez trocin, chleba. Przypomniano nam, że istnieje coś tak smakowitego jak gulasz, kotlety mielone, pierogi, a nawet placki ziemniaczane. Mimo że wszystko było racjonowane, każdy najadał się do syta, a jeśli komuś było mało, podczas obiadu mógł dopełnić żołądek zupą i chlebem.

Dyscypliny, jakiej zaznaliśmy w ciągu pięciu minionych lat, w Archangielsku nie było. Każdy czuł się swobodnie i mógł robić to, na co miał ochotę. Niektórzy nieustannie wyrywali się na miasto. Wracając na posiłek, zawsze coś przynosili, najczęściej papierosy, które paliło po kryjomu coraz więcej dzieci, i to poczynając już od dwunastolatków. Pozostali grali w gry, takie jak szachy czy warcaby, czytali to, co im wpadło w ręce, uganiali się za szmacianką, która zastępowała piłkę, lub grali w pieniążki.

Gra w pieniądze polegała na tym, że odbijało się monetę o ścianę tak, by upadła jak najbliżej tych, które już wcześniej się tam znalazły (w grze mogła uczestniczyć dowolna liczba osób). Jeżeli odbity od ściany pieniądz wylądował w odległości rozciągniętej dłoni (od kciuka do palca serdecznego) od pozostałych, stawał się własnością gracza, kiedy zaś odległość była większa, pozostawał na ziemi i usiłował go teraz zdobyć ktoś inny. Najlepiej oczywiście, jeśli odbita od ściany moneta trafiła bezpośrednio w leżącą – wtedy sprawa wygranej nie podlegała dyskusji.

W pierwszej połowie czerwca w domu w Archangielsku znajdowało się już około stu siedemdziesięciu młodych Polaków obojga płci. Przeważali chłopcy. Ponad połowa miała ukończone piętnaście lat, sporą część stanowili też ci w wieku od dziesięciu do piętnastu. Była także nieliczna grupa dzieci, które nie przekroczyły jeszcze lat dziesięciu (najmłodsi mieli osiem, dziewięć). Poniżej granicy ośmiu lat nie było już nikogo – podobnie jak duża grupa starszych, nie wytrzymali trudów życia w łagrach i „opiekuńczego" pobytu w domach wychowawczych. Mniej więcej taką samą skalę podziału wiekowego można było zastosować względem dziewcząt, stanowiących około 35 procent stanu ogólnego.

W kolejnych dniach ciągle przybywali nowi – czasem pojedynczo, czasem w niewielkich, rodzinnych grupach – zazwyczaj bardzo słabi, nieraz do tego stopnia, że dosłownie aż się przewracali. Tutaj każdy nabierał sił i kolorów, ale był to proces powolny, jako że wycieńczenie organizmu w dużej części przypadków osiągnęło dolną granicę, po której następną w gradacji była już tylko śmierć głodowa.

Rosjanie z zaciekawieniem przyglądali się tej dziwnej pod każdym względem zbieraninie polskich dzieci. Niektórzy, dowiedziawszy się, co przeżyliśmy, litowali się nad naszym losem, inni dziwili się, jak też udało nam się przeżyć i przetrwać w takich warunkach. W mieście byliśmy natychmiast rozpoznawani, głównie z uwagi na nierosyjski ubiór, krótko ostrzyżone włosy i umiarkowaną czystość. Tym zasadniczo różniliśmy się od miejscowych rówieśników, których z początku bieda, a potem już przyzwyczajenie zmuszało do przemieszczania się z miejsca na miejsce w poszukiwaniu pieniędzy na jedzenie i inne rzeczy, a w konsekwencji do uprawiania złodziejskiego procederu.

W tym czasie przez archangielski port przewijało się wielu jeńców wojennych. Szli bulwarem czwórkami, w bardzo długich kolumnach, kierując się w stronę nabrzeża, gdzie ładowano ich na statki i wywożono w nieznanych kierunkach. Zazwyczaj butni Niemcy w jenieckich szeregach wyglądali żałośnie. Sporo z nich było rannych, o czym świadczyły bandaże, temblaki bądź usztywnione nogi; wielu nie miało czapek, a co poniektórzy nawet butów, zabezpieczając nogi jedynie szmatami. Wszyscy pozbawieni zostali dystynkcji oraz pasków, płaszcze wisiały na nich jak na strachach na wróble. Wszyscy także ostrzyżeni byli do gołej skóry, nieraz tylko na którejś głowie dostrzegło się jakąś kępkę włosów, pozostawioną przez niezbyt solidnego fryzjera.

Mimo że byli naszymi wrogami, spoglądaliśmy na Niemców z żalem, zapewne widząc w nich siebie. Rosyjscy cywile odnosili się do nich wrogo, z nienawiścią i pogardą, którą wyrażali plując im pod nogi, a bywało że i w twarz.

– Jak Fryce (inaczej ich nie nazywano) poznają, co to Syberia, to może zmądrzeją! – mówiono.

Niektórzy twierdzili, że powinno się ich zapędzić do odbudowy miast, które z ich winy legły w gruzach. Były i bardziej radykalne głosy.

– Niepotrzebnie się z nimi bawią, wożąc i na dodatek karmiąc – słyszało się tu i ówdzie. – Rozstrzelać i będzie spokój! Przynajmniej użyźnią ziemię!

Na tych, co wypowiadali podobne uwagi, Niemcy, którzy znali język rosyjski, spoglądali nienawistnym wzrokiem, a jednocześnie z taką przenikliwością, jakby chcieli ich zapamiętać. Większość jednak nie reagowała. Szli z nisko spuszczonymi głowami i oczami utkwionymi w ziemi. Na ich twarzach malował się ból i strach. Prawdopodobnie słyszeli o Syberii i teraz panicznie się jej bali. Z całą pewnością wiedzieli, że wielu z nich już nigdy nie ujrzy ani ojczyzny, ani rodziny, bo nigdy nie zazna wolności. Dlatego szli tak, jak skazańcy na śmierć.

## Rozdział 19. WYJAZD Z ARCHANGIELSKA

Czekanie na wyjazd do Polski przeciągało się w nieskończoność. Coraz natarczywiej dopytywaliśmy się, kiedy to wreszcie nastąpi, a wychowawcy odpowiadali coraz niechętniej lub wykręcali się od odpowiedzi. Najczęstszym i najbardziej przekonującym uzasadnieniem było to, że jeszcze nie wszystkie polskie dzieci zostały odnalezione i gdybyśmy na nie nie poczekali, to nie wiadomo kiedy i czy w ogóle wróciłyby do kraju. Mówiono także o zniszczonych torach kolejowych i wiaduktach, o braku lokomotyw i wagonów. Tłumacząc się w ten sposób, wychowawcy sprawiali jednak wrażenie, jakby sami nie wierzyli w te wyjaśnienia.

Tak minął kolejny tydzień i jeszcze kilka dni następnego. Zaczynaliśmy już powoli tracić nadzieję na szybki wyjazd, aż tu w najmniej spodziewanym momencie, kiedy wszyscy, włącznie z wychowawcami, kończyli jeść obiad (gulasz z kaszą perłową – bardzo smaczny, jeśli nie wspaniały!), do jadalni wkroczył rozpromieniony kierownik Konczewski. Na jego twarzy wyraźnie malowała się radość. Wszedł dziarskim, wojskowym krokiem, stanął przy stole dla personelu i podniósł rękę, prosząc o spokój. Zanim sala się uciszyła, minęło nieco czasu, dobre kilka minut, podczas których kierownik sprawiał wrażenie zamyślonego i to tak głęboko, że na jego czole pojawiły się głębokie zmarszczki, a twarz jakby pobladła.

– Dzieci! – odezwał się, nabrawszy uprzednio powietrza w płuca. – Kochani moi! – zwlekał z podaniem do wiadomości istoty rzeczy, aż wreszcie zdecydował się. – Za dwa dni wyjeżdżamy! – oznajmił.

Tego, co potem nastąpiło, nie sposób opisać. W jadalni podniósł się taki rwetes, że nie dało się usłyszeć nawet jednego słowa. Dzieciaki skakały, krzyczały, dzwoniły łyżkami w miski i skandowały: „Do Polski! Do Polski!"

Dziewczęta płakały, wcale się z tym nie kryjąc. Radość wyciskała łzy także w wielu chłopięcych oczach. Wychowawcy też na próżno próbowali ukryć wzruszenie.

Kierownik stał i patrzył na tę eksplozję radości, prostej i niezakłamanej, niekontrolowanej i spontanicznej. Sam jednak, o dziwo, nie podzielał jej, ba, nawet coraz bardziej się zasępiał. Usiadł przy stole dla personelu i, chociaż postawiono przed nim obiad (taki sam, jaki dostali jego podopieczni), zamiast jeść, zaczął rozmawiać z wychowawcami.

Gdyby się ktoś teraz dokładniej przyjrzał siedzącym przy stole dorosłym, niewątpliwie zastanowiłby się nad tym, dlaczego jeszcze przed chwilą malujące się na ich twarzach zadowolenie nagle ustąpiło miejsca rozczarowaniu, a nawet irytacji, czy wręcz złości, którą szczególnie wyraźnie przejawiał pan Edmund. Ale znajdujące się w stanie euforii dzieci niczego nie zauważyły.

Tymczasem przy stole wychowawców odbywała się iście strategiczna narada, której rdzeniem była decyzja, czy powiedzieć nam, że owszem, wyjazd niebawem nastąpi, ale nie będzie to jeszcze wyjazd do Polski, czy też lepiej nic nie mówić. Zdania były podzielone. Ostatecznie przeważył głos kierownika, który był przeciw, uzasadniając swoje stanowisko obawą, że jeśli dowiemy się całej prawdy, to mogą się znaleźć desperaci, głównie spośród starszych, którzy będą chcieli dostać się do kraju na własną rękę, czyli po prostu uciec z domu dziecka. Takiemu argumentowi nikt się nie sprzeciwił, stanęło więc na tym, że przynajmniej na razie nie należy nam mówić wszystkiego.

Następne dwa dni przepełnione były niepokojem, a zarazem radością; lękiem, a jednocześnie wiarą. To były dni niespokojnego oczekiwania i nadziei, że spotka nas coś nadzwyczajnego, coś od dawna upragnionego. Każdy snuł już plany, jak to będzie, gdy znajdzie się wreszcie we własnym domu, zastanawiając się, kogo w nim zastanie, a kogo już nigdy nie zobaczy. Nasza trójka – Janina, Marian i ja – była przekonana, że po powrocie spotka w domu mamę i trzech braci. Nie będąc świadkami ich śmierci, wciąż mieliśmy prawo do nadziei.

W ciągu tych dwóch dni nie zasypiano długo w noc, dyskutując o wszystkim, a tak naprawdę o niczym, nikt bowiem nie znał prawdy o sytuacji w kraju. Nie wiedzieliśmy nawet, że tam, gdzie mieszkaliśmy, nie ma już Polski.

* * *

W przeddzień wyjazdu, po kolacji, poinstruowano nas, byśmy, schodząc na śniadanie, zabrali swoje rzeczy osobiste, włącznie z ręcznikiem i mydłem. Tej nocy wszyscy zasnęli wyjątkowo późno, a wstali bardzo wcześnie, na długo przed dzwonkiem oznajmiającym śniadanie. Do jadalni zeszliśmy w większości na godzinę przed planowanym wydawaniem posiłku. Kierownik i wychowawcy już tam siedzieli, jakby również nie mogli spać.

W rzeczywistości nasi opiekunowie byli na nogach znacznie wcześniej od nas, na ich głowach bowiem spoczywał cały bagaż spraw związanych z wyjazdem. Łącząc ich posępne twarze z nadmiarem obowiązków, nie mieliśmy pretensji o to, że nie odpowiadali nawet na nasze pozdrowienia (choć dotychczas nie miało to miejsca), tylko biegali tam i z powrotem, a potem w ogóle zniknęli nam z oczu. W czasie trwania śniadania na sali znajdowała się tylko jedna wychowawczyni. Nawet nie próbowała nas uciszać, wiedziała, że sama nie zdoła tego dokonać. Była w stanie jedynie zamknąć drzwi na klucz od wewnątrz, tak by nikt z nas nie opuścił jadalni.

– Musicie być w każdej chwili gotowi do wymarszu na pociąg, który pozostali wychowawcy, kierownik i kilku starszych wychowanków przygotowuje do podróży – wyjaśniła. – Długiej podróży – dodała.

Czekaliśmy zatem na sygnał do wymarszu, a czas dłużył się nam niemiłosiernie. Naczekaliśmy się co niemiara! Dopiero po dziesiątej rozległo się pukanie do drzwi, a gdy je otwarto, do jadalni wkroczył kierownik Konczewski i oznajmił, że wszyscy mają zabrać swoje rzeczy i wyjść przed dom. Sam opuścił salę jako pierwszy, po to, by pokazać, gdzie i jak należy się ustawiać.

Tłum dzieci na chodniku nieco utrudniał przechodniom poruszanie się. Niektórzy zaczęli interesować się nami, wypytując, skąd jesteśmy i dokąd się wybieramy; innych irytował fakt, że tamujemy ruch, który o tej porze był dosyć duży. Kiedy wszyscy już zgromadziliśmy się przed budynkiem, kierownik, przekrzykując hałas, wskazał kierunek, w którym mamy iść.

– Nie rozciągajcie kolumny – poprosił. – Przechodźcie przez ulicę w miarę szybko i w należytym porządku, nie zakłócając niepotrzebnie ruchu.

Posłusznie wyruszyliśmy w dość przyzwoitej kolumnie, lecz już niebawem zrobił się z niej jeden wielki tłum. Szliśmy więc dalej taką kupą, na czele z kroczącym niczym dowódca kierownikiem Konczewskim, który cały czas oglądał się za siebie i uciszał nas, stosując w tym celu swoje ulubione powiedzenie: „Wy sakramenckie łobuzy!" Z boku, bliżej końca kolumny, szła wychowawczyni.

Zmierzając w ten sposób przez szeroką ulicę i bulwar, w pewnym momencie poczuliśmy się zagrożeni, od strony miasta nadjechała bowiem ciężarówka, kierując się prosto na naszą gromadę. Powstało zamieszanie. Żeby nie wpaść pod koła, zaczęliśmy uciekać na wszystkie strony, samochód zaś gwałtownie skręcił w prawo (i to tak, że aż zapiszczały opony), ominął nas i zatrzymał się na środku jezdni, wprost na torach tramwajowych. Kierowca siedział za kierownicą i trzymał się za głowę. Wyglądało na to, że nagle wytrzeźwiał i teraz dopiero zdał sobie sprawę z tego, jaką tragedię mógł spowodować. Długo jednak nie było mu dane tak stać, bo właśnie nadjechał tramwaj i, nie mogąc dojechać do przystanku, zaczął dzwonić, dając kierowcy do zrozumienia, że ma zjechać z torów.

My na szczęście dotarliśmy już do nabrzeża Dwiny. Konczewski znowu wykrzykiwał, żeby się nie rozchodzić, ponieważ za chwilę rozpocznie się przeprawa na drugi brzeg, gdzie stoi pociąg. Stąd nie było go widać, więc musieliśmy mu uwierzyć na słowo.

Na nabrzeżu potworzyły się grupy i grupki. O czym rozmawiano i co sobie opowiadano, nietrudno było odgadnąć. Przyjrzawszy się bliżej tym grupom (szczególnie mniejszym, dwu- lub trzyosobowym), nie trzeba było zbytniej spostrzegawczości, aby dostrzec podobieństwo. Nic dziwnego, były to przeważnie rodzeństwa.

Tymczasem podniecenie wśród naszej gromady rosło. Przedtem wzrastało z dnia na dzień, teraz z godziny na godzinę. Nie mogliśmy się już doczekać, kiedy wsiądziemy do pociągu i pojedziemy do domu.

W końcu zaczęła się przeprawa. Już na wstępie okazało się, że na to coś, co pływa i jest niewiele większe od krypy, jednorazowo może wejść z górą pięćdziesiąt osób, zaszła więc konieczność podzielenia nas na trzy grupy. Oczywiście każdy chciał być w pierwszej, dlatego znowu nie obyło się bez zamieszania, ale Konczewski z wychowawczynią prędko zaprowadzili porządek i spokój.

Już po chwili jeden za drugim schodziliśmy trapem w dół na pokład. Było dość pochyło, jednak nie sprawiło nam to żadnej trudności, stanowiło wręcz swego rodzaju rozrywkę. Bardzo szybko odbiliśmy od brzegu. Na przepłynięcie Dwiny w tym miejscu potrzeba było około pół godziny, szacowano więc, że przeprawa całej naszej gromady zajmie jakieś dwie i pół godziny.

Jako szczęśliwcy, którzy pierwsi znaleźli się na drugim brzegu, zbiegaliśmy ze statku i na złamanie karku pędziliśmy przed siebie, wiedząc, że gdzieś w pobliżu stoi nasz pociąg – pociąg, którym pojedziemy do kraju. Tak też faktycznie było. Pociąg stał, widoczny już po pokonaniu skarpy brzegowej. Po wejściu na nią ujrzeliśmy duże, czerwone wagony towarowe o zaokrąglonych dachach, służące także do przewozu bydła, teraz jednak czyste i pomalowane dobrze zachowaną brunatnoczerwoną farbą. Drzwi otwarte były na oścież, a okienka (co odnotowaliśmy z zadowoleniem), w przeciwieństwie do wagonów, którymi jechaliśmy do łagru, niezadrutowane. W środku po obu stronach znajdowały się prycze, a na nich rozścielona słoma nakryta kocami. Do każdego wagonu lokowano po około dwadzieścia osób, czyli tyle, ile mogło się na tych dwóch pryczach pomieścić.

I znowu doszło do dramatu. Koniecznie bowiem okazało się rozdzielenie rodzeństw odmiennej płci, jako że chłopców i dziewczęta kierowano do osobnych wagonów. Wychowawcy długo musieli nas przekonywać, że teraz już nikt się nie zgubi, nikogo się nie zostawi i nikogo nie rozdzieli na trwałe, że to wyłącznie na czas jazdy, bo na postojach wszyscy będą mogli przebywać razem, a postojów (jak obiecywano) będzie wiele. Chcąc nie chcąc pogodziliśmy się z tym stanem rzeczy.

Zanim zajęliśmy miejsca, polecono nam udać się najpierw do drugiego z kolei wagonu, gdzie wydawano racje żywnościowe. Wychowawca, pan Edmund, każdemu wręczył duży kawał białego chleba, puszkę mleka skondensowanego i po cztery kostki cukru, zaznaczając, że musi nam to wystarczyć na resztę dnia, gdyż niczego więcej dzisiaj nie otrzymamy. Po wejściu do przydzielonego wagonu nie wolno już go było opuszczać.

Druga grupa dotarła do pociągu po przeszło godzinie. Trzecia, w której przeważały dziewczęta, naczekała się najdłużej, była na miejscu dopiero po blisko trzech godzinach. Do szesnastej wszystkim przydzielono miejsca w wagonach oraz racje żywności. Wielu już teraz opychało się chlebem, popijając go gęstym, słodkim mlekiem. Dwie godziny później do wagonów dołączono parowóz, a następnie zarządzono zbiórkę.

Kiedy wszyscy staliśmy już w grupach przed swoimi wagonami, nagle pojawił się radziecki oficer w randze kapitana, a wraz z nim kierownik Konczewski.

– Towarzysz kapitan będzie nadzorował transport i roztaczał nad nim i nad wami opiekę – poinformował.

Wyraźnie chciał jeszcze coś dodać, lecz Rosjanin przerwał mu (już na samym początku dając do zrozumienia, kto tu jest najważniejszy), wygłaszając przemowę na temat tego, co w czasie podróży nam wolno, a czego nie.

– Więc przede wszystkim wagony będzie można opuszczać tylko na moje zezwolenie i to ja powiem, kiedy i gdzie możecie z nich wyjść – zapowiedział. – Nieraz przyjdzie nam stanąć gdzieś poza miastem i wtedy będzie można gotować, a potem jeść, pić, szczać i srać. Jeżeli natomiast postój wypadnie w mieście, na peronie, to wagonów pod żadnym pozorem nie wolno opuszczać, ponieważ moglibyście się pogubić i nie dojechać do celu.

Pociąg stał na razie na jakiejś bocznicy. Z jednej strony znajdowały się całkowicie puste magazyny, z drugiej otwarta przestrzeń, z widokiem na port i miasto, które wydawało się teraz położone jakby niżej od miejsca postoju wagonów. Zaczynało szarzeć. Dojadaliśmy, co każdemu zostało. Takie można było odnieść wrażenie, chociaż rzeczywistość przedstawiała się nieco inaczej – wielu wolało pozostawić sobie coś na później.

Staliśmy w drzwiach i po raz ostatni spoglądaliśmy na Archangielsk – miasto, które po długich pięciu latach nędzy i poniewierki przygarnęło nas, nakarmiło do syta, ubrało, umyło, oczyściło z wszy i wyleczyło z ran oraz chorób. Z całą pewnością pozostawiło na dnie każdego z tych dziecięcych, a już przedwcześnie wydoroślałych serc miłe wspomnienie. Kiedy tak patrzyliśmy na światła zapalające się w domach i na ulicach, robiło się nam trochę smutno, lecz jednocześnie przepełniała nas radość, bo przecież wracaliśmy do Polski! W oddali właśnie przejeżdżał słabo oświetlony tramwaj. Już nie pojedziemy nim na gapę.

Kiedy zrobiło się zupełnie ciemno, a przez otwarte drzwi zaczął się wdzierać chłód, wychowawcy polecili zamknąć wagony i położyć się spać. Kładliśmy się więc na słomie, jeden obok drugiego, jak śledzie, owijając się kocem, a pod głowę, zamiast poduszki, wciskając zwinięte w kłębek rzeczy osobiste i częściowo zdjętą odzież. Leżąc, długo jeszcze rozmawialiśmy, żartując i śmiejąc się z byle czego. Dopiero gdy nasze zmęczone ciała ogarnął twardy sen, pociąg ruszył z miejsca i pognał w ciemności nocy.

* * *

Na jednej z czterech prycz, skulony w kłębek z uwagi na panujący w wagonie chłód, wtłoczony pomiędzy brata i kolegę, czując się bezpieczny i ogrzany przez ich ciała, zasnąłem i ja, szybko i mocno, bez konieczności wsłuchiwania się w stukot kół o złącza szyn i ich liczenia.

Nagle na twarzy poczułem coś jakby dotknięcie, które obudziło mnie i kazało usiąść. Gdy to uczyniłem, odniosłem wrażenie, że wokół jest jaśniej. Nie była to jednak jasność dnia, ani też żadne znane mi sztuczne światło – świecy, lampy naftowej czy żarówki. Była to jakby jasność jasności. Ujrzałem w niej Mamę.

Siedziała na skraju pryczy, tuż przy moich stopach. Całkiem wyraźnie widziałem jej twarz, okoloną ciemnymi, długimi, luźno opadającymi na piersi włosami, i białe, delikatne ręce. Resztę przykrywała duża, ciemna wełniana chusta, okrywająca tył głowy i ramiona, a potem spadająca na uda i kolana, na których spoczywały wspomniane już białe dłonie o długich, wysmukłych palcach.

– Mamusiu! Jak dobrze, że jesteś! Już z nami zostaniesz, prawda? Jesteśmy tu wszyscy troje! – rozbrzmiało w ciemności wagonu moje pełne boleści wołanie.

– Jeszcze nie teraz, syneczku – odpowiedziała zjawa spokojnym, łagodnym, wręcz aksamitnym głosem. – Może później, chociaż chciałabym już dzisiaj być z wami, moimi dziećmi. Tak bardzo bym chciała! Ale źli ludzie nie chcą, byśmy byli razem. Musisz jednak uwierzyć, że ten dzień nadejdzie. Słuchaj, syneczku, i pamiętaj: będę zawsze z wami i będę nad wami czuwała. A teraz zostawiam ci torebkę twoich ulubionych cukierków nadziewanych owocami. Włożę ci je pod poduszkę.

To powiedziawszy, świetlista postać najpierw jakby rozciągnęła się, aby dosięgnąć poduszki (a raczej tego, co ją udawało), potem zaś błyskawicznie wróciła do poprzedniego wyglądu i dodała:

– Pamiętaj o mnie, o tacie, o nas wszystkich.

– Mamusiu. – zdążyłem jeszcze tylko wykrztusić przez zaciśnięte gardło, zanim zjawa wstała i bez słowa odeszła, a raczej rozpłynęła się i znikła.

Kiedy się obudziłem, nocne spotkanie z mamą pamiętałem w najdrobniejszych szczegółach, toteż z całą zapalczywością rozrzucałem wszystkie rzeczy, z których zrobiłem sobie podgłówek, przeszukując każdą po kolei, niemal każde źdźbło słomy. Nie znalazłszy niczego, zajęczałem boleśnie niczym zbity pies i na powrót rzuciłem się na posłanie, bijąc pięściami o deski pryczy i wołając:

– Ukradli! Ukradli! Ukradli!

– Co ci ukradli? – zainteresował się przebudzony brat i inni leżący obok.

– Torebkę cukierków od mamy! – krzyknąłem ze złością.

– Cukierki od mamy?!

– Tak! Była u mnie mama i zostawiła ich całą torbę!

– Przestań! – syknął Marian, widząc, że inni zaczynają się już śmiać i drwić z jego młodszego brata. – To był tylko sen! Uwierz! Akurat mama przyszłaby do ciebie, a nie do mnie albo Jasi! – dodał z ironią.

Po tych słowach jakby zwątpiłem i przestałem się miotać. Po chwili już nieco łagodniejszym głosem zapewniłem, że pamiętam dokładnie, co widziałem i słyszałem, a na dowód tego ze szczegółami opowiedziałem cały swój „sen".

– To tylko sen i nic więcej! – skwitował mój starszy brat krótko i dosadnie.

Innego zdania była nasza siostra, kiedy podczas najbliższego postoju obaj opowiedzieliśmy jej całe zdarzenie, Marian z ironią, a nawet kpiną, ja z przejęciem i wiarą.

– Moim zdaniem to jakiś znak, ostrzeżenie, przestroga... – Janina długo szukała właściwych określeń, zachowując przy tym pełną powagę. – Z całą pewnością to nie był zwykły sen! – zawyrokowała i nic już dodać nie zdążyła, ponieważ trzeba było szybko wracać do swoich wagonów.

# Rozdział 20. W DRODZE NA KAUKAZ

Pociąg jechał przed siebie, nie śpiesząc się zbytnio. Byliśmy zapewne już daleko za Archangielskiem, jak daleko, tego nikt nie wiedział. W nocy prawdopodobnie zrobiono jakiś krótki postój, mało kto jednak zdawał sobie z tego sprawę. Znaleźli się wprawdzie tacy, co zauważyli, że pociąg stanął, a koło wagonów kręcą się jacyś ludzie, lecz nie chciało im się wstać i sprawdzać, o co chodzi. Później opowiadano, że ponoć było to miasto Kirow. Można było wierzyć lub nie.

Po przebudzeniu każdy z nas miał jakąś fizjologiczną potrzebę, głównie oddania moczu. W tym celu trzeba było częściowo otworzyć drzwi wagonu, a sikając trzymać się poprzecznie przybitej (zapewne dla bezpieczeństwa) deski w drzwiach. Konsekwencje tego były przykre, ponieważ część wydalanego moczu z powrotem wlatywała do wagonu, opryskując nogi bądź spodnie. Reszta moczyła zewnętrzną stronę ściany wagonu i stopień, a także podłogę przy drzwiach. Kiedy ostatni kończył sikać, plama przy drzwiach była już całkiem spora.

Po załatwieniu potrzeb fizjologicznych zaczęto przetrząsać tobołki i kieszenie w poszukiwaniu resztek jedzenia. Najoszczędniejsi poza niewielkim kawałkiem chleba mieli jeszcze nieco mleka, pozostali po dwie (niektórzy nawet trzy) kostki cukru.

Godzina była wczesna, siódma lub nieco po siódmej, mimo to czuliśmy się wyspani. Jedni jeszcze tylko leżeli lub siedzieli na posłaniach, inni stali już przy drzwiach i przyglądali się mijanym krajobrazom, od czasu do czasu informując resztę o tym, co widzą. Pociąg mijał kolejne wsie i miasteczka, mosty i rzeki. Ktoś zobaczył gdzieś krowę, inny ludzi. Najwięcej widziało się zgliszczy i ruin. Bywało, że wagony zwalniały, tocząc się po torach bardzo wolno. Tak było wtedy, gdy przejeżdżaliśmy odcinek, który akurat naprawiano.

Wszyscy zdążyliśmy już porządnie zgłodnieć, a pociąg ani myślał się zatrzymać, chociażby po to, by umożliwić wydanie posiłku. Ta długo oczekiwana chwila nastąpiła dopiero około godziny dziesiątej. Wówczas transport zwolnił, zjechał na inny tor, zapewne boczny, po czym stanął. Wychowawcy zaczęli biegać od wagonu do wagonu i otwierać drzwi, które jeszcze nie były otwarte, wzywając po dwie, trzy osoby z każdego wagonu do zgłaszania się po śniadanie. Pozwolono nam także wysiąść, żeby się załatwić, ale szybko, ponieważ postój miał być bardzo krótki, tylko na uzupełnienie wody w parowozie.

Zaczęła się gorączkowa bieganina. Wychowawcy już wcześniej przygotowali racje żywnościowe, teraz wystarczyło tylko zgłosić liczbę osób w swoim wagonie, żeby odebrać odliczone porcje, a potem je rozdać. Każdy z nas otrzymał około pół kilograma pszennego chleba oraz, podobnie jak poprzednim razem, cukier i puszkę gęstego mleka. Wszyscy wydawali się zadowoleni, gdyż było tego wystarczająco dużo, by najeść się do syta.

Z tym uzupełnieniem wody w lokomotywie to była prawda. Widzieliśmy, jak maszynista napełniał zbiornik, wlewając do niego wodę z grubej rury. Wzdłuż pociągu chodził zawiedujuszczy – kierownik transportu. Zaglądając do każdego wagonu, uśmiechał się litościwie na widok dzieciaków pałaszujących chleb, popijających mlekiem i przegryzających cukrem. Aż dziwne, że nikogo od tej słodyczy nie zemdliło. Najwyraźniej nasze organizmy potrzebowały takiego pokarmu.

Pojawiły się jedynie przypadki rozstroju żołądkowego, już w czasie jazdy, toteż trzeba było szerzej otworzyć drzwi, tak by cierpiący na tę przypadłość delikwent mógł wypiąć się na zewnątrz i porządnie wypróżnić. Pomagano mu, przytrzymując za ubranie, żeby nie wypadł, narzekając przy tym, że nikt nie pomyślał o wycięciu w podłodze dziury. Przecież skutki załatwiania się przez otwarte drzwi pociągu nietrudno było przewidzieć. Ekskrementy oblepiały i deski wagonu, i jego stopień.

Pierwszego dnia jazdy pogoda była dosyć słoneczna. W wagonie nie czuło się chłodu, nawet przy stale otwartych drzwiach, w których non stop stała spora grupka. Jedni opierali się o deskę, inni musieli się utrzymać na własnych nogach, za oparcia mając czasami tylko plecy kolegi. Pociąg nie śpieszył się, mijał kolejne wsie i miasteczka. Niekiedy ktoś z mieszkańców pomachał nam ręką, albo raczej odpowiedział na nasze machanie. Wszędzie widziało się zniszczenia wojenne, porzucone przy drogach czołgi, działa i samochody, przeważnie spalone. Ziemia zryta była bombami, sterczały z niej kikuty drzew i zburzone do fundamentów domy. Bywało, że mijały nas też pociągi wypełnione rosyjskimi żołnierzami i bronią, tą najcięższą, umieszczoną na platformach wagonowych.

Tego dnia pociąg nie zatrzymał się już nigdzie. Dopiero następnego, niemal w samo południe, stanął na jakiejś mniejszej stacyjce. Znów pośpieszny ruch, robienie zapasów wody i rozdzielanie żywności. Sowiecki nadzorca zakazał opuszczania wagonów.

– Chyba że ktoś musi – dodał – ale to wyłącznie pod opieką wychowawcy!

Życie nauczyło nas radzenia sobie w każdej, nawet najtrudniejszej sytuacji, więc i z tym zakazem sobie poradziliśmy. Otworzyliśmy po prostu drzwi z drugiej strony wagonu i tam każdy robił to, na co w danej chwili miał ochotę, zwłaszcza jeśli chodzi o załatwianie potrzeb fizjologicznych. Poza tym przeciąg pozwalał dodatkowo przewietrzyć wagon, w którym robiło się już za ciepło i nie pachniało najlepiej.

Pociąg stał prawie godzinę, a ruszywszy, z miejsca zaczął nabierać szybkości. Mało brakowało i ci, którzy wyszli z wagonu, zostaliby na stacji. Musieli co sił w nogach biec za pociągiem, by wskoczyć nań, a następnie, po stopniach i zderzakach, przedostać się do swoich wagonów. Tym, którzy zdołali uczepić się właściwego wagonu, koledzy musieli pomóc dostać się do środka, co okazało się wcale nie takie łatwe.

Następny postój miał miejsce dopiero w czwartym dniu podróży. Tym razem transport zatrzymał się na bocznicy, gdzieś za stacją, na torze jakby specjalnie zamaskowanym pomiędzy drzewami w niewielkim zagajniku. Po obu stronach toru w pewnej odległości znajdował się las, z jednej strony pokrywający niewielkie, częściowo porośnięte, a częściowo piaszczyste, wzniesienie. Tutaj, jak się już wcześniej wyraził kierownik pociągu, można było gotować, jeść, a następnie szczać i srać, jeśli ktoś miał ochotę. Mimo wszystko wychowawcy prosili, byśmy się zbytnio nie oddalali. Trzeba było jednak pójść do lasu, chociażby po to, żeby nazbierać drewna, by móc ugotować cokolwiek.

Miejsce okazało się wręcz wymarzone na taki postój. W pobliżu płynęła niewielka rzeczka, a raczej strumyk z czystą wodą. Wszystkich nas – włącznie z wychowawcami – było prawie sto dziewięćdziesiąt osób, a każdy z garnków, które wieziono, mieścił nie więcej niż pięćdziesiąt litrów, dlatego trzeba było rozpalić aż trzy ogniska. W tym celu musieliśmy zebrać dużo drewna i cały czas je donosić. W takiej sytuacji kierownictwo postanowiło ugotować to, co da się przyrządzić najłatwiej, a jednocześnie będzie pożywne. W wagonie, w którym urządzono magazyn, znajdowało się sporo różnej żywności (tak przynajmniej twierdzili ci, co widzieli jego wnętrze) – trochę ziemniaków i innych warzyw, tłuszcz i przyprawy. Zdecydowano się więc na krupnik.

Gotował się bardzo długo, stanowczo za długo jak na potrzeby tylu wygłodniałych dzieciaków, chociaż ogień pod garnkami cały czas płonął intensywnie. Oczekiwanie wydawało się takie długie pewnie dlatego, że każdy był już spragniony gotowanego, ciepłego jedzenia. W końcu jednak wszyscy (włącznie z personelem i sowieckim kierownikiem pociągu) porozsiadali się na ziemi z aluminiowymi miskami na kolanach i zaczęli zajadać zupę, przegryzając chlebem. Fajnie to wyglądało. Jak na pikniku.

W dalszą drogę wyruszyliśmy późnym popołudniem, po umyciu naczyń i wyczyszczeniu wagonów przy pomocy gałęzi sosen i świerków. Następnie każdy odebrał swoją porcję żywności wraz z poleceniem, by nie jeść jej na siłę, lecz podzielić przynajmniej na kolację i śniadanie. Postój, który według zapowiedzi miał trwać trzy godziny, przeciągnął się do pięciu. Najwyraźniej ten transport jechał poza wszelkimi rozkładami.

* * *

Już po odjeździe zorientowano się, że pociąg stał blisko miasta i to dosyć dużego. Niektórzy dostrzegli nawet jego nazwę: Perm. Fakt ten wywołał małą konsternację. Ci, co trochę się znali na geografii, stwierdzili, że jedziemy nie w tym kierunku, w którym powinniśmy, zmierzając do Polski.

Obawy te potwierdził niestety pan Edmund, obecny wychowawca naszego wagonu (wychowawcy bowiem zmieniali miejsca podróży, gdyż każdy z nich miał po trzy wagony pod swoją opieką). Naciskany zdradził nam (pod warunkiem, że nie będziemy tego rozgłaszać), że nie jedziemy do kraju, tylko na Kaukaz, do jakiegoś Ipatowa. Dokładniejszej wiedzy na temat tych terenów oraz powodów, dla których właśnie tam, a nie do Polski, nas wiozą, sam nie posiadał.

– Być może wie o tym ten ruski komendant – zasugerował.

Informacja o tym, że nie jedziemy do kraju, wręcz nas poraziła. Oczywiście nie zdołaliśmy jej utrzymać w tajemnicy, chociaż nikomu nie zdradziliśmy (nawet jeżeli się o to dopytywano), kto powiedział nam prawdę. Na kolejnym postoju, który nastąpił po dwudniowej jeździe non stop, cały transport zaatakował kierownika Konczewskiego, obsypując go najcięższymi zarzutami, a nawet inwektywami, takimi jak „bandyta", „oszust" i „kłamca". Niektórzy grozili nawet, że go ukatrupią, bo jest „ruskim, a nie polskim człowiekiem" i dlatego wiezie nas na Kaukaz, a nie do kraju.

Konczewskiego taka determinacja podopiecznych dotknęła do żywego. Broniąc się, tłumaczył, że sam też został oszukany przez władze sowieckie w Archangielsku.

– Najpierw mówili, że do Polski – wyjaśniał – a potem nagle zmienili zdanie, uzasadniając to w sposób bardzo dziwny, wręcz śmieszny. Uznali mianowicie, że takie niedożywione, wyniszczone chorobami i wycieńczone dzieci jak wy należy zawieźć na południe, gdzie będziecie mogły najeść się do woli owoców, a dzięki temu odzyskać siły i właściwy dla waszego wieku wygląd.

Istotnie, brzmiało to dziwnie, bo przecież jeszcze niedawno chciano nas wynarodowić, a nawet unicestwić. Czemuż to nagle tak się przejęto stanem naszego zdrowia i naszym wyglądem?

Indagowany przez Konczewskiego sowiecki kierownik pociągu odpowiedział, że niczego nie będzie wyjaśniał i z niczego nie będzie się nam tłumaczył.

– Mnie kazano zawieźć, bo znam tamte strony – oznajmił sucho. – I zawiozę. A reszta to już nie moja sprawa!

* * *

Na kolejnych postojach gotowano i kawę, i zupę, toteż tylko czasami, kiedy jechaliśmy przez co najmniej dwa dni z rzędu, zdarzało się, że odczuwaliśmy głód. Po Permie i wielu innych miejscowościach, w których transport się nie zatrzymywał, stanęliśmy w Stawropolu.

Stacja była duża, miała kilka peronów i pokaźną liczbę torów. Powiało gorącem. W pociągu trudno było wytrzymać, dlatego powychodziliśmy na peron, blisko swoich wagonów, a niektórzy nawet, mimo zakazu, porozłazili się po stacji. Chodzili po torach, zbierając pestki brzoskwiń i moreli. Wszędzie było ich pełno, więc kieszenie napełniały się szybko. Już na torach pestki rozbijano kamieniami, po czym zjadano środek, nieco gorzkawy, ale całkiem smaczny. Objadaliśmy się tymi pestkami wszyscy. Jak tylko jedni wrócili, inni szli je zbierać.

W Stawropolu staliśmy z pół dnia, a może nawet nieco dłużej, bo przyjechaliśmy rano, a odjeżdżaliśmy pod wieczór. Teraz już prawie każdy wiedział, że jedzie do małej miejscowości noszącej nazwę Ipatowo. Zanim jednak tam dotarliśmy, czekało nas po drodze jeszcze wiele innych miasteczek i miast, m.in. Penza, Saratow i Stalingrad. Pociąg jechał i jechał, a końca podróży wciąż nie było widać. Podobno brakowało wielu odcinków torów lub mosty były zburzone, dlatego zachodziła potrzeba kluczenia i nadkładania drogi.

I tak z Archangielska do Ipatowa jechaliśmy dwa tygodnie z okładem. Chociaż do samego Ipatowa w rzeczywistości pociąg nie dochodził wcale i w związku z tym musieliśmy przejść pieszo jeszcze około dziesięciu, dwunastu kilometrów. Jak na złość, kończący się czerwiec w tej strefie klimatycznej był bardzo gorący, temperatura dochodziła do trzydziestu stopni Celsjusza. Wraz z nami szli wychowawcy. Kierownik Konczewski został załatwić jakiś środek transportowy, by można było przewieźć pozostały w magazynie prowiant.

# Rozdział 21. POLSKI DOM DZIECKA W IPATOWIE

Po przeszło trzech godzinach marszu (w drodze odpoczywano) nasza kolumna, wzbudzając zainteresowanie sporadycznych przechodniów, dotarła do Ipatowa i do domu, który na bliżej nieokreślony czas miał się dla nas stać kolejną przystanią.

Jak się okazało, była to największa w tej miejscowości budowla (drugą pod tym względem stanowiła cerkiew) – duża, prostokątna, o trzech kondygnacjach i spadzistym dachu, z którego wystawały dwa duże kominy. Budynek, który władze sowieckie przeznaczyły na polski dom dziecka, musiał powstać nie tak znowu dawno (może tuż przed wojną lub na jej początku), ponieważ miał postać bardziej współczesną i charakteryzował się prostotą, pozbawioną jakiegokolwiek szyku architektonicznego. Patrząc na niego, odnosiło się wrażenie, że budowniczym chyba bardzo się śpieszyło.

Ulica, przy której stał – główna w Ipatowie – była polną drogą (podobnie zresztą jak inne), z lekka tylko utwardzoną drobnym kamieniem, tak zwanym tłuczniem. Przy każdym, nawet najlżejszym podmuchu wiatru i gdy stawiało się na niej nogi, podnosiły się tumany czerwonawożółtego gliniastego pyłu, zatykającego nos, uszy, oczy, oblepiającego język, podniebienie i drażniącego gardło.

Podczas marszu nękały nas spiekota i pragnienie, wody jednak nigdzie w okolicy nie było. Chcąc oszukać domagający się jej organizm, w czasie odpoczynku, siedząc na gołej niemal i spieczonej ziemi, żuliśmy liście drzewa morelowego, których sporo było po drodze. Kiedy dotarliśmy do niechcianego celu, po raz pierwszy nie rozglądaliśmy się za jedzeniem, tylko właśnie za wodą.

Zbliżaliśmy się już do budynku, gdy nagle wyszedł z niego mężczyzna w średnim wieku i przemówił do nas po polsku. Wszyscy naraz od razu zaczęliśmy go wypytywać o wodę. Mężczyzna porozmawiał najpierw z wychowawcami, po czym całą naszą kolumnę zaprowadził na tyły domu, gdzie było nieco cienia. Po chwili znaleźliśmy się na placu, wokół którego wznosiły się budynki gospodarcze. Mieściły się w nich (jak się niebawem dowiedzieliśmy) pralnie, stajnie i magazyny. Trochę dalej, lecz w tym samym ciągu, stały szalety, osobne dla kobiet i mężczyzn, przy czym dla każdej płci przeznaczono po pięć przegródek (kabin).

Znalazła się też, na całe szczęście, woda. Nieopodal stajni stał wóz, podobny do polskich drabiniastych, a na nim cysterna, mogąca pomieścić z tysiąc litrów, jak nie więcej. Na jej końcu, u dołu, znajdował się kran. Mężczyzna, który przedstawił się jako gospodarz domu, oddalił się szybkim krokiem, by jeszcze szybszym powrócić z pięcioma aluminiowymi kubkami. Zanim jednak zaczął nas wszystkich poić, zastrzegł:

– Woda na tych terenach jest cenniejsza od złota. To skarb i nie wolno jej marnować.

Po tym wstępie otworzył kran, uprzednio podstawiwszy pod niego kubek, po czym napełnił naczynie do połowy i podał najbliżej stojącemu. Tak oto rozpoczęła się ceremonia picia największego skarbu Kaukazu, a przynajmniej jego części – Ipatowa.

Pijąc, krzywiliśmy się, ponieważ woda była ciepła i jakaś inna niż wszędzie dotychczas. Cóż jednak było robić, chciało nam się pić, więc piliśmy. Aby napoić taką grupę jak nasza, trzeba było dużo czasu. Gospodarz poprosił jednego ze starszych chłopców, by przejął obsługę kranu, sam zaś podszedł do wychowawców, którzy spragnieni także czekali na swoją kolej.

– Wyznaczono już kierownika polskiego domu dziecka – poinformował. – Będzie nim kobieta, Polka posiadająca obywatelstwo radzieckie i mieszkająca w ZSRR. To dla niej nakaz partyjny – dodał. – Teraz jej nie ma, ale była wcześniej i wspólnie przygotowaliśmy dom na wasz przyjazd. Wczoraj pojechała do Stawropola załatwić przydział żywności, leki i wszystkie inne rzeczy konieczne do prowadzenia placówki, w której będzie mieszkać taka liczba dzieci.

Podczas gdy gospodarz rozmawiał z wychowawcami, na placu panował ciągły ruch. Ci, którzy już się napili, teraz z kolei szli do ustępu. W końcu wszystkim polecono wejść do budynku i skierować się od razu na piętro. Na parterze znajdowała się jedynie jadalnia, kuchnia, magazyny podręczne i świetlica, a także (jak się później okazało) sale do nauki. Zapowiadało się na dłuższe w tym domu zamieszkiwanie.

* * *

Na pierwszym piętrze zakwaterowano dziewczęta, chłopców zagnano na drugie oraz na poddasze, gdzie mieściła się także izba chorych. Pokoje były duże – ponieważ w budynku funkcjonował szpital. W każdym z nich swobodnie mieściło się od dwudziestu do ponad trzydziestu łóżek. Wszystkie były metalowe i miały sprężyny. Na każdym leżał słomiany siennik, poduszka (również wypełniona słomą), koc oraz prześcieradło. Po tak długiej podróży widok solidnie przygotowanych łóżek napawał nadzieją na zdrowe, wygodne spanie.

Ja i mój brat Marian trafiliśmy do jednego pokoju, a wraz z nami jeszcze trzydziestu innych chłopców. Na każdym piętrze znajdowały się umywalnie, jednak woda z kranów ciekła tylko cienką strużką. Podgrzewana nie była, ale zimna też nie, płynęła bowiem z zawieszonego dosyć wysoko zbiornika, na który akurat o tej porze intensywnie działało słońce. Po marszu, jaki mieliśmy za sobą, najlepsza byłaby kąpiel, lecz o tym nie było co marzyć.

Wodę do celów gospodarczych i sanitarnych pobierano z pobliskiej rzeki, niezbyt szerokiej, za to głębokiej i rwącej. Niosła z sobą czerwony pył i nie nadawała się do picia, po odstaniu oczyszczała się jednak, a na dnie naczynia odkładała się warstewka gliny. Po wodę do picia trzeba było jechać dosyć daleko, bo aż około trzydziestu kilometrów. Wożono ją końmi. Na przebycie drogi potrzeba było prawie cały dzień.

Na pierwszy posiłek w polskim domu dziecka w Ipatowie zaserwowano nam lekko kwaśną, zabielaną zalewajkę. Dawno zapomnieliśmy, że coś takiego może służyć do jedzenia, że w ogóle istnieje na świecie. Wlewano ją do misek, do których uprzednio nałożono tłuczone ziemniaki (nawet bez łupin). Do tego każdy dostał jeszcze kawałek chleba, tym razem znacznie ciemniejszego niż ten w Archangielsku, cięższego i lekko lepiącego się do ręki. Nikt z nas jednak nie grymasił, bo i tak w porównaniu z łagrowymi pomyjami to była istna uczta! W kuchni (co dało się zaobserwować przez duży otwór w ścianie) uwijały się cztery kobiety. Co ciekawe, też mówiły po polsku, chociaż mocno ten język kaleczyły i zaciągały z ruska.

Posilając się, zerkaliśmy w duże okna, których sporo było na każdej kondygnacji. W pewnej chwili zauważyliśmy, że przed budynkiem zebrała się grupka ludzi. Była wśród nich głównie młodzież, lecz także kilka osób starszych, samych mężczyzn. Ich twarze znacznie różniły się od tych, jakie spotykaliśmy w Archangielsku. Oczy mieli lekko skośne, wystające kości policzkowe, szerokie nosy, niskie czoła i w większości ciemne włosy. Stali w pewnej odległości, spoglądając złowrogo w stronę naszego domu. Co odważniejsi podeszli nawet bliżej i wspinając się, zaglądali przez okna do środka, wykonując przy tym gesty przypominające wygrażanie pięściami.

Po obiedzie pozwolono nam wyjść na dwór i rozejrzeć się po okolicy, ale tylko tej najbliższej. Gospodarz odradzał zadawanie się z miejscowymi, przestrzegając, że nie są oni przychylnie nastawieni do Polaków. Większość chłopców nie przejęła się tym zbytnio. „Turyści" – tak nazwano tych, którzy już pierwszego dnia wypuścili się na miasto, a po powrocie opowiadali, co widzieli. A widzieli, jak wynikało z ich opowieści, bardzo wiele, zdążyli bowiem spenetrować od razu całe Ipatowo, będące ponoć miasteczkiem, choć przeważały tu domy wykonane z mieszaniny gliny i zwierzęcego łajna, pobielone po wysuszeniu, które w tych warunkach nie trwało długo.

Były to małe, kurne chatki z okienkami nie przekraczającymi pół metra wysokości i dachami krytymi przeróżnymi badylami miejscowych roślin, głównie kukurydzy, słonecznika i prosa. Przy poszczególnych domkach dojrzewały brzoskwinie i morele, a w ogródkach dominowały arbuzy oraz melony, przypominające wyglądem i kształtem duże ogórki, tyle że znacznie jaśniejsze, miejscami prawie białe, względnie biało-żółte. Widziało się także krzewy winorośli, a nawet kwiaty. Miejscowi z zaciekawieniem spoglądali na młodych przybyszów z Polski chodzących grupami. Ten przywieziony z Archangielska nawyk i tu się przydał, ba, jak się później okazało, stał się wręcz nieodzowny.

Na kolację, którą z uwagi na brak w domu oświetlenia serwowano dosyć wcześnie, był chleb z marmoladą i herbata (słodzona, choć bardzo słabo). Znowu przypomnieliśmy sobie smak czegoś, czego już dawno (bo aż od 1940 roku) nie mieliśmy w ustach. A potem nadeszła noc, pierwsza na nowym miejscu, przespana snem twardym i niezakłóconym, no może z wyjątkiem tego, że jeden z chłopaków najadł się strachu. Kiedy wyszedł wysikać się do wiadra stojącego w korytarzu (po to, żebyśmy nie musieli wybiegać w nocy na dwór), zdawało mu się, że ktoś za nim idzie. Podnieconym głosem opowiadał nam potem, że wyraźnie słyszał kroki, a nawet czuł na karku czyjś oddech.

Pośmiano się z niego i na tym się skończyło.

* * *

Kierownik Konczewski dotarł do nas z towarem dopiero następnego dnia, znikąd bowiem nie mógł wytrzasnąć ciężarówki. Pomogli mu w końcu sowieccy wojskowi, którzy siedzieli za kierownicą i na skrzyni samochodu. Szybko zebrano starszych chłopaków i rozpoczął się wyładunek. Szło to całkiem sprawnie. Rosjanie podawali, a chłopcy odbierali i odnosili zapasy do pomieszczenia, które wskazał gospodarz.

Na powitanie Konczewskiego wyszli wychowawcy. Przywitali się, a następnie długo z nim o czymś rozmawiali, wciąż stojąc przed budynkiem. Przerwano im, gdy samochód został rozładowany. Kierownik, nie wiedzieć czemu, był wyraźnie zły. My natomiast byliśmy szczęśliwi, bo dostaliśmy na śniadanie po dwa jajka, chleb i białą kawę. Pycha! Nikomu z nas nawet do głowy nie przyszło, że mogłoby jeszcze do tego być masło, mało kto je w ogóle pamiętał.

W godzinach poobiednich do domu dziecka dotarła pani Maria, kierowniczka z nominacji władz sowieckich. Od razu wezwała do siebie cały personel, organizując coś w rodzaju odprawy, na której każdy poznał swoje zadania. Była bardzo drobną osobą niskiego wzrostu, o kształtnej, małej, lecz ładnej twarzy, ciemnych oczach w ciemnej oprawie oraz długich, ciemnych włosach z odcieniem brązu. Miała na sobie długą, czarną spódnicę i tegoż koloru żakiecik, spod którego wystawała biała bluzka, oraz czarne, zgrabne buciki na dosyć wysokim obcasie. Przy małym wzroście i ogólnie niepozornym wyglądzie sprawiała wrażenie kobiety bardzo energicznej, sprawnej fizycznie i stanowczej.

Po kolacji kazano nam pozostać w jadalni, gdzie znajdowali się także wychowawca i personel pomocniczy, jedzący to samo co my i razem z nami. Kiedy kończono jeść, ta drobna istota wyszła na środek i zaczęła mówić. Głos miała spokojny i miękki, o życzliwym i ciepłym tonie. Najpierw podała swoje nazwisko i imię, a potem poinformowała, że jest Polką, lecz z obywatelstwem radzieckim i od dawien dawna mieszka w ZSRR. Zaskakujący chyba dla wszystkich był fakt, że po tylu latach zamieszkiwania w obcym kraju wciąż tak biegle włada językiem polskim.

– Jeszcze nie wiadomo, jak długo przyjdzie wam tu mieszkać – powiedziała. – Radziłabym nastawić się na jak najdłuższy pobyt w Ipatowie. Na wasz przyjazd wszystko udało się jakoś przygotować. Żywność też jest, chociaż nie tyle, ile potrzeba. W Stawropolu obiecano, że dostarczą więcej, jeśli tylko będą mieli, a wiem doskonale, że sami dużo nie mają i wielu obywateli tego wielkiego kraju odczuwa niedosyt pożywienia, a nawet głód. Przerwała na moment, po czym powiodła wzrokiem po zebranych w sali dzieciakach.

– O was także wiem wszystko – ciągnęła – i bardzo wam współczuję. Ten fakt jednak niewielu rządzących w tym kraju interesuje, ponieważ inni także żyli w krańcowych warunkach, może nie aż takich jak wy, lecz również bardzo złych. Ale nie o to głównie chodzi. Ważne jest to, że mieszkając tu musimy także liczyć na siebie i dlatego będziemy musieli pracować, by zdobyć środki na nasze utrzymanie. Już za kilka dni pójdziemy do kołchozu „Zołotorowka", gdzie będziemy zbierać zboże, arbuzy, melony i winogrona. Podczas zbierania będzie je można jeść, sądzę więc, że będziecie z tej pracy zadowoleni – dodała z uśmiechem. – Daję głowę, że mało kto z was jadł na przykład melony, brzoskwinie, morele czy kawony, w Polsce dla tych roślin jest za zimno. Tu najecie się tego wszystkiego do woli.

Słowa kierowniczki wywołały na sali lekkie podniecenie. Słuchaliśmy jej coraz bardziej przejęci.

– Do wymarszu, ponieważ nie mamy czym jechać, poczekamy jeszcze ze cztery dni – kontynuowała. – Wyruszymy w najbliższy poniedziałek, bardzo wcześnie rano, bo o tej porze jest najchłodniej, a droga będzie daleka, około dwudziestu kilometrów. Zajdziemy zapewne dopiero na obiad. Poza tym w najbliższych dniach zostanie ogłoszony regulamin, którego będziecie musieli w tym domu skrupulatnie przestrzegać, bo nas, pedagogów, jest mało, a was dużo, o wiele więcej, niż mi mówiono, proponując stanowisko kierowniczki...

Po tych słowach westchnęła ciężko, lecz już po chwili mówiła dalej.

– Wszyscy będą musieli pełnić dyżury, sprzątać w budynku i poza nim, a także pomagać w kuchni i pralni. Jeżeli więc chcecie sprzątać jak najmniej, musicie zachowywać czystość dookoła siebie. Będziecie się tutaj czuć, albo raczej powinniście się czuć jak w Polsce, ponieważ wszystko będziecie robili po polsku. Po powrocie z kołchozu, we wrześniu, rozpoczniemy naukę, nie tylko polskiego, lecz także matematyki, geografii, biologii i innych przedmiotów, jakie obowiązują w polskiej szkole. Niestety, podręczników, jak na razie, jest tyle, jakby ich wcale nie było.

W jej głosie dało się wyczuć żal i troskę. Kolejny raz westchnęła, a potem przeniosła wzrok na grono naszych wychowawców.

– Moim zastępcą będzie wasz dotychczasowy kierownik, pan Konczewski – poinformowała. – Wychowawców znacie już dobrze. Poza tym mamy tu jeszcze pracowników, którzy też są Polakami i znaleźli się w tym kraju w podobny sposób jak wy. Przez czas waszego pobytu tutaj będą obsługiwać kuchnię i pralnię, pilnować domu i pozostałych budynków, a także dbać o wasze zdrowie i bezpieczeństwo. Gdy będziecie wracali do Polski, czego wam życzę z całego serca, oni pojadą razem z wami, ja natomiast zostanę tu już na zawsze.

Tymi słowami zakończyła swoją długą przemowę, życząc nam jak najmilszego pobytu w Ipatowie i, jeszcze raz, szybkiego powrotu do kraju.

* * *

Potem był jeszcze długi wieczór, po nim zaś nadeszła kolejna noc. I znowu komuś coś się przywidziało. Z tego powodu tak się wystraszył, że zamiast załatwić się do wiadra, cały pęcherz opróżnił pod siebie. Gdy rano opowiadał, że widział w nocy coś białego i wysokiego, pukaliśmy się znacząco w czoło i śmialiśmy się z niego, nie dając wiary tym opowieściom. Ale „duchy" – jak zaczęto je określać – pojawiały się nocą stale. Niektórzy je widzieli, inni tylko słyszeli ich stąpanie albo sapanie i stękanie.

Wieść o tym dotarła w końcu do kierowniczki, która podsumowała krótko, że żadnych duchów nie ma, a wobec tego nie ma się czego bać. Nie odważyła się jednak powiedzieć jednoznacznie, byśmy nie wierzyli w życie pozagrobowe czy też w Boga. Za to dozorca uważał, że nie należy tego lekceważyć, bo jego zdaniem są to zmarli, którzy tułają się, ponieważ potrzebują modlitwy żyjących.

– Nie ma co się dziwić, że w tym domu pokazują się duchy – dowodził. – Kiedy był tu szpital, bardzo wielu ludzi umarło bez księdza i bez ostatniego namaszczenia.

Zdradził nam jeszcze jedną informację, a mianowicie, że wielki dół, znajdujący się nieopodal domu, służył kiedyś Rosjanom i Niemcom do mordowania Żydów.

– Podobno wrzucano ich tam, oblewano benzyną i podpalano. Nawet jeśli któremuś udało się z tego dołu wydostać, ostrzeliwany był z karabinu maszynowego zainstalowanego na dachu szpitala.

Dozorca chciał jeszcze coś dodać, lecz kierowniczka przerwała mu szybko, mówiąc, że nie powinien opowiadać o czymś, co nie zostało stwierdzone i potwierdzone, bo tylko niepotrzebnie nas straszy.

* * *

W ipatowskim domu dziecka kładliśmy się spać o dwudziestej, a wstawaliśmy o szóstej. Około dwudziestej pierwszej pani Maria chodziła od pokoju do pokoju, życząc nam spokojnej nocy. Była bardzo dobrą, opiekuńczą kobietą, może nawet bardziej niż niejedna matka. Charakterystyczne było to, że koło żadnego dziecka nie przeszła obojętnie. Dla każdego znalazła ciepłe słowo, często poparte iście matczynym gestem. A to pogłaskała po włosach albo po buzi, a to przytuliła do swego boku, bywało nawet (i to dosyć często), że któregoś czy którąś z nas pocałowała. Po każdej takiej scenie w jej oczach pojawiały się łzy. Jeśli jednak ktoś był niegrzeczny albo postąpił źle, potrafiła też powiedzieć coś przykrego.

Już trzeciego dnia pobytu w Ipatowie odkryliśmy, że wszyscy mieszkańcy chodzą po mieście z kieszeniami pełnymi słonecznika, bez przerwy go gryząc, i to dość specyficzną techniką. Polegała ona na tym, że wrzucało się do ust dużą ilość ziarna, a następnie łuskało każde ziarnko, wypluwając łuski. U miejscowych widać było nieraz cały łańcuszek takich słonecznikowych łusek, wiszący przy ustach i sięgający aż za brodę.

Początkowo niektórzy chłopcy prosili kałmuków, by dali im parę ziaren, miejscowi jednak systematycznie odmawiali, postanowiliśmy więc podejrzeć, skąd je biorą. W ten prosty sposób dowiedzieliśmy się, że niemal w samym środku miasteczka znajduje się magazyn pełen słonecznika. Dostawszy się tam niepostrzeżenie, wystarczyło tylko wyciągnąć kołek ze ściany, w której miejscowi wywiercili otwór, i ziarno sypało się same. Zdarzało się, że otwór się zatykał, wtedy trzeba było przepchać go jakimś kijkiem i słonecznik znowu sypał się ciurkiem. Wtedy rozpinało się bluzę i odpowiednio ją nadstawiało, a po kilku minutach napełniała się ziarnem. Teraz i my chodziliśmy po głównej ulicy miasteczka, naśladując tubylców i ostentacyjnie gryząc siemieczki (tak nazywano ziarno słonecznika).

Nie minęło wiele dni od naszego przyjazdu do Ipatowa, kiedy to między chłopcami z polskiego domu dziecka, a miejscowymi doszło do ostrej wymiany zdań, następnie zaś do rękoczynów. Zanosiło się na to, że nasi oberwą cięgi, więc w sukurs im poszli koledzy, natychmiast jednak wzrosła także liczba przeciwników. Zaczęła się walka niemal na śmierć i życie. Na szczęście całe towarzystwo rozgonił w porę kierownik Konczewski wraz z panem Edmundem i gospodarzem domu. Bójka trwała krótko, za to ślady pod oczami, na nosach i wargach widać było jeszcze długo. Opuszczając dom i udając się w drogę do kołchozu, niektórzy wciąż goili poniesione w tej bójce rany i skaleczenia.

## Rozdział 21. KOŁCHOZ „ZOŁOTOROWKA"

O piątej rano wyznaczonego dnia cały stan osobowy polskiego domu dziecka w Ipatowie (z wyjątkiem chorych) wyruszył do kołchozu. To tak wczesne wyjście na niewiele się zdało. Noc była ciepła i dzień od samego rana rozjaśnił się słońcem, toteż już o siódmej było nadmiernie ciepło, a wręcz gorąco. Pot zalewał nam wszystkim oczy, a wzbijany butami kurz nie dość że wywoływał otarcia stóp, to jeszcze oblepiał całe ciało.

Po około dwóch godzinach marszu zarządzono odpoczynek. Zwaliliśmy się na pobocze drogi, ciężko dysząc. Słońce w tym czasie prażyło już niemiłosiernie. Trudną do zniesienia spiekotę w minimalnym stopniu koiły podmuchy słabego wiatru. Wszystkim bez wyjątku serdecznie chciało się pić, zrywano więc po drodze jeszcze nie w pełni dojrzałe morele, które na krótko gasiły męczące pragnienie. Prowiant, który nieśli na zmianę starsi chłopcy – jedzenie i kawa – miał być wydany dopiero w porze obiadowej, nie wcześniej niż o pierwszej.

Po półgodzinnym odpoczynku, w czasie którego można było poprawić onuce na nogach, ruszyliśmy dalej. Niektórzy nabawili się tak bolesnych otarć (szczególnie pięt i kostek), że próbowali iść boso. Nie uszli daleko. Ziemia parzyła w stopy jakby była rozżarzonym popiołem, nawet kolorem się do niego upodabniając, dlatego bardzo szybko wkładano buty z powrotem. Poza tym wychowawcy kategorycznie zabronili rozbierać się do nagiej skóry, strasząc poparzeniami lub porażeniem słonecznym.

Nasza kolumna rozciągnęła się, zajmując długi odcinek traktu, nad którym nieustannie unosił się woal kurzu i pyłu. Po godzinie znowu domagaliśmy się odpoczynku, ale opiekunowie nie zgodzili się, twierdząc, że jeśli zrobimy kolejny postój, nie zdołamy dotrzeć do celu nawet przed nocą.

W samo południe temperatura otoczenia wzrosła do ponad trzydziestu stopni. Z bezchmurnego nieba na nasze głowy spływał piekielny żar. Co za paradoks! Najpierw wymarzliśmy do szpiku kości na głębokiej północy Związku Sowieckigo, na terenach położonych tuż przy sześćdziesiątym piątym równoleżniku, teraz z kolei poddani zostaliśmy biegunowo odmiennej terapii wstrząsowej – tu, gdzie się znaleźliśmy, temperatura w środku lata dochodziła do czterdziestu stopni Celsjusza, a bywało (choć rzadko), że i tę granicę przekraczała.

Kolejnego postoju doczekaliśmy się dopiero w stepie. Był to nieosłonięty teren, na którym rosła jedynie roślina o twardej, zdrewniałej łodydze i rozłożystej koronie, zwana burianem. Wszyscy padli na ziemię pokotem, sprawiając wrażenie na wpół żywych, i jakiś czas leżeli tak niemal bez ruchu. Kucharki, które wraz z nami szły do kołchozu, po chwilowym odpoczynku przystąpiły do wydawania posiłku. Każdy otrzymał kawałek chleba, pół kubka czarnej, gorzkiej kawy i cztery kostki cukru.

Hasło „Cukier krzepi!" zostało wymyślone znacznie wcześniej, bowiem nieustannie powtarzano, że doda nam sił. Słodkie kostki zazwyczaj gryzło się po małym kawałeczku i popijało kawą, chociaż niektórzy wkładali je do ust w całości. Kawa, ugotowana bardzo wcześnie rano i długo niesiona, powinna była do tej pory wystygnąć, wcale jednak nie była zimna. Garnki, w których ją niesiono, jakby dopiero co zdjęto z płyty kuchennej, trudno je było utrzymać gołą ręką. Kubki, które mieliśmy przytroczone byle gdzie, też się nagrzały, a w dodatku zakurzyły. Nawet kilka dmuchnięć do środka nie było w stanie usunąć z nich pyłu, ale i tak podstawialiśmy je pod garnek.

Przerwa na posiłek trwała długo, prawie dwie godziny. Wychowawcy najwyraźniej też byli zmęczeni i nie spieszyli się zbytnio z ruszaniem w dalszą drogę. Ziemia, na której siedzieliśmy, sprawiała wrażenie falującej. Trudno było na niej usiedzieć, ciągle należało zmieniać pozycję.

* * *

W trakcie marszu bardzo rzadko spotykaliśmy kogokolwiek na szlaku, nie widzieliśmy po drodze również żadnych osiedli. Z rzadka mijały nas zaprzęgi, ciągnięte zazwyczaj przez woły, i ludzie, ubrani tak, jakby było im zimno. Pytani o drogę i wodę, nie wszyscy odpowiadali z chęcią, zwłaszcza słysząc obcy język, w którym rozmawialiśmy między sobą, chociaż przechodniów zagadywaliśmy po rosyjsku. Na szczęście znalazł się ktoś, kto odpowiedział życzliwie, wskazał nam drogę, a nawet poradził, gdzie możemy zaspokoić pragnienie. Szliśmy więc dalej, nie zważając na trudy i niedostatki, albo raczej obojętniejąc na nie. Byliśmy już przyzwyczajeni, poniekąd uodpornieni i zahartowani, toteż nikt się nie skarżył, bo i nie było komu, ani po co.

Do kołchozu dotarliśmy późnym popołudniem, około godziny piątej. Już z daleka zauważyliśmy kompleks budynków, które okazały się zwykłymi, drewnianymi barakami, stłoczonymi na niewielkiej powierzchni, ustawionymi na kształt prostokątnej litery C.

Nasza kolumna już od pewnego czasu szła drogami, wzdłuż których po obu stronach ciągnęły się pola o olbrzymiej wprost powierzchni, na których dojrzewały kawony, melony i kołyszące się na wietrze dorodne słoneczniki. Nieopodal rosło także zboże, a w dalszej perspektywie widać było winnice. Od miejsca, gdzie zaczęły się pola, wychowawcy zaczęli poświęcać nam więcej uwagi, bacząc, byśmy nie próbowali schodzić z drogi i czegoś zrywać, pomni rad życzliwych ludzi, ostrzegających przed stróżami wyposażonymi w broń i robiącymi z niej użytek często, nawet bez ostrzeżenia.

Kiedy dotarliśmy w końcu do zabudowań, wyszedł nam naprzeciw mężczyzna.

– No, nareszcie! Witajcie, przyjaciele Polaki! – zawołał po rosyjsku, mocno przy tym gestykulując rękoma.

Następnie przywitał się ze wszystkimi dorosłymi, pokazując jednocześnie, dokąd mają się udać dzieci. Poszliśmy we wskazanym kierunku i po chwili znaleźliśmy się na dużym placu, na którym leżał wielki stos arbuzów. Wszystkim aż oczy się zaświeciły. Widząc to, zawiadujący kołchozem pozwolił nam usiąść koło góry owoców i jeść, ile kto zdoła.

Natychmiast poszły w ruch noże, scyzoryki i inne przedmioty nadające się do cięcia. Ci, którzy nie mieli niczego, co nadawałoby się do krojenia arbuzów, uderzali nimi po prostu o twarde klepisko, a gdy pękły, rozpadając się na kilka kawałków, jedli z taką zachłannością, jakby to był konkurs, kto zje więcej i szybciej.

– Kuszajcie, riebiata! Kuszajcie skolko ugodno![13] – zachęcał kierownik kołchozu, patrząc na nas ze śmiechem. – Arbuzy są smaczne, zdrowe i mają w sobie duże ilości wody, a to jest tutaj bardzo ważne – pouczał.

Jedzeniu arbuzów nie było końca. Pochłanialiśmy je do czasu, aż nie przycisnęło najpierw jednego, potem kilku, wreszcie kilkudziesięciu. Co pewien czas jakaś grupka odbiegała w bok, w zarośla, by po chwili wrócić na miejsce i jeść dalej. Pobliskie chaszcze, krzaczki, dołki i inne ustronne miejsca były już tak zapaskudzone, że dookoła zaczynało śmierdzieć.

---

[13] Jedzcie, dzieci! Jedzcie, ile chcecie!

Kierownik nie przestawał się śmiać. Patrząc na nieustannie biegające tam i z powrotem dzieciaki, powtarzał:

– Nie szkodzi! Nic im nie będzie, a ziemię użyźnią.

W końcu wszyscy mieli już dosyć arbuzów, których ubytek zresztą był wyraźnie widoczny. Wokół walały się poobgryzane łupiny, a ziemia upstrzona była pestkami o różnych odcieniach brązu.

Kierownik kołchozu zamienił parę zdań z kierownikiem Konczewskim, który był teraz odpowiedzialny za wszystko, gdyż pani Maria znowu wyjechała do Stawropola domagać się dostarczenia żywności, lekarstw i innych niezbędnych rzeczy, żebyśmy mogli żyć w miarę normalnie. Po tej rozmowie Konczewski stanął koło góry arbuzów i oznajmił:

– Dzisiaj już nic nie będziecie robić. Pozbieracie tylko po sobie łupiny arbuzów i pójdziecie odpoczywać do baraków. Za to jutro z samego rana wszyscy wyruszymy w pole i przystąpimy do zbiorów zboża. Kiedy uporamy się ze zbożem (podobno nie ma go wiele), przejdziemy na pola arbuzowe i melonowe, a potem zabierzemy się za winogrona, w uprawie których ten kołchoz się specjalizuje. Na samym końcu będziemy zbierać słonecznik.

To powiedziawszy kierownik ostrzegł, że zboże jest mocno porośnięte chwastem, dlatego jego zbiór będzie polegał na obrywaniu kłosów.

– Dzienna norma na każdego z was zależna będzie od wieku i wyniesie od piętnastu do dwudziestu pięciu kilogramów – poinformował. – Ten, kto nie wykona normy, nie zarobi na wyżywienie.

Popatrzyliśmy po sobie. Chyba wszystkim przypomniało się znane z łagru powiedzenie, że „kto nie rabotajet..."

– Uważajcie też na żmije i węże, od których podobno aż się tu roi – ciągnął Konczewski. – Tak przynajmniej twierdzi kierownik kołchozu – zastrzegł się. – A teraz wszyscy pójdziemy do baraku jadalni i tam dostaniemy zupy – powiedział na zakończenie.

Tymi słowami bardzo nas pocieszył, bo już myśleliśmy, że będziemy musieli iść spać, nie otrzymawszy niczego konkretnego do jedzenia. Arbuzami nikt nie czuł się nasycony, nimi można było się tylko napić i zasłodzić brzuch. Tego, co dostaliśmy w jadalni, też jednak nie dało się zakwalifikować do konkretów. Była to zacierka na wodzie, okraszona jakimś bliżej nieznanym tłuszczem, a do tego kawałek chleba. Każdy mógł się jeszcze napić ciepłej, przegotowanej wody. Z tym oto balastem w żołądku udaliśmy się na spoczynek.

W barakach czekały na nas prycze z obleśnymi siennikami i poduszkami wypchanymi diabli wiedzą czym, pewnie słomą z chwastami, lecz już mocno rozkruszonymi. Na każdym łóżku znajdował się poza tym jeden koc. W barakach było brudno, a przede wszystkim duszno, zaraz więc otworzyliśmy okna. Po ścianach i suficie łaziło jakieś nieznane nam robactwo, wszędzie stale coś fruwało, skakało i pełzało. Rozebrani do gatek kładliśmy się na kocach. Bez mycia. Woda była tu na wagę złota, gdyż przez dłuższy czas nie padało. Podobno na gruntach kołchozu płynęła mała rzeczka, ale o tej porze roku stan jej wody zmieszanej z mułem był bardzo niski. Po wodę do picia i przyrządzania jedzenia jeżdżono wołami daleko poza teren kołchozu.

Zanim zapadły całkowite ciemności, wszyscy spaliśmy kamiennym snem. Śpiąc zaś, niektórzy rzucali się z boku na bok, mlaskali, mówili coś albo przełykali ślinę przez suche gardło. Sporo osób też drapało się, zaatakowały ich bowiem pluskwy, które wylazły prawdopodobnie z desek pryczy.

* * *

Dzień w kołchozie zaczynał się o świcie, a nawet o brzasku. Dosyć brutalnie zerwani ze snu, ubraliśmy się i zgodnie z poleceniem wyszliśmy na plac. Tam dano nam worki i skierowano na pole. Mimo suszy, zboże i porosłe w nim zielsko było bardzo wysokie, często dorównywało nam wzrostem. Chcąc zerwać kłos, należało po niego sięgnąć, ale nie tylko dlatego mieliśmy z tym problem. Słoma była dosyć twarda i często zdarzało się, że zamiast kłosa w ręku pozostawało samo ziarno.

Początkowo wszyscy mieliśmy też kłopot z workiem. Trzymając go, można było zbierać kłosy tylko jedną ręką, a przydałyby się dwie – jedna do przechylania zboża, a druga do obrywania. Po jakimś czasie i na to znaleziono sposób, przeciągając sznurek przez brzeg worka i wieszając go na szyi. Nie była to metoda idealna, ponieważ sznurek dość mocno wpijał się w kark, lecz jakoś dało się wytrzymać. Grunt, że praca szła teraz o wiele szybciej i wydajniej. Już nawet nie zrywaliśmy kłosów, tylko zagarnialiśmy jedną ręką tyle zboża, ile zdołaliśmy nią objąć, drugą zaś wykruszaliśmy ziarno, które wpadało wprost do worka. Nieustającą trudność wciąż jednak sprawiały nam chwasty. Trzeba się było przez nie przedzierać i wybierać źdźbła zboża spomiędzy nich. Nie dość, że rosły wysoko i gęsto, to jeszcze drapały skórę rąk i szyi.

O ósmej, po około trzech godzinach pracy, gongiem wezwano nas na śniadanie, które składało się z chleba, marmolady oraz kawy z mlekiem. Marmolady w kołchozie był spory zapas, toteż dawano ją nie tylko na śniadania, lecz również na kolacje. Zdarzało się też, że zamiast niej otrzymywaliśmy kawałek słoniny albo tylko chleb i kawę.

W czasie przerwy ważyliśmy sobie nawzajem zbiory (oczywiście w przybliżeniu, wagę bowiem zastępowała ręka i wyczucie ciężaru), strasząc się nawzajem, że nie uda nam się wyrobić normy, a w związku z tym nie zjemy dziś obiadu. Kiedy się tak przekomarzaliśmy, ktoś zawołał:

– Chodźcie coś zobaczyć!

To „coś" okazało się dużym, mogącym mieć z półtora metra długości, wężem, który zwinięty spiralnie wygrzewał się w słońcu. Początkowo wszyscy patrzyli na niego z pewnym zachwytem, a jednocześnie strachem. Było to dla nas zjawisko zupełnie nowe, dotychczas stykaliśmy się tylko z jaszczurkami i padalcami. Ale jak to zwykle bywa, w każdym środowisku znajdzie się ktoś, kto chce zaimponować innym. Tak się stało i w tym przypadku. Oto znalazł się śmiałek, który postanowił zakłócić spokój węża. Ten jednak poruszył się i, wyczuwając grożące mu niebezpieczeństwo, zaczął się wyprostowywać, zamierzając zapewne czmychnąć do znajdującej się w pobliżu nory. Nie było mu dane uciec. Śmiałek złapał stojący nieopodal szpadel i zaczął siekać gada na kawałki. Biernym obserwatorom tej sceny zrobiło się jakoś nijako. Niemniej ciekawostkę stanowił fakt, że każdy z odciętych kawałków węża jakiś czas jeszcze poruszał się i drgał. Takich i nawet większych węży było rzeczywiście bardzo dużo, chociaż o wiele bardziej obawiano się żmij, które przemykały to tu, to tam. Na szczęście jakoś nie odnotowaliśmy ukąszeń, które zagrażałyby życiu. Z początku wszystko, co pełzało, tępiliśmy w obawie, by nie zostać zaatakowanym. Później, kiedy się przekonaliśmy, że zwierzęta te nie są aż takie groźne, zaczęliśmy je ignorować, pozwalając im żyć i godząc się na ich obecność w naszym otoczeniu. Od pewnego zaś czasu ograniczaliśmy się tylko do zabawy z wężami. Wypatrzywszy norę, wlewaliśmy do niej duże ilości wody (jeśli była w pobliżu), zmuszając węża do wypłynięcia na zewnątrz, a następnie zakładaliśmy się o to, czy pojawi się sam czy z ropuchą. Zauważyliśmy bowiem ciekawą rzecz – prawie za każdym razem z nory wypływał i wąż, i ropucha. Potem, kiedy każdy napracował się aż do bólu w plecach, zaniechaliśmy i tej zabawy.

* * *

Jedzenie, jakie serwowano nam w kołchozie, było, delikatnie mówiąc, podłe. I to od początku aż do końca naszego pobytu. Jak nie kasza, to kartoflanka, jak nie zacierki, to mamałyga. Kawę, czasem mleko, albo jedno z drugim, podawano na śniadanie i kolację razem z chlebem i przeważnie z marmoladą (której ogromne ilości prawdopodobnie naprodukowaliśmy w tym kołchozie sami). Bywało, że w niedzielę, która była tu dniem wolnym od pracy, dostawaliśmy na śniadanie jajko lub chleb ze smalcem.

Braki w wyżywieniu, tak pod względem ilościowym, jak i jakościowym, uzupełnialiśmy kawonami, melonami i winogronami, a także gryzionymi bez przerwy pestkami słonecznika, w łuskaniu których nie ustępowaliśmy już miejscowym. Niestety, wszystko to trzeba było kraść, ponieważ pola objeżdżali konni stróże, ale i z nimi dawaliśmy sobie radę. Wystarczyło zatrzymać takiego stróża pod byle pozorem (na przykład dlatego, że chce się go o coś zapytać), a potem dosyć długo zagadywać, podczas gdy koledzy z drugiej strony pola kradli, ile się dało – tak, żeby starczyło dla wszystkich. Jeżeli jednak raz się podpadło, kradzieże na jakiś czas stawały się prawie niemożliwe, tak pilnie strzeżono pól.

W tym miejscu należy odnotować, że kradli również miejscowi, i to na masową skalę, wywożąc łupy na targ i sprzedając. Poza wymienionymi już smakołykami, jakie dawała nam natura, dożywialiśmy się również brzoskwiniami i morelami. Owoce te w tym roku nie zdążyły w pełni dojrzeć, jedzono je bowiem masowo, gdy były jeszcze twarde, chociaż już wysłodzone.

Po zebraniu zboża przesunięto wszystkich na pole arbuzów. Praca na nim była znacznie przyjemniejsza, choć równie ciężka jak poprzednia. Arbuzy najpierw składało się na pryzmy, a następnie ładowało na wozy, względnie na samochody, jeżeli wywożono je od razu gdzieś dalej. Tak samo postępowano z melonami. Kiedy poznaliśmy ich smak, przypadły nam do gustu dużo bardziej niż arbuzy.

Potem przyszła kolej na winogrona, których zbieranie było pracą szczególnie ciężką. Zrywało się je (lub ścinało, jeśli ktoś miał nóż), a potem wkładało do niesionych na plecach koszy, które po napełnieniu trzeba było taszczyć na koniec lub początek winnicy, a tam wyładowywać wprost do specjalnych kadzi lub beczek. Dla dziecka taki kosz stanowił niebagatelny ciężar. Do tego dochodziła jeszcze dokuczająca non stop spiekota, a także ciągła konieczność zachowania ostrożności ze względu na węże i żmije, które coraz to przemykały pod krzewami winorośli.

Jedyną satysfakcją była świadomość, że można najeść się winogron do syta. Te zielone i czarne owoce słońca oraz ziemi stanowiły nasz podstawowy pokarm i napój w czasie pracy. Winogron było więcej niż wody, więc gdy pobrudziliśmy się, jedząc czarne, myliśmy się zielonymi. Dużą ilość tych owoców wytłaczano na miejscu, wytwarzając z nich wino, a raczej moszcz winny i soki.

* * *

Dni od świtu do zmierzchu wypełnione pracą mijały bardzo szybko. W końcu wyznaczono termin powrotu do Ipatowa. Kilka dni wcześniej zasadnicze prace zostały zakończone, wałęsaliśmy się więc po okolicy w poszukiwaniu owoców i przygód. W nagrodę za dobrze wykonaną robotę kierownik kołchozu „Zołotorowka" obiecał, że na drogę powrotną załatwi nam samochody, żebyśmy nie musieli wracać pieszo tyle kilometrów.

Mieliśmy też otrzymać część plonów. Przez te dwa i pół miesiąca pracy w polu bardzo się zmieniliśmy, można powiedzieć, że zmężnieliśmy. Wszyscy byli opaleni i ożywieni, na wyblakłych twarzach pojawiły się kolory.

Wyznaczonego dnia pod kołchoz podjechały aż trzy ciężarówki, wszystkie z zagranicznego demobilu. Oprócz nas musiały się na nich zmieścić otrzymane zamiast wynagrodzenia (na które i tak nikt nie liczył) arbuzy, melony, winogrona, słonecznik i kukurydza. Było tego sporo – prawie połowa samochodu, dlatego po wejściu na skrzynię wszyscy musieliśmy stać, trzymając się albo burt, albo siebie nawzajem. Tłok był duży, trudno się było nawet poruszać, ale godziliśmy się na tę niewygodę bez sprzeciwu, ponieważ każdy wolał jechać, nawet tak ściśnięty, niż iść pieszo w spiekocie i kurzu całe dwadzieścia (jeśli nie więcej) kilometrów, połykając wznoszący się pył i konając z pragnienia.

Kiedy odjeżdżaliśmy, wszyscy kołchoźnicy wyszli nas pożegnać. Stali w grupie, a na ich twarzach malował się smutek. Z przodu zaś stał kierownik. Obrazek ten najdobitniej świadczył o tym, że ostatecznie dogadaliśmy się, a nawet polubiliśmy, na co się z początku nie zanosiło.

Przez dłuższy czas stosunki pomiędzy Polakami a Kazachami były chłodne, a wręcz nieprzyjazne. Co było tego powodem, w zasadzie nie wiedział nikt, może z wyjątkiem dorosłych. Chociaż w gruncie rzeczy można się było tego domyślić, słysząc, jak kołchoźnicy ze szczególnym naciskiem i dosyć często wygłaszają takie zwroty, jak „polskie pany", „szlachta", „job wasza mać" i tym podobne. Ktoś musiał im nagadać głupstw, nie mających nic wspólnego z prawdą, lecz w ich pojęciu będących oczywistymi prawdami, toteż nie wypadało im nic innego, jak tylko ślepo w nie wierzyć i powielać.

No bo jakimi mogliśmy być panami czy szlachcicami my, dzieci z polskiego domu dziecka w Ipatowie? A czy mogli być nimi nasi rodzice, których za to w sposób bezwzględny wytępiono? Z pewnością nie, bo posiadanie kilkudziesięciu hektarów ziemi i domu (może tylko nieco solidniejszego od tych, w których mieszkali Białorusini) nie dawało jeszcze prawa do używania tytułu „pan" czy „szlachcic". Mimo to za takich nas uważano – i przed wojną, i w czasie jej trwania, i nawet tu, w kołchozie, już po wojnie. Gdyby znajdowali się między nami potomkowie takich bogaczy, jak Radziwiłłowie, Potoccy, Sapiehowie czy Jabłonowscy, wówczas określenie to miałoby sens, do żadnego z nas jednak kompletnie nie przystawało.

Kołchoźnicy z czasem to zrozumieli, ponieważ i między nimi znaleźli się tacy, co mieli podobne gospodarstwa, lecz dołączyli je do kołchozu, bo chcieli żyć. Tego, kto nie zaakceptował kolektywizacji, pozbawiano bowiem i własności, i prawa do życia, gdyż dla tzw. kułaków w komunistycznym kraju miejsca nie było.

Pod koniec pobytu w „Zołotorowce" niektórzy kołchozowi tak się dogadali z Polakami, że zapraszali ich do swoich domów, mimo że im samym też się nie przelewało, chyba że samogon, pędzony ze wszystkiego, co było pod ręką. Pili go, zalewając się do nieprzytomności i do utraty rozumu, czego konsekwencje często były bardzo żałosne, a wręcz tragiczne. Pijani w sztok lali swoje baby lub bili się nawzajem, i to nie tylko gołymi rękoma. Bywało, że błyskały w nich noże, a nawet siekiery, nie mówiąc już o walających się po stole butelkach, które zazwyczaj pierwsze stawały się narzędziem bójek.

Tej niedzieli, stojąc i żegnając odjeżdżających Polaków, też nie byli trzeźwi, chociaż dochodziła dopiero dziesiąta rano. Być może byli jeszcze wczorajsi lub przedwczorajsi, prawie wszyscy bowiem, włącznie z kobietami, pili niemal codziennie, tak jakby była to konieczność, wymóg organizmu, porównywalny z potrzebą fizjologiczną. Są ludzie, którym wystarczy, żeby codziennie zjedli, przetrawili i wydalili. Kołchoźnicy oprócz tego musieli się jeszcze napić samogonu. O jakiejkolwiek kulturze w tym czasie (chociażby o kinie) w ogóle się nie słyszało. Jedyną jej oznaką był miejscowy folklor, uprawiany wówczas, gdy wskaźnik alkoholu we krwi przewyższył poziom samej krwi. Mówiło się wtedy, że ktoś ma „alkohol zanieczyszczony krwią".

Samochody ruszyły, wznosząc chmury pyłu, który atakował drogi oddechowe, drażnił je i wywoływał kaszel. Kierowcy prowadzili iście po kawalersku, nie zwracając uwagi na doły, pochyłości czy spadki terenu. Zdarzało się, że ciężarówki jechały na dwóch, a raczej na trzech kołach, ten rodzaj samochodu miał bowiem podwójne koła z tyłu. Przez cały czas jazdy musieliśmy kurczowo trzymać się burt, względnie siebie nawzajem, ponieważ wciąż istniało ryzyko wypadnięcia. Aż dziwne, że nikt nie wypadł, nie został zgnieciony ani mocniej poturbowany. Wszyscy dojechaliśmy do Ipatowa w czasie nie dłuższym niż pół godziny. Tam zaś oczekiwali nas ci, którzy zostali po to, by troszczyć się o budynek, na czele z naszą kierowniczką.

* * *

Rozładunek przebiegał w ogólnym gwarze i śmiechu. Wszystko trwało zaledwie kilka minut i kierowcy już mieli zamiar odjeżdżać, kiedy pani Maria zatrzymała ich, zapraszając na śniadanie. W tym czasie nie było takiego, co by odmówił proponowanego posiłku, nie tylko w Kazachstanie, ale pewnie również w całym Związku Sowieckim.

Kierowcy odjechali więc godzinę później, zadowoleni i uśmiechnięci, serdecznie ściskając na pożegnanie rękę naszej kierowniczki.

Ta kobieta z sowieckim obywatelstwem i polską duszą bardzo szybko wszystkim przypadła do serca. Starsi chłopcy podkochiwali się w niej, a dziewczęta uwielbiały za sposób, w jaki się ubiera i porusza. Na pierwszy rzut oka widać było, że potrafi się ubrać ze smakiem, a każdy strój nosi z gracją i elegancją. Co do wieku pani Marii, to dokładne jego określenie graniczyło z niemożliwością. Sylwetką upodabniała się do młodej, dwudziestoletniej, góra trzydziestoletniej kobiety. Młodzieńczości dodawały jej także długie, spływające po plecach włosy. Natomiast gdy się przyjrzało dokładnie jej twarzy i rękom, można było zauważyć na czole, przy oczach i ustach sieć drobnych zmarszczek i jakby nieco pożółkłą skórę. Zważywszy na to dawano jej około pięćdziesięciu lat. Ubrana niemal zawsze na czarno, szybko przemierzała korytarze, sprawiając wrażenie, że jest wszędzie jednocześnie. Teraz biegała od sali do sali, prosząc, byśmy nie naśmiecili i uszanowali pracę tych, dzięki którym mogliśmy wrócić do czystego budynku i czystych pokojów.

Przez cały czas, kiedy przebywaliśmy w kołchozie, nasi opiekunowie (czyli dwóch wychowawców, dwie wychowawczynie i higienistka), których zadaniem było pilnowanie dzieci i troszczenie się o nie, interesowali się nami bardziej niż to było konieczne. Naszą trójką – Janiną, Marianem i mną – zainteresował się zwłaszcza pan Edmund.

Któregoś dnia zaprowadził nas w ustronne miejsce, gdzie nikt nam nie przeszkadzał, po czym zaczął wypytywać o losy naszej rodziny. Gdy relacjonowaliśmy mu, w jakich okolicznościach po kolei nas ubywało, milczał, a na jego twarzy malowało się zatroskanie, ból, czasami złość. Fragmenty, w których mowa była o matce i braciach, bardzo głęboko go zastanowiły. Kiedy dobrnęliśmy do końca opowieści, wyraził współczucie, że tyle musieliśmy przecierpieć, a potem obudził w nas nadzieję, obiecując, że napisze do jakiejś instytucji zajmującej się szukaniem zaginionych, i – jeśli Bóg da – być może wszyscy nasi bliscy się odnajdą.

Byliśmy mu bardzo wdzięczni za to, że tak się nami zainteresował i za to, że obiecał odszukać mamę oraz braci. Byliśmy mu wdzięczni za wszystko, z wyjątkiem tego, co powiedział na koniec:

– Jeśli wasi bliscy się nie odnajdą, a w waszej rodzinie nie będzie nikogo dorosłego, to być może już nigdy nie wrócicie do domu rodzinnego, ponieważ tam, gdzie mieszkaliście, nie ma już Polski.

## Rozdział 22. TRZY PORY ROKU W IPATOWIE

Już następnego dnia po powrocie z kołchozu oznajmiono nam po śniadaniu, że odtąd w domu dziecka wszyscy będziemy uczęszczać na lekcje.

W tym celu utworzono trzy klasy, rozdziału dokonując na podstawie tego, ile kto wcześniej ukończył klas, obojętne czy polskich, czy rosyjskich. Pomieszczenia lekcyjne były równie wielkie jak sypialnie na piętrach, toteż nie było problemu z umieszczeniem w tych trzech salach wszystkich nas jednocześnie.

Ponieważ ja w Pinedze dotarłem do klasy drugiej, teraz przydzielono mnie do trzeciej, podobnie jak moją siostrę Janinę. Brat Marian, mimo że starszy ode mnie o trzy lata, trafił do drugiej. Wiek przy tym podziale nie miał żadnego znaczenia. W najwyższej, trzeciej klasie znaleźli się tacy, którzy dopiero co ukończyli jedenaście lat, i tacy, co skończyli piętnaście albo i więcej. W pierwszej lub drugiej natomiast zdarzali się tacy, co mieli już tyle lat, ile powinno się mieć kończąc szkołę podstawową, nie chodzili bowiem do szkoły przed wojną (albo mieli za daleko, albo rodzice uznali, że szkoła nie jest im potrzebna).

W klasie mieliśmy tablicę i kredę, a nawet mapę świata. Niewiele na niej można było zobaczyć, bo tylko państwa, wśród nich znajdowała się jednak również Polska. System nauczania, jaki zastosowano, był korzystny i dla wzrokowców, i dla słuchowców. Polegał głównie na tym, że patrzyło się na tablicę, zapamiętując, co jest na niej napisane, a także słuchało się tego, co czyta nauczyciel. Zeszytów i książek nie było. Miały być później, lecz nikt nie miał pojęcia kiedy („później" równie dobrze mogło znaczyć „nigdy").

Przy tak dużych (liczących ponad pięćdziesiąt osób) klasach, nauka nie była, bo być nie mogła, łatwo przyswajalna, z uwagi na ciągły hałas i nieustanny szum. Nauczyciele zdzierali gardła, większość uczniów tymczasem nic sobie z tego nie robiła, najspokojniej w świecie gryząc słonecznik i rozmawiając. Najczęściej umawiano się na jakąś wyprawę po lekcjach – zazwyczaj po następną ilość ziarna słonecznikowego lub do cerkwi, w której udało się niekiedy łyknąć nieco wina i połknąć mikroskopijną bułeczkę razową (co miało stanowić ciało i krew Chrystusa).

Ze zdobywaniem pestek było coraz trudniej, ponieważ przy magazynie postawiono straż. Za dużo ziarna ginęło. Strażnicy przepędzali jednak tylko Polaków, jakbyśmy wyłącznie my byli winni odkrytych ubytków. Przeganiani przy użyciu pałek i kamieni, odpowiadaliśmy tym samym. Powstałe w ten sposób obustronne antypatie coraz częściej doprowadzały do zażartych walk, w których połączone siły chłopców z polskiego domu dziecka stawały przeciwko miejscowym chłopakom i mężczyznom.

Każda taka bitwa zaczynała się od tego, że Kałmucy i Kazachowie przychodzili pod budynek i przystępowali do wybijania szyb. Kiedy rozlegał się brzęk szkła, na dwór wybiegali Polacy. Zebrawszy po drodze kamienie, posyłali je następnie w stronę przeciwników, popisując się przy tym celnością. Niestety, kamienie trafiały i w jednych, i w drugich, raniąc nieraz bardzo boleśnie. Zdarzały się nawet przypadki wybicia oka lub spowodowania utraty przytomności. Szczególnie preferowano te płaskie i w miarę okrągłe, o cienkich, ostrych krawędziach. Gdy taki kamień trafił kogoś w głowę, z całą pewnością o jednego przeciwnika było mniej. Poza kamieniami powietrze przeszywały także wyzwiska i przekleństwa, które - po to, by adresat je usłyszał - wykrzykiwano, odległość pomiędzy przeciwnymi stronami wynosiła bowiem około trzydziestu metrów.

Bywało, że wychowawcy usiłowali ingerować w walkę, z zamiarem jej przerwania. Któregoś dnia kierownik Konczewski wraz z panem Edmundem wyszli z budynku i udali się w kierunku Kazachów, ale ich również obrzucono kamieniami, zmuszając do ucieczki. Na ten czyn odpowiedzieliśmy kolejnymi seriami rzutów, wykonywanych na komendę jednego ze starszych chłopaków. Widok trafionych przeciwników skręcających się z bólu, cieszył do tego stopnia, że stawaliśmy się jeszcze bardziej dokładni w celowaniu i jeszcze bardziej aktywni, wręcz agresywni. Apele wychowawców nie docierały do nikogo. Byliśmy przekonani, że robimy to, co do nas należy - bronimy tylko polskiego domu dziecka i samych siebie przed kałmucką dziczą.

* * *

W miarę upływu czasu walki przybierały na sile. Szyb w oknach budynku było coraz mniej i zachodziła potrzeba zamurowywania ich. Takich ślepych okien z dnia na dzień przybywało. Wychowawców zaczęło ogarniać przerażenie. Coraz więcej ich podopiecznych miało rozcięte głowy i bolesne stłuczenia na całym ciele, a końca walk nie było widać. Żadna ze stron nie chciała być uznana za pokonaną.

Nie mieliśmy już możliwości wyjścia z domu dalej, niż na „plac boju". Kamienie przestały wystarczać. Zaczęto przygotowywać bardziej wymyślne przyrządy, nadające się do walki wręcz. Wynajdywano jakieś stalowe pręty, ciężarki, które mocowano do sprężyn, a te z kolei do przegubu ręki, noże oraz inne potencjalne narzędzia, nawet zbrodni.

Miejscowi zjawiali się przed budynkiem już we wczesnych godzinach porannych, najczęściej w czasie trwania lekcji. Zaraz też rozlegał się brzęk tłuczonych szyb. Bawili się, rzucając w nie celowo, chcąc w ten sposób zaimponować kolegom. Kiedy następował atak, wyskakiwaliśmy z klas wprost przez okna, albo wybiegaliśmy drzwiami (wtenczas jednak trzeba było obiec całe skrzydło domu). W kilka minut wszyscy stawali w komplecie naprzeciw Kałmuków. Najpierw następowało skoordynowane natarcie przy użyciu kamieni, czyli – jak to żartobliwie określano – „dywanowy nalot" na przeciwnika, potem zaś krótkie serie, wyrzucane na komendę. Jeżeli w ten sposób udało nam się przetrzebić szeregi miejscowych, ruszaliśmy na nich, prowokując walkę bezpośrednią, w której nie decydowały już kamienie, lecz starannie przygotowane „narzędzia specjalne".

Pierwszy taki wypad Polaków był dla tubylców totalnym zaskoczeniem. Klęskę, jaką ponieśli, można było zaliczyć do druzgocących. Uciekając, tak się spieszyli, że pozostawili rannego kolegę, który nie był w stanie oddalić się o własnych siłach. Przesilenie nastąpiło, gdy dom dziecka został zaatakowany nocą i znów wyleciało kilka szyb (od ulicy, na parterze i na pierwszym piętrze, prawie w ogóle już ich nie było).

Obudzeni szybko wrzucaliśmy na siebie cokolwiek i zbiegaliśmy na dół, kierując się do drzwi. Ale przy nich już stali wychowawcy, którzy zapowiedzieli, że nikogo na dwór nie wypuszczą. Od czegóż jednak były okna w jadalni i w klasach! Na komendę wydaną przez Leszka, jednego ze starszych chłopaków, wydostaliśmy się na podwórko, tam zaś zebraliśmy się, ustalając taktykę. Wybiegając zza budynku wszyscy naraz mieli rzucić w napastników kamieniami, a następnie ruszyć do natarcia frontalnego, w którym ponownie miała pójść w ruch „broń specjalna".

Kamienie osiągały cel po obu stronach, co można było poznać po rozlegających się tu i tam okrzykach bólu i jękach. Ciemności nie przeszkadzały. Wśród nocy, wyjątkowo czarnej, rozgorzała bitwa na śmierć i życie. I to dosłownie! Złość i nienawiść opanowały obie strony do tego stopnia, że każdy był w stanie nawet zabić. W kotłowaninie ciał słychać było tylko trzaski, jęki, krzyki i przekleństwa. Szamotanina była straszna, a ofiary padały po obydwu stronach, miejscowi bowiem od jakiegoś czasu również zaopatrzyli się w lepszą broń, wzorowaną na naszej. Najgroźniejszy z tej kolekcji był ciężarek na sprężynie. Wypuszczany z rękawa w najmniej spodziewanym momencie, przeważnie trafiał tam, gdzie miał trafić.

Obie strony nacierały i cofały się, by po zebraniu sił ponownie przystąpić do ataku. Kilku małych Polaków opatrywała przy lampie naftowej higienistka. Mieli rozbite głowy i nosy, a także rany cięte na rękach, nogach, a nawet na twarzy. Krew lała się obficie. Najwięcej było rozkwaszonych nosów i podbitych oczu, zwanych „limonami". Co się działo po drugiej stronie, tego pośród ciemności nie widzieliśmy, mogliśmy się jedynie domyślać, gdyż kałmuckie natarcia były coraz słabsze i przeprowadzane coraz mniejszymi siłami. Wciąż jednak dochodziło do kolejnych ataków, tak z jednej, jak i z drugiej strony. Trwało to aż do białego dnia, który o tej porze (był dopiero październik) wstawał dosyć wcześnie.

* * *

Gdy nastał dzień, wszystkich ogarnęło przerażenie. Na drodze, w kałuży krwi zmieszanej z kurzem i pyłem, leżały bez ruchu trzy osoby: jeden Polak, którego bardzo szybko rozpoznano, i dwaj Kałmucy. Leszek zaproponował przeciwnikom rozejm, umożliwiający zabranie rannych, na co skwapliwie przystano.

Kiedy każda ze stron podeszła do swojego rannego z zamiarem udzielenia mu pomocy w podniesieniu się i zejściu na bok, miejscowi zaczęli nagle krzyczeć wniebogłosy, że jeden z nich nie żyje. Nasz żył, ale miał ranę głowy tak głęboką, że można było w nią wsadzić palec. Wypływająca krew zlepiła mu włosy. Miał też kilka sinych pręg na nogach i innych częściach ciała, wszystkie od uderzeń prętami. Tego rodzaju ślady miało wielu Polaków, kilku innych – rany otwarte i cięte. W sumie poszkodowanych po naszej stronie naliczono około dwudziestu, na całe szczęście obyło się bez ofiar śmiertelnych.

Fakt, że po przeciwnej stronie był nieboszczyk, jakoś nikogo z nas nie zmartwił.

– Całe to krwawe zajście spowodowane zostało przez Kazachów, myśmy się tylko bronili – tłumaczyliśmy się sami przed sobą. Dowodów było aż nadto. Wystarczyło popatrzeć na budynek, zwłaszcza na okna, te już zamurowane i te dopiero czekające na zamurowanie (o ponownym oszkleniu nie mogło być mowy, z uwagi na brak szyb i brak pieniędzy na nie).

We wczesnych godzinach porannych na placu boju pojawiła się milicja. Ktoś musiał poinformować ich o nocnych wypadkach. Dotychczas nie wtrącali się, traktując te walki jak łobuzerskie wybryki. Teraz jednak polała się krew, więc musieli interweniować. Przyjechali łazikiem, prawdopodobnie w komplecie (było ich sześciu).

Kiedy wysiedli, jeden z nich, zapewne dowódca, stanął na środku drogi, pomiędzy wciąż tkwiącymi na miejscu stronami walki, i donośnym głosem zawołał:

– Chwatit! [14]

Następnie padła kolejna komenda, tym razem już milicjantów:

– Rannych na samochód i do szpitala!

Rzekomo zabitego Kałmuka (który na szczęście okazał się jedynie ciężko ranny) załadowano do łazika, po czym odjechano, wzbijając tumany kurzu. Pozostali na miejscu milicjanci podeszli do nas i zaczęli przesłuchanie.

– Kto dowodził walką? – padło pierwsze pytanie.

– Nie ma takiego! – odparł błyskawicznie Leszek.

---

14 Wystarczy! (Dosyć tego!)

Mając osiemnaście lat, zdawał sobie sprawę z odpowiedzialności, dlatego uprzedził ewentualną odpowiedź któregoś z kolegów, który mógłby wskazać jego, choćby po to, by go wyróżnić i pochwalić. Leszek już wcześniej okazał się bardzo dobrym organizatorem i wodzem. Teraz wykazał się dodatkowo inteligencją. Broniąc siebie, nie zapomniał też o wychowawcach.

– Oni nie są niczemu winni – oznajmił. – Nie byli w stanie powstrzymać chłopców.

Konczewski, stojący obok enkawudzistów, chciał się włączyć do rozmowy, lecz zanim zdołał otworzyć usta, został uciszony.

– Spokojnie! Przyjdzie i na was czas, wtedy będziecie zabierali głos! – warknął milicjant i nie kontynuował już tej rozmowy, tylko polecił nam wszystkim wrócić do budynku, a swojemu koledze sprowadzić „tych drugich". – Porozmawiamy i z nimi, na siedząco, w cieniu.

Tak oto zaczęły się długie i żmudne przesłuchania, okazało się bowiem, że ten, co miał być nieboszczykiem, został nim naprawdę, chociaż podobno na krótko odzyskał jeszcze przytomność. Mówiono, że miał pękniętą czaszkę, połamane kilka żeber, złamaną nogę, a także naruszone organy wewnętrzne. Kiedy go zabierano, nie wiadomo było nawet, czy ma oczy. Całą jego głowę zalewała krew zmieszana z pyłem.

Fakt, że był to jeden z najgroźniejszych i najaktywniejszych Kałmuków. Na niego właśnie, doznawszy z jego strony bolesnych ran i stłuczeń, polowało kilku Polaków. Przesłuchujący nas enkawudziści grozili jednak, że za spowodowanie jego śmierci powrócimy tam, skąd przybyliśmy, i nigdy już nie dojedziemy do swojego kraju, do swojej „gównianej Polski".

Od dwóch dni uczestniczyła w tych przesłuchaniach (w roli obserwatora) także nasza kierowniczka, która stoczyła z milicjantami twardy bój na słowa, żeby jej na to pozwolono. Wychowawcy cały czas uznawani byli za winnych całego zajścia, w tym śmierci Kałmuka. Nie pomagały żadne wyjaśnienia. Byli winni, ponieważ ktoś musiał być winny, a nie mógł nim być z pewnością nikt z miejscowych, bo przecież właśnie miejscowy zginął.

Trzeciego dnia przesłuchań pani Maria nagle wyjechała, jak się później okazało, szukać pomocy, rzeczywiście bowiem groziła nam jeśli nie zsyłka na Syberię, to tiurma, czyli więzienie, na pewno. Wróciła dopiero następnego dnia, z jakimś cywilem, który od razu wdał się w rozmowę z enkawudzistami. Rozmowa była energiczna i krótka. Pół godziny później cywil wsiadł do samochodu i odjechał, a milicjanci, mając wyraźnie niezadowolone miny, wzięli się za likwidowanie zorganizowanego w domu dziecka „biura", zapowiadając, że to jeszcze nie koniec i płazem tej sprawy nie puszczą.

* * *

Od tego czasu bójki ustały, lecz nie wypuszczano się już w pojedynkę na miasto. Jeżeli gdzieś się wybieraliśmy, to co najmniej we czterech, i to każdy z czymś twardym lub ostrym w kieszeni. Najczęściej jednak krążyliśmy w pobliżu domu, a jeśli ktoś odszedł nieco dalej, to tylko na targ, gdzie można było skombinować coś do jedzenia i tytoń (jeśli się paliło papierosy, a takich było sporo).

Najłatwiej było coś zdobyć wtedy, gdy przez targowisko przetoczyła się trąba powietrzna. Przesuwając się majestatycznie i wirując, zabierała wszystko, co napotkała na swej drodze. Część z tego gubiła, poprzez działanie dużych sił odśrodkowych, lecz większość przenoszona była gdzieś daleko, tak daleko, że nikt z miejscowych nawet nie myślał tego odzyskiwać. Trąb takich wystrzegano się jak diabła. Mówiono nawet, że to diabelska robota. Taka trąba potrafiła zakręcić i udźwignąć owcę, niosąc ją z sobą przez jakiś czas. To samo mogła uczynić z prosięciem czy nawet z dzieckiem, jeśli nie uciekło w porę. Powrót na ziemię kończył się zazwyczaj bolesnym upadkiem na twardy, spieczony grunt, a nierzadko złamaniem nogi czy wręcz jej utratą, na skutek wirowania w pyle.

Pyłu, piasku, kamieni i roślinności było w takiej trąbie najwięcej. Główna jej siła tkwiła w środku leja, często gigantycznego i zdającego się sięgać niebios. Znajdowały się w nim rzeczy najprzeróżniejsze – od suszącej się bielizny po drzewko wyrwane z korzeniami. Druga siła, którą można nazwać odśrodkową, działała na zewnątrz. To ona właśnie powodowała, że towar z targowych ławek, jeśli pierwej nie został wchłonięty do środka leja, był odrzucany w bok, często na duże odległości, stając się łupem chłopców z polskiego domu dziecka.

Drugą straszną siłą, która wyzwalała kaukaska przyroda, była burza zwana stepową. Kiedy się zbliżała, niebo bardzo szybko stawało się niemal czarne, a po chwili rozrywały je potężne, jasne błyski, z sykiem przecinające atmosferę i sięgające ziemi. Wyładowaniom tym towarzyszyły silne grzmoty, podczas których odnosiło się wrażenie, że cały świat rusza się w posadach. Patrząc na te zjawiska, człowiek nie mógł się oprzeć myśli, że to właśnie w takiej scenerii nastąpi koniec świata.

W czasie burz stepowych wychowawczynie nakazywały nam klęczeć i modlić się (czemu przeciwny był tylko kierownik Konczewski), jeżeli zaś spały (burze bowiem najczęściej występowały u schyłku dnia lub w nocy), niemal wszyscy natychmiast sami klękaliśmy na łóżkach i po każdym błysku czy grzmocie żegnaliśmy się, odmawiając modlitwę „Aniele Boży, stróżu mój."

Widok klęczących i modlących się dzieci, czyniących znak krzyża przy każdym błysku, po którym robiło się jasno jak w dzień, i po każdym grzmocie – był wprost niesamowity. Zdarzało się, że klęczeliśmy tak długo, że aż padaliśmy ze zmęczenia, kładąc się w końcu i poddając woli Boga i Nieba. Po takiej burzy nie zawsze padał deszcz, nieraz kończyło się tylko na błyskach, grzmotach, no i pożarach. Taka sucha burza była jednak dużo groźniejsza dla ludzi i ich dobytku.

Po przejściu trąby powietrznej przez targowisko, zazwyczaj wracaliśmy obładowani jedzeniem i tytoniem. Ważna była zwłaszcza żywność, obojętnie pod jaką postacią, od listopada bowiem wyżywienie w domu dziecka znacznie się pogorszyło, i to pomimo usilnych zabiegów kierowniczki. Zwykle, jeśli coś przywożono, to była tego najwyżej jedna dziesiąta ilości, na jaką złożono zapotrzebowanie. Głód coraz częściej zaglądał nam w oczy. Nad tym faktem zaś coraz mocniej ubolewała pani Maria, która do końca trwała przy zasadzie, że sama nie będzie jadać niczego więcej niż my, jakby chcąc w ten sposób dać do zrozumienia, że jest z nami i z nami cierpi.

* * *

Kwestia wyżywienia poprawiła się nieco na krótko, gdy otrzymane z przydziału dwa bułanki stepowe obżarły się kukurydzy i pękły. Naturalnie głupotą było składowanie kolb kukurydzianych tuż obok stanowisk koni, będących radością wszystkich. Tyle poczyniono starań, by je dostać, tyle pracy kosztowało przystosowanie ich do ciągnięcia wozu, a przeżyły w nowych warunkach nie dłużej jak trzy miesiące. Teraz posłużyły za mięso. Zjedzono je w całości, włącznie z prąciem ogiera.

Był jeszcze pies olbrzym, stepowy wilk. Gospodarz domu wychowywał go od szczenięcia. Gdy my się z nim zetknęliśmy, miał około trzech lat i był już pełnowartościowym psem, zarabiającym na miskę strawy pilnowaniem zabudowań wchodzących w skład domu dziecka. Szczególnie przydał się w czasach „wojny", jaką wypowiedzieli nam miejscowi. Puszczony na przeciwnika, z impetem wpadał na niego i przewracał, a potem, przywołany, natychmiast wracał, mimo że obrzucano go po drodze kamieniami. W nocy z kolei razem z gospodarzem pilnował domu, bo Kałmucy grozili, że podpalą go razem z Polakami.

Pies nosił imię Pałkan. Dziesięcio- i dwunastoletnie dzieciaki jeździły na nim jak na koniu, trzeba było tylko nieznacznie wygiąć nogi do tyłu, by nie zahaczać nimi o ziemię. To tak przez wszystkich ukochane zwierzę, które było członkiem domu jak każde dziecko, zapragnął mieć kołchoz specjalizujący się w hodowli owiec. Z uwagi na ciągły brak jedzenia, nasze kierownictwo dobiło targu i postanowiło Pałkana sprzedać za dwie dorosłe owce i parę prosiąt. Owce miały od razu trafić do kuchni, natomiast prosięta miały stanowić żywy zapas mięsa, które poprzez hodowanie dało się powiększyć. Psa zabrano, kiedy byliśmy na lekcjach, wychowawcy obawiali się bowiem protestów i tego, że moglibyśmy nie dopuścić do sprzedaży ulubieńca, skazując się dobrowolnie na głód. Załadowano więc Pałkana na samochód terenowy, zawiązano mu oczy i wywieziono gdzieś daleko w góry.

Jakież było zdziwienie wszystkich, gdy po dwóch tygodniach pies wrócił, ciągnąc za sobą ze trzy metry grubej liny. Pastuchy przyjechały za nim już następnego dnia, przywożąc obdartą ze skóry owcę, nie po to jednak, by go odebrać, lecz raczej dowiedzieć się, czy wrócił. Byli pełni podziwu dla jego inteligencji i przywiązania do nas. Pałkan żył tak długo, jak długo w tym domu przebywały dzieci. Po naszym wyjeździe prawdopodobnie zdechł na schodach, nie chcąc nikogo wpuścić do budynku.

Na wszystko, co żywe, czyhało na Kaukazie jeszcze jedno niebezpieczeństwo. Były nim orły, które atakowały owce i świnie. Pewnego razu zdarzyło się, że świnki, które dostaliśmy za psa (jeszcze zanim wrócił), spacerowały sobie po dworze, gdy nagle na jedną z nich spadł orzeł i porwał, unosząc kilka metrów nad ziemię. Wyżej już nie mógł jej udźwignąć, bo była za ciężka. Na podwórku w tym czasie znajdowało się kilkoro dzieci, od razu więc zaczęto obrzucać go kamieniami. Nie wiadomo, czyj kamień go trafił i czy w ogóle trafił. W każdym razie wypuszczona przez orła świnka spadła na twardą jak kamień ziemię. Złamała sobie przy tym nogę, na podbrzuszu miała poza tym kilka śladów po szponach.

Z początku zamierzano ją ubić, lecz w końcu uznano, że jest jeszcze za mała. W związku z tym postanowiono usztywnić jej nogę, uprzednio ją nastawiając, i hodować nadal. Świnka długo potem kulała, korzystając z prawej przedniej nogi tylko do utrzymywania równowagi. Początkowo cierpiała tak, że nawet nie było widać, by rosła. Dopiero później, gdy już przyzwyczaiła się do kalectwa, poprawił jej się apetyt, a tym samym i waga.

* * *

Czas płynął, a nasza kierowniczka chodziła coraz bardziej zafrasowana i zmartwiona. Zimą została wybrana na deputowaną. Przejęła się tym tak mocno, że serce nie wytrzymało. Umarła, będąc w Moskwie, jak potem głoszono, „w służbie dla wielkiego Kraju Rad". Wszyscy bez wyjątku bardzo jej żałowali. Niektórzy opłakiwali panią Marię, nie mając jeszcze pewności, czy rzeczywiście umarła. Gdy jednak dotarło do nas potwierdzenie, dom dziecka zatrząsł się od zbiorowego płaczu, wręcz lamentu, w którym prym wiodły dziewczęta.

Głód powrócił z jeszcze większą siłą. Co odważniejsi i niewstydzący się wychodzili po południu do miasteczka, by żebrać. Jedni wracali potem z kieszeniami wyładowanymi kawałkami chleba, czasem słoniny czy jeszcze czegoś innego; inni – pogryzieni przez psy, którymi ich poszczuto, lub w poszarpanych spodniach. O ile przedtem chodziło się na targowisko skombinować coś przy pomocy sił przyrody, teraz szło się po to, by po prostu coś ukraść. Polowaliśmy głównie na kukurydziane „lepioszki", braliśmy jednak wszystko, nie wybrzydzając.

Błogosławiony stał się dzień, w którym na dalekich peryferiach Ipatowa odkryto magazyn makuchy słonecznikowej. Cóż to był za przysmak! I to w dwóch gatunkach, można było nawet pogrymasić. Makucha pierwszego rodzaju była cienka i smaczna, ale twarda jak wszyscy diabli. Produkowano ją z ziarna łuszczonego. Drugi gatunek był krańcowo odmienny – miękki, grubszy i z łupinami. Każdy wolał tę pierwszą, którą gryzło się z trudem, za to jadło ze smakiem. Jeżeli komuś przytrafił się drugi gatunek, przeważnie dzielił się nim z innymi, by jak najszybciej się go pozbyć.

Makucha znakomicie zaspokajała głód. Wszyscy byliśmy przekonani, że to, co jemy, jest przeznaczone dla ludzi. Kiedy po jakimś czasie dowiedzieliśmy się, że to pasza dla bydła, wcale nas to nie obeszło. Dalej gryźliśmy ją zawzięcie, do czasu aż nie wywieźli całej zawartości magazynu.

Nie było już słonecznika, nie było makuchy, więc ktoś wpadł na pomysł, by głód zaspokajać papierosami. W tym celu brało się tytoń, zwany korieszkami, i kawałek gazety, najlepiej „Prawdy", bo była bardzo cienka, po czym robiło się dużego (z połowy szklanki tytoniu) skręta, którego palono, podając go sobie z ust do ust. Po kilkakrotnym zaciągnięciu się w głowie i w żołądku robiło się błogo, a wtenczas najlepiej było się położyć i spać jak najdłużej, gdyż po przebudzeniu głód doskwierał jeszcze bardziej.

Ponieważ wszyscy chłopcy uczyli się palić, nauczyłem się i ja. Pomógł mi w tym mój brat Marian, który opanował tę umiejętność już w Archangielsku, a teraz kopcił jak stary parowóz. Z tym paleniem związana jest pewna niesamowita dość historia.

* * *

Któregoś dnia, zamiast na obowiązkową gimnastykę, dwaj serdeczni przyjaciele – Eugeniusz i Edward – uciekli na strych, by sobie popalić.

Skręt nie był wielki, mieliśmy bowiem tylko niedużą ilość tytoniu, lecz dla nas dwóch w zupełności wystarczający. Pośpiesznie przekazywaliśmy go sobie, bo czasu było niewiele. W pewnej chwili Gienek znieruchomiał. Trzymając papierosa, zaczął nagle wpatrywać się uparcie w jeden punkt, nie reagując na moje ponaglanie.

Chcąc nie chcąc podążyłem za jego wzrokiem. i odniosłem wrażenie, że w rogu strychu stoi ktoś ubrany na biało, o rzadko spotykanym u ludzi wzroście. Jakoś jednak zbytnio się nie przestraszyłem. Za to Gienek dosłownie zesztywniał. Wyrwałem mu niedopałek skręta, zgasiłem i schowałem resztę do kieszeni, a potem wziąłem przyjaciela za rękę i zacząłem ciągnąć w stronę drzwi.

Stawiał opór, ciągle odwracając głowę do tyłu, a ze schodów schodził tak, jakby mu coś odebrało zdolność chodzenia. Dopiero, gdy znaleźliśmy się już w dość dużej odległości od strychu, doszedł nieco do siebie.

– Widziałeś coś? – zapytał.

– A co takiego niby miałem widzieć? – wzruszyłem ramionami, zgrywając odważniaka.

– Tam na strychu pokazał mi się duch podobny do śmierci – wyznał.

– Ogłupiałeś czy jak?! – roześmiałem się i zacząłem z niego szydzić. – Też coś! Śmierć zobaczyłeś! Przecież tam jest tylko wielka, na biało pomalowana podpora.

Ale Gienek nie pozwalał zbić się z tropu.

– Ja naprawdę widziałem śmierć! – upierał się.

Nagle i ja się zląkłem. Jakby nie było, coś tam przecież też widziałem.

Najgorsze było to, że widzenie Gienka sprawdziło się. Dwa tygodnie później on i jego dwie starsze siostry zaczadzili się na śmierć. Mieszkali w pomieszczeniu, w którym znajdowała się pralnia. Obie siostry w niej pracowały.

W dniu, w którym wystawiono trzy trumny i wszyscy przechodziliśmy obok nich, żegnając się ze zmarłymi, jedna z dziewcząt idąca za mną zażartowała:

– Edek, Gienek na ciebie patrzy! Pewnie cię ściągnie.

Rzeczywiście można było odnieść takie wrażenie, ponieważ Gienek miał otwarte oczy. Najwyraźniej zapomniano mu je zamknąć. Żart koleżanki był głupi i nie na miejscu, mimo to po plecach przebiegł mi nieprzyjemny dreszcz.

Finał tej historii miał miejsce pewnej zimowej nocy, jakieś dziesięć dni po pogrzebie Gienka i jego sióstr. Noce były o tej porze roku chłodne, toteż zsuwaliśmy łóżka tak, by można było spać we dwóch, za to pod dwoma kocami. W taką właśnie chłodną noc poczułem gwałtowną potrzebę opróżnienia pęcherza, postanowiłem więc wyjść na korytarz, gdzie stało wiadro. Nie chcąc budzić kolegi, zacząłem delikatnie wyczołgiwać się spod koców. Kiedy już niemal połowa mojego ciała wydostała się spod przykrycia, mimochodem spojrzałem na drzwi, znajdujące się na wprost i ujrzałem Gienka.

Stał przy drzwiach, a nogi miał skrzyżowane. Jedną ręką opierał się o klamkę, w drugiej trzymał papierosa. Wyraźnie widziałem, jak się żarzy. Na moment znieruchomiałem i patrzyłem na to wszystko jak urzeczony. Postać Gienka wyglądała tak, jakby była oświetlona od tyłu. Poza zjawiskiem wizualnym wystąpiło również słuchowe, usłyszałem bowiem głos:

– Edward, chcesz popalić?

To był z całą pewnością głos Gienka, chociaż jakby nieco niższy niż za życia.

Nagle oprzytomniałem. Błyskawicznie schowałem się pod kocem cały, razem z głową, a ze strachu podlałem siebie i kolegę, w którego wtuliłem się rozdygotany.

Strachy w ipatowskim domu dziecka widziało się na każdym kroku. Dozorczyni opowiadała, że ktoś stale za nią w nocy chodzi i gasi światło lampy naftowej. Chłopcy, którzy opróżniali nocą szambo, byli świadkami pojawienia się psa z ludzką głową. Nie dość, że nawąchali się smrodów, to jeszcze najedli się strachu. Bardzo często widywano też w pokojach panią Marię, już po jej śmierci (a zmarła na zawał). Opowiadano, że chodzi od łóżka do łóżka i przykrywa dzieci, a potem zamiata podłogę, czego dowodem, jak twierdzili, była kupka śmieci przy piecu.

* * *

Zima w tych stronach była raczej łagodna i całe szczęście, bo w piecach i tak nie było czym palić. Jako jedynego opału używano rośliny stepowej, zwanej burianem. W grudniu czasem pojawiał się śnieg, szczególnie nocą, w dzień jednak szybko znikał i można było wychodzić na dwór, by wygrzewać się pod ścianami domu. Najniższa temperatura, jaką zanotowano tej zimy, wyniosła minus cztery stopnie Celsjusza i to w nocy, w dzień bowiem utrzymywała się na plusie. Niemniej zima, jak przystało na tę porę roku, znów dała nam się we znaki, głównie z uwagi na głód.

Po śmierci pani Marii władze sowieckie nie przysłały nikogo na jej miejsce, tylko mianowały na to stanowisko kierownika Konczewskiego, naturalnie nie obiecując mu żadnego wynagrodzenia. Teraz to on jeździł walczyć o prowiant, węgiel (przynajmniej do kuchni) i inne materiały. Wracał przeważnie z niczym, rozsierdzony i zrozpaczony. Czasami przywoził niewielkie kwoty pieniędzy, a wtedy szło się na targowisko albo jechało do kołchozu i kupowało, głównie chleb i ziemniaki, a czasami, jeśli starczyło, także cukier i inne artykuły spożywcze. Popołudniami coraz więcej dzieci udawało się na żebry, wracając, gdy było już bardzo późno i ciemno.

W grudniu do polskiego domu dziecka w Ipatowie dotarła jedna z najbardziej oczekiwanych wiadomości – wiadomość, która wprost zelektryzowała troje dzieci: Janinę, Mariana i mnie. Z otrzymanego pisma wynikało, że nasza mama żyje, co więcej, jest poinformowana o miejscu naszego pobytu i przyjedzie nas odebrać. Uradowaliśmy się tak, że aż trudno to wyrazić. A nasza radość przeniosła się na pozostałe dzieci, chociaż nie na długo. Kiedy uświadomiły sobie, że odnaleziona matka jest matką tylko naszej trójki, ich radość zamieniła się w smutek.

W liście nie podano, kiedy mama po nas przyjedzie, toteż wyglądaliśmy jej codziennie. Za każdym razem, gdy pod dom podjeżdżał jakiś pojazd, wybiegaliśmy sprawdzić, kto nim przyjechał, potem zaś wracaliśmy smutni i rozczarowani. Czas mijał, a najdroższej nam osoby jak nie było, tak nie było. Zaczęło to już niepokoić nawet pana Edmunda, który mocno się w naszą sprawę zaangażował.

Tymczasem nadeszło Boże Narodzenie. Zlitował się nad nami kołchoz, w którym pracowaliśmy, a także władze sprawujące pieczę nad naszym domem. Kołchoz przysłał mąkę, kaszę, worek pestek słonecznikowych i beczułkę soku z czarnych winogron; władze – trochę mięsa, cukru, kawy zbożowej, oleju jadalnego i ziemniaków. Jak na prawie dwieście osób, nie było tego zbyt wiele, raczej o wiele za mało, dlatego i święta musiały być bardziej niż skromne.

Kolacja wigilijna składała się z barszczu oraz pierogów z ziemniakami. Do dwunastu potraw sporo brakowało, lecz dobre było i to. Zamiast opłatkiem łamaliśmy się specjalnie upieczonym cienkim plackiem z samej mąki. Potem były życzenia i kolędy, które wzruszały, wywołując łzy i wspomnienia domowych wigilii. Zastanawialiśmy się, dlaczego Kazachowie nie obchodzą świąt. Oni za to cieszyli się bardzo z nadejścia Nowego Roku.

W domu dziecka również musieliśmy obchodzić uroczyście ten dzień, raz w roku bowiem do dzieci przychodził Dziadek Mróz (lub, jak mówiono częściej, Dziadek Józef), który rozdawał cukierki. Dzień ten należało uczcić dokładnie o północy, obudzono nas więc i wypędzono z łóżek do świetlicy, gdzie stało udekorowane drzewko (też przysłane przez Dziadka).

Kiedy wszyscy zaspani i niekompletnie ubrani znaleźliśmy się w jadalni, przemówił jednak nie Dziadek Stalin, tylko wychowawca Konczewski. Życzył nam szybkiego powrotu do kraju oraz wszelkiej pomyślności w 1946 roku. Potem, łapiąc się zgodnie z poleceniem za ręce, trzeba było jeszcze odtańczyć taniec, drepcząc dookoła choinki. Na koniec każdy otrzymał pięć nieopakowanych owocowych cukierków i mógł wracać do łóżka spać. W dni świąteczne pobudka była godzinę później niż w dni powszednie.

## Rozdział 23. WYJAZD DO KRAJU

Pierwsze miesiące nowego roku były monotonne. Niczego nowego nie wniosły, a i starego nie zmieniły na lepsze. Jedzenia w dalszym ciągu dawano mało, nadal więc zachodziła konieczność kradzieży i żebractwa. Na domiar złego styczeń, jak twierdzili miejscowi, był zimniejszy niż zwykle. Temperatura w ciągu dnia, i to przez kilka dni z rzędu, utrzymywała się poniżej zera, sięgając dwóch, czasem trzech stopni mrozu, w związku z tym zimno było także w budynku. Nasze osłabione dziecięce organizmy zaczęły atakować choroby wywołane brakiem witamin.

Na początku lutego w domu dziecka wybuchła epidemia odry. Nagle prawie wszyscy zaczęli smarkać, dławić się, odczuwać dolegliwości wzrokowe i narzekać na wysoką gorączkę, a później na łuszczącą się skórę. Z początku zapanowała panika. Ponieważ nie było prawie żadnych leków, nie wiedziano, jak sobie z tą chorobą poradzić. Dopiero po dwóch dniach Konczewski przywiózł jakieś szczepionki i higienistka zaczęła je podawać chorym. Ból po nich był niesamowity, a chorzy robili się jeszcze bardziej chorzy. Kilkunastu zdrowych usługiwało pozostałym, roznosząc jedzenie po pokojach.

Epidemia spowodowała, że otrzymaliśmy nieco większy przydział żywności niż zwykle. Mniej więcej w połowie lutego wszyscy mogli się już uważać za nieco zdrowszych, chociaż u wielu ciągle występowały jakieś dolegliwości, głównie wysięk z nosa albo z uszu.

Nasza trójka, ciągle wyglądająca przyjazdu mamy, doczekała się następnego pisma, w którym zawiadamiano pana Edmunda, że nasza matka nie przyjedzie, ponieważ wkrótce po odszukaniu jej przez Czerwony Krzyż umarła i została pochowana. W tym samym czasie na wszystkich wychowanków ipatowskiego domu dziecka jak grom z jasnego nieba spadła wiadomość o wyjeździe do kraju, który miał nastąpić za cztery dni.

Na dwa dni przed tym terminem zjawiła się u nas jakaś kobieta, która każdemu po kolei proponowała pozostanie w ZSRR na stałe i przyjęcie sowieckiego obywatelstwa. W zamian oferowała bezpłatne wyższe studia, mieszkanie (po uzyskaniu pełnoletności) i pomoc finansową na urządzenie się w tym mieszkaniu. Zachęcając do pozostania, informowała jednocześnie o obecnej sytuacji w Polsce.

– W kraju, do którego tak bardzo chcecie wracać, panuje głód, szerzą się choroby i nie ma gdzie mieszkać, bo Niemcy wszystko zburzyli – twierdziła.

– Tutaj także nie ma co jeść i też jest źle – odpowiadali przeważnie kolejni indagowani. – A zresztą możemy głodować, przyzwyczailiśmy się już do tego i głód nam niestraszny. Ważne, że będziemy u siebie, w Polsce! – dodawali dumnie.

Starania przysłanej przez władze kobiety nie dały żadnych rezultatów. Znalazła tylko jednego chętnego, który jednakże nie miał szans skorzystać z wyższej uczelni, nie wiadomo było nawet, czy ukończy dziesięciolatkę, był bowiem przygłupem.

Ostatecznie więc wyjechaliśmy wyznaczonego dnia. Wojskowymi samochodami udaliśmy się na najbliższą stację kolejową, gdzie stał bardzo długi pociąg, składający się z wagonów towarowych, w połowie zajętych już przez mówiących po polsku ludzi. Szybko załadowano nas do kilku pustych, najwyraźniej przygotowanych w tym celu i jeszcze tego samego dnia pociąg ruszył.

* * *

W wagonach, poza pryczami, a na nich odrobiną słomy, nie było niczego. Na szczęście pozwolono nam zabrać koce i prześcieradła z domu dziecka. Jedzenie znajdowało się w oddzielnym wagonie i miało być wydawane na postojach (czyli na takiej samej zasadzie, jak w drodze z Archangielska do Ipatowa). Jeszcze zanim pociąg ruszył, każde dziecko otrzymało swoją porcję. Chociaż nie wiadomo było, na jak długo ma ona wystarczyć, niektórzy zjedli niemal wszystko od razu, nie mogli się bowiem powstrzymać, żeby zostawić sobie coś na później.

Początkowo pociąg jechał z dosyć dużą szybkością, po jakimś czasie zredukował ją do około trzydziestu kilometrów na godzinę. Potrzeby fizjologiczne, jak nakazał zawiedujuszczy (i tutaj bowiem taki się znalazł), należało załatwiać na postojach, a jeżeli ktoś nie mógł wytrzymać, to przez uchylone drzwi, co praktykowano najczęściej. Jak zwykle w takich sytuacjach, najwięcej problemów miały dziewczęta, które bały się kucać tyłem do otwartych drzwi. I tak dobrze, że jechały w oddzielnych wagonach i nie musiały się krępować. Z naszych wagonów czasami dało się zauważyć ich wypięte pupcie, takie obserwacje wiązały się jednak z pewnym niebezpieczeństwem, ponieważ można było także poczuć na twarzy bryzgi, i to bynajmniej nie deszczu. Zresztą takim samym opryskom poddawane były dziewczęta, jeżeli za mocno wychylały się z wagonu.

W początkowym okresie podróż była nawet ciekawa i przebiegała w atmosferze wesołości, jeśli nie radości, którą powodowała świadomość, że teraz już na pewno wracamy do kraju. Skupieni na tej myśli, niewiele poświęcaliśmy uwagi temu, że w wagonach jest niemiłosiernie zimno. A jednak chłód dotkliwie dawał się nam we znaki, szczególnie nocami. Idąc spać, mało kto się rozbierał. Większość owijała się kocem tak jak stała i waliła się na słomę.

Dobrze, jeśli przespało się bez żadnej przerwy aż do rana, gorzej, gdy zaistniała potrzeba wstania w nocy, by się załatwić. To był prawdziwy dramat. Ogromnym problemem stawało się przede wszystkim otwarcie ciężkich, masywnych drzwi chociażby na centymetr, by móc tylko wystawić penisa i się wysikać. Nierówny bieg pociągu powodował, że i tak znaczna część moczu pozostawała w wagonie. Z oddawaniem stolca było jeszcze gorzej, gdyż zachodziła konieczność znacznie szerszego otwarcia drzwi i mocniejszego wypięcia się na zewnątrz z jednoczesnym kurczowym trzymaniem się czegoś, żeby nie wypaść.

Po około pięciu godzinach pociąg zatrzymał się po raz pierwszy – na stacji średniej wielkości, którą podobno był Rostow. Ludzie natychmiast wysypali się z wagonów w poszukiwaniu wody, jedzenia i ustronnych miejsc, w które można by pójść za potrzebą. Wszystkim dzieciom z Ipatowa wydano kolejne porcje żywnościowe, składające się z chleba, marmolady i kilku kostek cukru, obiecując przy tym, że na dłuższym postoju otrzymamy coś gotowanego. Pociąg stał faktycznie ponad godzinę, chociaż zapowiadano, że postoi nie dłużej jak pół. Wszyscy albo byli już w wagonach, albo znajdowali się w pobliżu. Odjazd nastąpił jak zwykle w sposób gwałtowny i przyśpieszony, jakby maszynistów bawiło to, że Polacy muszą gonić pociąg i wskakiwać do niego w biegu.

W miarę oddalania się od Ipatowa i Kaukazu, w wagonach robiło się coraz zimniej. Często mijając się z transportami wojskowymi zdążającymi z zachodu, widzieliśmy żołnierzy rozebranych do koszul, a nawet do kalesonów. W ich wagonach musiało być gorąco, bo drzwi mieli pootwierane na oścież. Widać było, że golą się i grają w karty albo w tak zwanego „dupniaka", czyli grę salonową. Patrząc na te zmierzające w różnych kierunkach transporty, łatwo było rozszyfrować, kto i dokąd lub skąd jedzie. Na szlakach kolejowych pracowało sporo niemieckich niewolników. Zapewne odbudowywali to, co – zdaniem Sowietów – zniszczyli.

* * *

W czasie naszej podróży miały miejsce zjawiska, które wzbudzały zaciekawienie, a zarazem i trwogę. Jadąc przez jakieś góry, pociąg dosłownie przeciskał się przez skalną szczelinę, której ściany wznosiły się na wysokość kilkudziesięciu metrów. Aby zobaczyć niebo, trzeba się było dobrze wychylić z wagonu, uważając przy tym, by nie uderzyć głową o skałę. Za Donieckiem natomiast przejeżdżaliśmy przez most, który jakby przed chwilą przerzucono przez rzekę. Mieliśmy wrażenie, że zaraz runie. Patrząc w dół, widzieliśmy przeraźliwie głęboką przepaść, a na jej dnie wodną kipiel. Wydawało się, że pod ciężarem pociągu, który jechał z minimalną prędkością, most kołysze się i ugina. Słysząc trzaski, piski i zgrzyty, czekaliśmy tylko, kiedy polecimy w dół razem z nim, pogrążając się w odmętach rzeki. Ale pociąg przejechał szczęśliwie i wszyscy odetchnęliśmy z ulgą.

Po przeprawie przez most nastąpił dłuższy postój na bocznicy. Radość była ogólna, wiedzieliśmy bowiem, że mamy otrzymać do zjedzenia coś ciepłego. Tak się też stało, wpierw jednak zaszła konieczność nazbierania drew (tym obarczeni zostali chłopcy) i przygotowania składników, z których miała być ugotowana zupa, a więc przede wszystkim obrania ziemniaków i oczyszczenia jarzyn (tym musiały się zająć dziewczęta). Kiedy w końcu zasiedliśmy do jedzenia zupy grochowo-fasolowej, zrobiło się już bardzo późno. Każdy dostał do niej spory kawałek chleba, który musiał wystarczyć także na kolację, a może nawet na śniadanie, jeżeli pociąg przez dłuższy czas by się nie zatrzymywał.

Następnego dnia po śniadaniu wydarzył się na pozór śmieszny, a mimo to groźny wypadek. Otóż na wprost drzwi jednego z wagonów, na wewnętrznej ścianie, chłopcy znajdujący się pod opieką pana Edmunda wykonali biało-czerwoną dekorację, a pod nią napis: „Wracamy do kraju". Pech chciał, że zobaczył to kierownik pociągu, o tej porze już mocno zawiany. Wszedł do wagonu i zażądał zmiany kolejności kolorów tak, by czerwony znalazł się na górze, a biały na dole. Wychowawca najpierw kategorycznie się sprzeciwił, tłumacząc, że polska flaga narodowa jest biało-czerwona, a nie odwrotnie, dlatego niczego w tej dekoracji zmieniać nie wolno.

– A ja każę zmienić! – ryknął Rosjanin, wyciągając nagan. – Jeżeli tego nie zmienicie, będę zrywał i strzelał!

Wychowawca nie chciał narażać podopiecznych, toteż nie pozostało mu nic innego, jak zastosować się do polecenia. Najpierw jednak poinformował kierownika pociągu, że aby zmienić kolejność kolorów, trzeba zdjąć chorągiewkę, rozerwać ją, a następnie przestawić obie części i zszyć je z powrotem. Zawiedujuszczy kiwnął głową i zadowolony opuścił wagon, my zaś powiesiliśmy chorągiewkę tam, gdzie była.

Na dłuższych postojach robiono wszystko to, czego nie dało się zrobić w czasie jazdy. Dotyczyło to głównie kontaktów towarzyskich. Polacy z domu dziecka w Ipatowie zapoznawali się z tymi, którzy wracali indywidualnie lub całymi rodzinami, krążąc między nimi w nadziei, że odstąpią coś do jedzenia, którego zawsze było za mało.

Zamiast dwóch dni pociąg stał całe trzy. Ruszył dopiero nocą, po uprzednim uzupełnieniu zapasów węgla i wody. Przedłużający się postój tłumaczono tym, że po drodze były zerwane tory, które rzekomo naprawiano na poczekaniu, zastanawiające jednak było to, w jaki sposób dały radę tamtędy przejechać transporty z sowieckim wojskiem, zmierzające w przeciwnym kierunku. Później sprawa się wyjaśniła. Dowiedzieliśmy się, że nasz pociąg stał tak długo, ponieważ musiał przepuścić wojsko. Innego toru w całości ponoć nie było.

Po trzech dniach postoju nastąpiły trzy kolejne na trasie, z krótkimi tylko postojami na stacjach. Jak na razie, przez całą drogę, licząc od Ipatowa, nazwy miejscowości brzmiały wyłącznie z rosyjska. Czasami zdarzało się, że nasz transport zatrzymywano na bocznym torze i staliśmy tam jeszcze dłużej niż poprzednio, nawet pięć dni.

Wszyscy nadal marzli niemiłosiernie. Chłód, a raczej ziąb, był szczególnie dotkliwy nocą. Tuliliśmy się do siebie w poszukiwaniu większej dawki ciepła, mając nadzieję na uzyskanie go od kolegi (bądź koleżanki, sytuacja w wagonie dziewczęcym wyglądała bowiem pod tym względem identycznie). W zasadzie nie można było narzekać na aurę. Zbliżał się dopiero koniec lutego, a pociąg przecież ciągle zmierzał na zachód, względnie północny zachód, a więc do strefy znacznie zimniejszej niż ta, którą opuściliśmy. Trudno jednak było pogodzić się z chłodem i głodem. Te odczucia zawsze budzą sprzeciw, chyba że ktoś poddaje się im dobrowolnie.

* * *

Na kolejnej, tym razem znacznie większej stacji – Kirowogradzie – w wagonach chodzili wojskowi, strzelając oczyma na wszystkie strony. Był wśród nich także pewien liejtienant[15], który jako jedyny zwrócił uwagę na panujące w pociągu zimno. Będąc w wagonie dziewcząt, zaczął je wypytywać, jak długo jadą, skąd i dokąd, chociaż na pewno to wiedział. Po wyjściu z następnego wagonu, tym razem chłopięcego, oddalił się, a po kilkunastu minutach wrócił i kazał grupie chłopców pójść za sobą.

Zaprowadził nas do stojących na uboczu baraków. W jednym z nich znajdowało się kilkanaście najróżniejszych piecyków, wykonanych z rur o dużej średnicy. Polecił nam zanieść je do wszystkich wagonów, w których jechały dzieci z Ipatowa. Piece były ciężkie, więc nosiliśmy je w czterech, a niektóre nawet w sześciu. Kiedy przytaszczyliśmy je do wagonów, zapanowała ogólna radość.

---

[15] porucznik

Ale piece same nie grzały, trzeba było znaleźć do nich drewno i inne materiały do palenia, toteż gromadnie rozbiegliśmy się po stacji i torach, zbierając wszystko, co nadawało się do tego celu. Okazało się to wcale nie takie łatwe, wyglądało bowiem, jakby ktoś wcześniej już wszystko wyzbierał. Ostatecznie i z tym sobie jakoś poradzono. Niebawem w piecach błysnął pierwszy płomień. Lokatorzy wagonów otaczali piece, wyciągając ku nim swoje zmarznięte ręce w nadziei, że ciepło przejdzie przez nie do całego ciała. Piece jednak były jeszcze zimne i należało na to cierpliwie poczekać.

W wagonie dziewcząt również zapłonął ogień, dzięki porucznikowi, który pomógł zorganizować opał. Pocięte stare podkłady kolejowe paliły się tak świetnie, że w piecu aż strzelało. Dziewczynki cieszyły się, a sowiecki liejtienant zabiegał o zapłatę u ich wychowawczyni, pani Izy.

– Ja was liubliu![16] – na przemian to mruczał, to mówił, brzdąkając jej na gitarze.

Pani Iza wyraźnie nie była z tych zalotów zadowolona i z całą pewnością błagała Boga o to, by pociąg wreszcie ruszył, ten jednak, jak na złość, stał jeszcze kilka godzin. W tym czasie Rosjanin parę razy odchodził na chwilę, po czym wracał przynosząc, a to drewno, a to coś do jedzenia, za każdym razem coraz bardziej pijany i coraz bardziej natarczywy. Gdyby nie nadejście pana Edmunda (który już od dawna smalił do pani Izy cholewki), nie wiadomo do czego by ta napastliwość doprowadziła. W rezultacie skończyło się na tym, że porucznik jak niepyszny opuścił wagon dziewcząt, oddalając się ku ogólnej radości.

Podróż w ogrzewanych wagonach zrobiła się znacznie przyjemniejsza. Mogliśmy teraz przypiec sobie chleb, który w takiej postaci był o wiele smaczniejszy, albo stopić cukier, wytwarzając landrynki (czego nauczyliśmy się w drodze). Poza tym przez cały dzień wszyscy grzali się przy piecu, jakby chcieli nabrać ciepła na zapas. Kilka razy zdarzyło się, że lokomotywa szarpnęła i piec się przewrócił, a wówczas w wagonie robiono wszystko, by zapobiec pożarowi.

Tak upłynęło parę kolejnych dni jazdy, przerywanych kilkoma krótkimi postojami, na których w pośpiechu wydawano racje żywnościowe. Dopiero po tygodniu nastąpił postój dwudniowy (jak zwykle nie na stacji, a gdzieś na bocznym torze) i mogliśmy znowu cieszyć się ucztą pod postacią chleba i zupy przygotowanej przy naszym własnym udziale.

* * *

Minął trzeci tydzień podróży. Wszyscy czuli się już zmęczeni i brudni. Tak naprawdę nie myto się wcale, czasami tylko na jakiejś stacji udało się

[16] Kocham panią!

ochlapać twarz wodą i to wszystko. W tym okresie znowu ożywiły się wszy i nasiliły choroby skóry, głównie świerzb i owrzodzenia. Nie ominęły nas także dolegliwości żołądkowe. W otwartych lub uchylonych drzwiach wagonów niemal bez przerwy widziało się wystawione tyłki, a to, co się z nich wydostawało, było bardzo rzadkie i oblepiało ściany pociągu.

We Lwowie (który okazał się nie być już polskim miastem) transport zatrzymał się na zrujnowanym dworcu. Na peronie, przy którym stanął, natychmiast zrobił się ruch. Od wagonu do wagonu zaczęli biegali jacyś mężczyźni, to po rosyjsku, to po polsku zadając jedno i to samo pytanie:

– Żydki są?

Okazało się, że jest kilkoro pomiędzy dziećmi z Ipatowa, o co dotychczas nikt ich nie podejrzewał, a nawet nie chciał wiedzieć, gdyż taka wiedza nikomu nie była potrzebna. Wszyscy doznawaliśmy krzywd w jednakowym stopniu, stając się ofiarami systemu, winnymi bez winy, i nieważna tu była narodowość. Teraz, gdy z naszej grupy wyłączono pięciu chłopców i dwie dziewczynki, obiecując im cudowne życie w Izraelu, zrobiło się jakoś markotnie.

Na dowód, że wybrańcom będzie się odtąd dobrze powodziło, wszystkich zaraz nakarmiono i przebrano w zupełnie nową odzież. Widząc to, inni także chcieli się podszyć pod Żydów, lecz podobno zostali sprawdzeni i z powrotem odesłani do wagonów. Mężczyźni dokonujący tej selekcji nalegali na panią Izę, aby i ona dołączyła do grupy, lecz po tym, jak kategorycznie odmówiła, dano jej spokój.

Po niemal całodziennym postoju pociąg ruszył. Później okazało się, że we Lwowie kierownictwo nie próżnowało, ponieważ poza chlebem, marmoladą i cukrem jeszcze tego samego dnia dostaliśmy po puszce konserwy mielonej z napisem „Horse meet", co po przetłumaczeniu oznaczało, że w środku jest konina. Nie przejmowano się tym, zachwalając smak i soczystość zawartości puszki. Następnego dnia otrzymaliśmy też po prostokąciku masła albo margaryny – trudno to było rozróżnić, dawno już bowiem zapomniano, jak smakuje masło. Od Lwowa nawet chleb stał się nieco jaśniejszy.

Znowu było dobrze. Byliśmy syci i ogrzani, gdyż od czasu, gdy zaczęliśmy palić węglem, opału także mieliśmy pod dostatkiem. W wagonie co prawda pełno było czadu (ze względu na brak rur odprowadzających dym) i regulowano czystość powietrza za pomocą przeciągów, ciepło jednak liczyło się przede wszystkim. To nic, że wszyscy byliśmy okopceni do tego stopnia, że trudno było dojrzeć twarze i mieć czyste ręce.

* * *

Po kilku godzinach jazdy zatrzymaliśmy się ponownie, kolejny raz spotykając się z transportami wojskowymi. Nasz pociąg stanął na wolnym torze nieopodal lasu. Przy samym lesie znajdował się jeszcze jeden tor, na który po chwili wjechały następne wagony z wojskiem i uzbrojeniem. Godzina była wczesna, przedpołudniowa (może ósma, może nieco później), toteż żołnierze byli na wpół rozebrani, goląc się i myjąc wprost w wiadrze. Kiedy nasz pociąg się zatrzymał, sporo osób wybiegło z wagonów, udając się do lasu za potrzebą. Ułamek sekundy później stało się coś, czego nikt się nie spodziewał.

W kierunku wagonów, które stanęły tuż przy lesie, oddano kilkanaście serii z karabinów maszynowych oraz wiele strzałów pojedynczych. Kiedy rozległa się ta kanonada, ktoś krzyknął: „Ukraińcy!". Moment później do lasu ruszyła tyraliera złożona z sowieckiego wojska. Wagony były posiekane nabojami. Przy rannych już znaleźli się sanitariusze. Nigdy się nie dowiedzieliśmy, ilu było w tym starciu zabitych.

Nam nic się nie stało. Mocno się tylko wystraszyliśmy i najszybciej jak się dało wróciliśmy do naszych wagonów. Wychowawcy sprawdzili stany osobowe w każdym z nich, poinformowali też pozostałych Polaków, by wsiadali, po czym pociąg ruszył, od razu nabierając tempa, jakby czym prędzej chciał uciec od tego miejsca jak najdalej.

Oficjalnie mówiono potem (nie wiadomo, skąd się taka informacja wzięła), że był to atak na transport polski. Podobno napastnicy byli przekonani, że pociąg z Polakami stanie na torze tuż przy lesie, dlatego zaatakowali, nie upewniając się, co to za wagony na nim stoją, i tylko ślepy traf sprawił, że nic nam się nie stało. Ale była też inna wersja, głosząca, że to Ukraińcy czekali, by napaść na żołnierzy sowieckich i odpłacić się im za zbrodnie popełnione na ich narodzie. Przyjąwszy, że było to prawdą, dziwnym wydawał się fakt, że nie napadnięto transportu, który już tam stał, tylko czekano na kolejny. Ostatecznie to, kogo Ukraińcy naprawdę chcieli unicestwić, pozostało dla nas tajemnicą. Rosjanie, jeśli doścignęli napastników, z pewnością dowiedzieli się prawdy.

Tymczasem nasz pociąg gnał sprawiając wrażenie, że przed kimś lub przed czymś ucieka.

* * *

Piętnastego marca dotarliśmy do granicy nowej, okrojonej Polski. Było niemal samo południe i zimny, choć słoneczny dzień. Niektórzy sądzili, że znowu będziemy zmuszeni przesiadać się do innych wagonów, ale takiej potrzeby już nie było. Szlak normalnotorowy zaczynał się dużo wcześniej, jeszcze przed Lwowem, Stanisławowem, Drohobyczem i wieloma innymi miejscowościami, znajdującymi się przed drugą wojną światową w granicach Rzeczypospolitej Polskiej. Tam, w miejscu przesiadania się, nie dane nam było uklęknąć, by pocałować polską ziemię. Przegoniono nas po prostu z wagonów do wagonów, a potem kazano siedzieć i czekać na odjazd pociągu.

Niektórzy jednak (szczególnie ci, co jechali w wagonach przeznaczonych dla rodzin) wiedzieli, że przejeżdżają akurat przez swoje, względnie sąsiedzkie ziemie, na których żyli od lat. Jakżeż dobrze im były znane nazwy mijanych miast! Jakiż żal wyrażali, jakim gestem i słowem demonstrowaną złość na Rosjan – za to, że im te miasta i te ziemie zabrali. Swoje umiłowanie do ojczystej ziemi mogli wyrazić dopiero teraz, chociaż już dawno zostawili za sobą jej wielkie jeszcze niedawno połacie. Do tej pory wielu dławiło napływające do oczu łzy, teraz mogli sobie pofolgować, nie narażając się przy tym na wstyd. Tutaj już bowiem byli tylko sami swoi.

Jakiś mężczyzna w wieku około pięćdziesięciu lat wyszedł z wagonu, wzniósł ręce do góry i zawołał:

– Ludzie kochani, toć to nasza Polska!

A wypowiedziawszy z emfazą te słowa, padł na kolana, wprost na kamienie nasypu kolejowego, i zaczął płakać, jak dziecko, na cały głos. Inni, którzy wcześniej nie zamierzali klękać, teraz poszli w jego ślady. Klękali i pochylali głowy, żegnając się i modląc tak żarliwie, jak tylko potrafili, płacząc przy tym najprawdziwszymi łzami. Zdawali sobie sprawę z tego, że wprawdzie powrócili do swojego kraju, lecz pewnie już nigdy nie powrócą do siebie, do swoich domów.

Tutaj, na granicy, jacyś ludzie domagali się od nich dokumentów. Sami też coś wypisywali i wręczali, ale tylko dorosłym, dzieci jakby ich nie interesowały (o nas dowiedzieli się wszystkiego od kierownictwa). Ta kontrola czy też rejestracja trwała przez resztę dnia, aż do wieczora, ponieważ transport był nieprawdopodobnie duży – składał się sponad pięćdziesięciu wagonów.

Wieczorem otrzymaliśmy ostatni, jak nam oznajmiono, posiłek. Następny mieliśmy już dostać na miejscu, znacznie lepszy – jak obiecywano – i spożyty w lepszych warunkach. Jechaliśmy więc, nie narzekając na nic. Stojąc w drzwiach, podziwialiśmy polskie pejzaże, polskie ruiny i zgliszcza, polskie pola i lasy, polskie miasta i wsie. Machaliśmy rękami do mijanych rodaków, a oni odpowiadali takim samym gestem. Patrzyliśmy, patrzyliśmy i nie mieliśmy dość, tak byliśmy złaknieni tej swojej Polski.

Mijaliśmy po drodze wiele miejscowości, lecz postój (bardzo krótki) był jeszcze tylko w Zamościu. Następnie, już nieco dłużej, staliśmy w Lublinie. Powitały nas tutaj transparenty i ludzie – Polacy. Był wśród nich także jakiś ważniejszy ksiądz, który zaprosił nas do kościoła na mszę. Niemal wszyscy, dzieci także, poszli za nim jak owce za pasterzem, oblepieni brudem, w postrzępionej często odzieży i byle jakich buciorach. Mieszkańcy Lublina patrzyli na nas jak na przybyszy z innej planety.

Proboszcz witał Polaków serdecznymi słowami, opisując drogę, jaką przeszli, tak, jakby sam ją poznał i przeżył. Wzruszył powracających, wywołując łzy tak intensywne, że nie byli w stanie ich zatrzymać. Wiele ciepłych słów skierował też do dzieci, współczując nam, że nie zaznaliśmy prawdziwego dzieciństwa. Wraz z repatriantami płakali i ci, którzy znaleźli się w tym czasie w kościele. Ksiądz się modlił, organy grały, a cały kościół wypełniał płacz kilkuset osób w różnym wieku i różnej płci. Na koniec organista zaintonował „Boże, coś Polskę." i wszyscy zaraz się dołączyli, śpiewając tak szczerze, że niemal zagłuszyli grające głośno organy.

Zanim wróciliśmy do pociągu, zaprowadzono nas grupami w różne miejsca, dając możliwość umycia się, a następnie zjedzenia ciepłego posiłku. Pełni wrażeń i z pełnymi żołądkami wróciliśmy do wagonów, gotowi jechać dalej, na północ, ten kierunek bowiem wymieniano najczęściej. Znowu mijaliśmy wiele miejscowości, głównie mniejszych, jakby większych już na trasie nie było.

* * *

Szesnastego marca 1946 roku dotarliśmy do miejscowości Gostynin. Pociąg zatrzymał się i polecono nam wysiadać. Po krótkim marszu, któremu przewodził jakiś miejscowy urzędnik, dotarliśmy do kompleksu budynków. Na jednym z nich widniał napis „PUNKT REPATRIACYJNY". Po około trzech miesiącach pobytu w Gostyninie, całą naszą trójkę przekazano do domu dziecka w Pawłowicach koło Leszna Wielkopolskiego.

# W POSZUKIWANIU KORZENI

Przygotowania do wyjazdu na Polesie i związane z tym rozmowy były długie, budzące wiele emocji, lecz i wiele niepewności. Ostatecznie zdecydowano się jechać w czwórkę: Edward (lat 63), jego siostra Janina (licząca sobie 68 lat) oraz jej dzieci, córka Krystyna (lat 45) i syn Ryszard (lat 40), mający być jednocześnie, z racji posiadania samochodu, kierowcą.

Starsi jechali tam, licząc na to, że znajdą ślady przodków i swoje miejsce urodzenia. A dzieci, jak to dzieci, były ciekawe, czy to, co im opowiadano, potwierdzi się. Wiedzieli, że od dnia, w którym ich mamę i wujka, wraz z całą rodziną, wyrzucono z własnego domu – czyli od nocy z 10 na 11 lutego 1940 roku – minęło już 58 lat. Znali także dalsze ich losy związane z deportacją pod biegun północny, hen, pod Archangielsk.

Edwarda, będącego po zmarłej w łagrze siostrze Zosi najmłodszym w rodzinie, nieustannie nurtowała ponadto myśl, czy rzeczywiście istniała osada wojskowa o nazwie Woławka (gmina Woławel) i czy jego dane osobowe faktycznie są takie, jakimi się posługuje od 1946 roku, a więc od roku, w którym po ponad sześcioletniej tułaczce i poniewierce wrócił do wytęsknionego kraju, Polski, chociaż nie w rodzinne strony.

Zdarzało się wcześniej, że indagował starszą siostrę lub starszego brata, szukając u nich potwierdzenia tego stanu rzeczy. O ile co do nazwy osady nie mieli wątpliwości, jeśli chodziło o inne dane, nie dawali gwarancji. Co więcej sami chyba nie byli pewni własnych dat urodzenia, chociaż twierdzili coś zgoła innego, a nawet dawali głowę, że są właściwe.

* * *

15 września 1998 roku klamka zapadła. Zaopatrzeni w dużą ilość żywności (jako że na Polesiu – Białorusi, jak wieść niesie, panuje niedostatek), napoje, sprzęt i vouchery, wyruszamy.

Trasa z Kwidzyna przez Brześć do Drohiczyna i dalej liczy w obie strony ponad tysiąc kilometrów. Mają jednak kawałek mapy samochodowej południowo-zachodniej części Republiki Białoruskiej, czyli interesujący ich fragment wschodnich rubieży II Rzeczypospolitej, toteż czują się nieco pewniej. Poważniejsze błądzenie nie wchodzi w rachubę, co najwyżej szukanie konkretnych miejsc. Kobiety sadowią się na tylnym siedzeniu, mężczyźni na przednich i w drogę. Jak nietrudno się domyślić, tematem numer jeden jest to, co zastaną na miejscu. W tej sytuacji inaczej być nie może. Przypominają sobie zatem, co kto pamięta.

Po pierwsze, nowy dom, ponieważ stary, zbudowany w większości z drewna, spalił się w 1937 roku. Po drugie, duża stodoła, do której bez kłopotu wjeżdżało się parą koni, ciągnących naładowany na wysokość kilku metrów drabiniasty wóz. Po trzecie, a jakże, stajnia, a w niej, obok innych koni, ulubiony kasztan ojca. Za stajnią znajdowała się jeszcze obora, chlew i kurnik. W bliskim sąsiedztwie budynków rozpościerały swe konary drzewa owocowe, będące głównym elementem dużego, pięknego (tak przynajmniej widzą to ciągle oczy dziecka) sadu z pasieką. Nieopodal zabudowań, w zasięgu wzroku, lśniła tafla jeziora, a na wprost ciemniał skraj lasu. Z tego oto dobytku utrzymywała się dziewięcioosobowa rodzina oraz sezonowi, najemni robotnicy. Ziemi (samej ornej) było – jak twierdzili starsi członkowie rodziny pozostali przy życiu – ponad 30 hektarów. Co z tego ujrzą ich oczy po 58 latach? Czy ujrzą cokolwiek?

Głupotą, a co najmniej naiwnością byłoby twierdzenie, iż przez minione lata nie interesowało ich, co też się na tych terenach dzieje. Wręcz przeciwnie, śledzili wszystko, i to z niepokojem. I tak dotarła do nich gloryfikująca system komunistycznej gospodarki wiadomość o odwracaniu biegu rzek syberyjskich i planach globalnego osuszenia Polesia. Od osób, które odważyły się tam jechać (lub tych, których było na to stać) dowiedzieli się również, że środowisko naturalne tych ziem ulega totalnemu zniszczeniu.

Podczas jazdy Janina przypomina sobie na głos nazwiska sąsiadów z osady. Według niej mieszkały tam rodziny Mickiewiczów, Studzińskich i Pierdziwodów. To ostatnie nazwisko jak zwykle wzbudza śmiech. Wymieniane nazwy brzmią jakoś tak melodyjnie, zresztą jak wszystko, co wiąże się z Kresami – ziemiami, na których wyrosło wielu pisarzy, poetów i twórców muzycznych. Wystarczy posłuchać! Osada Woławka, gmina Woławel, powiat piński, województwo poleskie.

Atmosfera w samochodzie miła, acz naelektryzowana, a nawet napięta. Często wybucha śmiech, będący następstwem opowiedzianego żartu, lecz to jakiś inny śmiech. Postoje na posiłek krótkie, jakby ktoś lub coś stale ich goniło. Wreszcie Brześć i długi rząd samochodów osobowych z białoruskimi rejestracjami. Sporadycznie tylko pojawia się pojazd z polską rejestracją. Zaczynają się niepokoić, że przyjdzie im tu stać wiele godzin. Fakt, że są u siebie i że niczego nie mają do oclenia, każe im domagać się załatwienia poza kolejnością.

Udaje się. Polska straż każe im podjechać do linii granicznej, a następnie, dowiedziawszy się, że są tylko zwykłymi turystami, przepuszcza. Nieco dłużej przetrzymują ich służby białoruskie. A to dlatego, że nie zaznajomili się wcześniej z obowiązkami, jakie należy spełnić przy przekraczaniu granicy, nie wypełnili mianowicie deklaracji celnej, a nikt nie kwapił się, by ich poinformować, że jest taki obowiązek. Na szczęście, po zorientowaniu się w sytuacji, w miarę szybko udaje im się uporać z formalnościami. Wziąwszy głęboki oddech, przekraczają granicę wszechwładnego Łukaszenki.

Pozostawiając za sobą rzekę Bug, wjeżdżają do Brześcia. W obawie przed zbliżającą się nocą nigdzie się nie zatrzymują, tylko „betonką", jak miejscowi nazywają swoją jedyną autostradę, pędzą, i to dosłownie (na liczniku stale jest powyżej setki), w stronę Kobrynia i Drohiczyna – miasta będącego jednym z głównych celów. Od Drohiczyna, jadąc na południe, powinni dotrzeć do Woławla i dalej, do Woławki.

Jest już szaro, gdy jedzą drugi w tym dniu zimny posiłek, popijając tylko ciepłą kawą lub herbatą. Pół godziny później pędzą tą samą drogą szybkiego ruchu. W końcu robi się zupełnie ciemno. Jadą dalej, ale mimo posiadania mapy nie są pewni, czy dobrze. Na domiar złego znaki drogowe pokryte są jakąś farbą, która, gdy pada na nią światło reflektorów, uniemożliwia ich odczytywanie. Trzeba się zatrzymać pod znakiem, zjeżdżając uprzednio z drogi.

Mijają wiele mniejszych i większych miejscowości, włącznie z Kobryniem i Antopolem. Wiele tych z polska brzmiących nazw pamięta się z literatury, jak chociażby Kamień, Wólka, Dąbrowa. Niektóre mają tylko inną końcówkę, na przykład Laskowice zmieniono na Laskowiczi, Brzozówkę na Bierezowiczi, Osipowicze na Osipowiczi itd.

Wreszcie Drohiczyn. Poszukują hotelu. Nie ma. Jest wyłącznie noclegownia, mieszcząca się w murowanym baraku. Ruch na ulicach znikomy, jedynie w pobliskim lokalu kilkunastu amatorów piwa (i nie tylko). Jeden z nich pokazuje im drogę do noclegowni. Zastają przed nią kilka pijanych osób, między innymi kobietę, na dodatek ładną. Po krótkiej rozmowie okazuje się, że należy do objazdowej trupy artystycznej, podobnie jak pozostali, ludzie życzliwi i sympatyczni. Nie radzą zostawiać samochodu na ulicy, ani nawet na posterunku milicji. Mimo że w noclegowni jest czysto i przytulnie (ujutno), radzą jechać do Pińska, odległego o około 80 kilometrów, do hotelu lepszej kategorii. Janina i jej córka nie chcą spać w noclegowni, cała czwórka rusza więc w dalszą drogę, z myślą o jutrzejszym tu powrocie. Wraca problem z odczytywaniem znaków. W rezultacie Iwanowo biorą za Pińsk. Na szczęście szybko odkrywają pomyłkę i jadą dalej. Wreszcie docierają do poszukiwanego miasta i do hotelu o nazwie „Aelita".

Jest już noc, a ich nie chcą przyjąć, bo nie mają białoruskich rubli, a „za dolary nie wolno". Dopiero na usilną prośbę i na polecenie wydane telefonicznie, zapewne przez przełożonego, administratorka przydziela im dwa dwuosobowe pokoje. Hotel jest faktycznie wysokiej kategorii. Wszędzie boazerie, dywany dobrej jakości i estetyczne posłania, na sprawiających pozytywne wrażenie, tapczanach.

Szczytem ekskluzywności jest działający telewizor kolorowy i program Polsatu, który nadaje właśnie film erotyczny.

Po chwili czar pryska. Brak ciepłej wody. Awaria instalacji. Na domiar złego Ryszard odkrywa obecność karakanów w łazience i od razu robi się jakoś nijako. Są już jednak tak zmęczeni, że nawet nie myślą o zmianie miejsca. Myją się w zimnej wodzie, jedzą co nieco i kładą się spać. W obawie przed robactwem Ryszard zatyka uszy watą, czym wywołuje śmiech u pozostałej trójki. Śpią spokojnie, ponieważ samochód wraz z większością bagażu stoi na zamykanym parkingu hotelowym.

* * *

16 września 1998 roku. Bar otwarty, ale nie ma w nim nic poza kawą, herbatą i pizzą. Uczestnicy wyprawy rezygnują i jedzą własne zapasy. Przy regulowaniu należności za dobę hotelową okazuje się, że Polacy i inni zachodni turyści są tu w pewnym sensie dyskryminowani, a raczej wykorzystywani. Białorusin za dobę płaci 720 tysięcy rubli (równowartość 12 dolarów), Rosjanin – milion 320 tysięcy rubli (22 dolary i 50 centów), a Polacy i przedstawiciele pozostałych krajów muszą zapłacić aż dwa miliony 720 tysięcy rubli, czyli 45 dolarów i 30 centów!

Cała czwórka opuszcza ładny, tak od wewnątrz, jak i z zewnątrz hotel, i udaje się na krótki rekonesans po mieście. W centrum Pińska wita ich olbrzymich rozmiarów wódz rewolucji 1917 roku W. Lenin. Upamiętniają to na zdjęciach.

– Jako działaczowi „Solidarności" może mi się przydać taka znajomość – żartuje Edward.

Następnie zwiedzają pińską katedrę. Wchodzą też do kilku sklepów (głównie po to, by przyjrzeć się cenom), po wyjściu zastanawiając się, jak w takiej sytuacji można żyć. Pamięć, jakby dla uspokojenia, przywołuje lata osiemdziesiąte w Polsce. W nie najlepszych nastrojach wracają na autostradę i ruszają do Drohiczyna.

O drogę pytają napotkanych ludzi. Przy okazji zabierają chłopca wracającego ze szkoły do domu. Gdyby nie oni, szedłby pieszo pięć kilometrów. W podzięce wskazuje dalszą drogę. Jest wreszcie konkretny znak – drogowskaz z napisem „Wołowiel" na tle kołchozowych zabudowań. Ludzi jak na lekarstwo. Zatrzymane dwie starsze kobiety z psem chętnie odpowiadają na pytania, chociaż niewiele mogą powiedzieć.

– Osada, której szukacie, jest tam – twierdzą, wskazując horyzont. – Ale tam niczego nie ma, tylko mieszka jakaś bardzo stara kobieta.

Wskazana droga okazuje się być nie tą. Na szczęście trafiają na jakąś mizerną bazę kołchozową. Pracujący w niej mężczyźni pokazują im właściwy kierunek.

Tak więc jest Woławel, siedziba przedwojennej gminy, a w nim cerkiew i sklep, zaś po obu stronach ulicy drewniane domki, kryjące się za krzewami i drzewami owocowymi. Krótki postój koło jedynego, nędznego sklepu i rozmowy z napotkanymi ludźmi. Wszyscy sprawiają wrażenie zabiedzonych, wygłodzonych i zniszczonych. Każdemu z rozmówców uczestnicy wyprawy w miarę swoich możliwości ofiarowują artykuły spożywcze, kawę, papierosy lub słodycze. Z niemal nic nie znaczącymi informacjami ruszają w dalszą drogę – drogę coraz bardziej tajemniczą.

W pewnym momencie z okien samochodu dostrzegają studnię z żurawiem. Zatrzymują się i robią pamiątkowe zdjęcia. Fotografując się przy studni, poznają jej właścicielkę, Nadieżdę Grigoriewną, która deklaruje się zostać ich przewodnikiem i zaprowadzić do osady Woławka. „A jednak jest!" – myśli zapewne Edward.

Jadą drogą, która 58 lat temu być może przypominała drogę. Obecnie to jeden ciąg olbrzymich, głębokich, wypełnionych wodą dołów. Aż strach jechać! Zachodzi obawa, że auto, jeśli się nie przewróci, to przełamie. Chyba tylko cudem udaje się Ryszardowi pokonywać te przepaście. Ale to nie koniec trudności. Następny odcinek to autentyczny ugór. Pod kołami wyczuwa się uleżałe i porośnięte bruzdy. Volkswagen trzeszczy. Kobiety ze strachu krzyczą. W końcu jednak cała czwórka wraz z przewodniczką dociera jakoś do jedynego na tym pustkowiu gospodarstwa Agafii Naumownej, liczącej sobie 92 lata – ostatniego świadka istnienia osady wojskowej Woławka.

Wysiadają z samochodu i udają się w kierunku domu, zza którego wychodzi ku nim mała i dodatkowo mocno zgarbiona babunia, zmarznięta, ubrana w ocieplaną kurtkę i podniszczone botki, podpierająca się laską trzymaną w jednej ręce i kijem w drugiej. Spod okrywającej głowę chustki wyzierają bardzo siwe włosy, wyblakłe oczy, a nad nimi posiwiałe rzęsy i brwi. Czas i klimat powykręcały jej palce u rąk, brak uzębienia spowodował zapadnięcie się policzków. Jednak pomimo całej tej wyzierającej z niej i od niej biedy, na pomarszczonej twarzy błąka się uśmiech. Wyraźnie cieszy się z przyjazdu nieznanych jej ludzi.

Radość przejawia także córka Agafii, Wiera Lewkowicz, która przyjechała z Brześcia, by pomóc mamie w gospodarstwie. Mieszka tu jeszcze brat Wiery, lecz jego przeważnie nie ma.

– Pracuje w miejscowym kołchozie i ciągle go licho dokądś nosi! – uskarża się Wiera.

Rozmowa odbywa się na dworze. Do domu ich nie zapraszają. Zapewne nie byłoby gdzie postawić nogi, a może powód jest jeszcze inny. Babcia ze słowiańskim obliczem wbrew pozorom i na przekór wiekowi pamięta bardzo wiele. Potwierdza się teza głosząca, że starzy ludzie mają pamięć retrospektywną, gorzej natomiast zapamiętać im to, co działo się przedwczoraj, a nawet wczoraj.

– Tak, Woławka była piękną i bogatą osadą – opowiada. – Domy, nie tak jak nasze, były murowane z czerwonej cegły, na kamiennych fundamentach, kryte dachówkami z drewna. Po wysiedleniu Polaków byli tacy, co chcieli je kupić, wraz z ziemią, albo wydzierżawić. Ale władze nie pozwoliły i długo tak stały bezużytecznie, a ziemia jałowiała.

– A moich rodziców pani pamięta? – dopytuje się Janina.– Tak, pamiętam – odpowiada Agafia. – Im się pałac spalił – dodaje po namyśle.

Janina naciska, chce się dowiedzieć jak najwięcej.

– Czy cokolwiek tam znajdziemy, zobaczymy?

– Nic nie zobaczycie – wtrąca się Wiera. – Mama opowiadała dużo wcześniej, że wasze domy rozebrano całkowicie w 1952 roku, a z odzyskanego materiału zbudowano kołchoz, który stoi do dzisiaj.

Gospodarstwo Agafii leży w dużej odległości od terenów, na których znajdowała się osada („chutor", jak mówią miejscowi), zwana Woławką.

– Mogę tam z wami pojechać – proponuje Wiera.

Jeszcze jeden rzut oka na „posiadłości" Agafii. Mały, drewniany domek, drewutnia, stodoła, chlew i dwie taplające się w gnoju świnki. Obok zapasu siana, złożonego w dwóch stogach, kopiec na ziemniaki. Z powodu przyjazdu gości kobiety przerwały ich układanie.

– W zasadzie w gospodarstwie jest wszystko z wyjątkiem koni – informują. – Na oddalonych od domu pastwiskach pasie się osiem krów.

Wszystko jednak ginie, zatraca swą wartość w tym ogólnym brudzie i bałaganie, wręcz chaosie. Wiera, która weszła do domu, aby się przebrać i jechać z Polakami, wychodzi równie brudna i ubrana niedbale. Jej odzież pokrywają drobinki słomy, pierza i Bóg wie czego jeszcze.

Gdy wsiada do samochodu, ruszają wskazaną przez nią polną drogą, której w ogóle nie widać. Wkrótce dojeżdżają do miejsca, gdzie jej zdaniem znajdowała się kiedyś polska osada wojskowa. Teraz po tym terenie hula wiatr, nie napotykając niemal na żadne przeszkody. Gdzieniegdzie widać jedynie rzadko rosnące skupiska drzew i krzewów. Tylko nieliczne wzgórki mogą jeszcze świadczyć o tym, że dawniej istniały tu ludzkie siedliska. Szczególnego rodzaju dowodem mogą być także drzewa owocowe, rosnące na jednym z nich, jak wyrzut i świadek olbrzymiej krzywdy zadanej mieszkającej tu kiedyś ludności.

Krystyna i Ryszard, chodząc tam i z powrotem, z wielkim zapałem szukają śladów swoich przodków. Nadaremnie. Na twarzach tak młodych, jak i starszych, maluje się smutek, a nawet ból, najbardziej chyba widoczny na twarzy Janiny, która ma wątpliwości co do tego, czy rzeczywiście oglądają ziemię rodziców.

– Pamiętam przecież, że było na niej jezioro i las, a nieopodal rodzinnego domu biegła szeroka, chociaż polna droga – powtarza.

Wszystkim wydaje się nieprawdopodobne, by w okolicy, na której znajdowało się tak wiele domów osadników wojskowych, nie pozostał po nich żaden wyraźny ślad.

– Ja także pamiętam tę drogę i maszerujące po niej sowieckie wojsko – wtrąca Edward. – To była polna droga, piaszczysta, bo kiedy sołdaci maszerowali, w powietrzu unosił się kurz i pył. Kilku nas stało w tym czasie na pobliskiej górce i patrzyło na te ogromne ilości ludzi i sprzętu. Pamiętam też, że przeleciał wtedy nad nami kukuruźnik i zrzucił ulotki, a ja zaniosłem je do domu.

Depczą teraz tę ziemię, ostrożnie stawiając na niej nogi, jakby się bali, że mogą komuś zakłócić spokój. Nagle zjawia się mężczyzna, który okazuje się być bratem Wiery.

– Gdyby rządził Stalin albo nawet Breżniew, to tak spokojnie nie oglądalibyście swoich ziem! – wykrzykuje.

– Zawiózłby was z powrotem na białe niedźwiedzie!

– Ale nie ma już ani krwiopijcy Stalina, ani sklerotyka Breżniewa! – odcina się Krystyna.

Jakby nie słysząc tej uwagi, mężczyzna pokazuje im po chwili, gdzie według niego do 1952 roku stały domy. Pamięta też miejsce, w którym znajdowało się jezioro. Wymienia nawet nazwiska osadników, znając je zapewne z opowiadań matki. Cały czas posługuje się przy tym pijackim rosyjsko-białoruskim bełkotem, który słabo znającym oba te języki trudno zrozumieć. Mówiąc, ślini się, a z nosa stale mu zwisa kropla śluzu, którą raz po raz wyciera rękawem. Widząc zapewne, że nie wzbudził większego zainteresowania, a wręcz przeciwnie, niechęć, znika równie szybko jak się pojawił, odjeżdżając na rowerze.

– Nie ma co się użalać i biadolić! Trzeba jechać i szukać świadków! – oświadcza Wiera, proponując, że zabierze ich do innej Wiery, Wiery Hłuszczuk, mieszkającej we wsi Malinówka, która powinna dużo pamiętać, bo jest z tych stron. – Szkoda, że nie ma mojego drugiego brata! – wzdycha. – Wczoraj akurat wyjechał do Ameryki! Ten mógłby wiele powiedzieć, bo zna historię tego chutoru jak własną kieszeń.

Jadą zatem do Malinówki, do ponad siedemdziesięcioletniej Wiery Hłuszczuk. Kiedy stają przed jej drewnianą chatką, okazuje się, że gospodyni nie ma w domu, ponieważ „jest na polu i zbiera kartoszki". Trzeba poczekać. Krystyna i Ryszard zabierają się za przygotowanie posiłku, bo wszystkim już zaczyna doskwierać głód. Wyjmują kuchnię gazową i przystępują do gotowania ryżu i gulaszu. Warunki są trudne, nieustannie siąpi deszcz.

Po dłuższym oczekiwaniu zjawia się Wiera Hłuszczuk – wysoka, lecz już mocno zgarbiona, o nawet ładnej, słowiańskiej, nieco podłużnej, jasnej twarzy. Zapytana o Woławkę, mówi wiele, jednak żadnych szczegółów, o które wypytuje ją Janina, nie zna.

Czas na posiłek. Młodzi oznajmiają, że obiad gotowy. Plastikową miseczką z ryżem i gulaszem obdarowany zostaje każdy z obecnych. Wszyscy jedzą, stojąc obok samochodu, na skraju drogi. Jedna Wiera stwierdza, że czegoś tak smacznego już bardzo długo nie jadła, druga, że nie jadła nigdy. Goście uznają to za kurtuazję z ich strony. Po obiedzie pakują sprzęt i udają się na poszukiwanie dalszych świadków.

Ale dalsi świadkowie są już raczej pseudo-świadkami. Siostra i szwagier Wiery Lewkowicz wiedzą jeszcze mniej. Za to Iwan, pracujący w kołchozie i zarabiający 25 dolarów na miesiąc, chwali się, że już pięciu synom pomógł się wybudować w Brześciu. Na pytanie, za co, odpowiada:

– A za to, co wygospodaruję na swojej działce. Wczoraj na przykład sprzedałem krowę!

Ludzie życzliwi, bogobojni baptyści, niemal na siłę chcą ugościć uczestników wyprawy, a nawet ich przenocować, ale Janina i Krystyna nie chcą o tym słyszeć. Boją się. Mimo że dom sprawia wrażenie czystego i schludnego. Gospodarze, widząc, że Polacy nie zamierzają zostać, odprawiają modlitwę za ich pomyślność i szczęśliwy powrót do kraju, a potem odprowadzają do drogi i żegnają serdecznie.

Na odchodnym Wiera Lewkowicz daje im adres swego męża, który mieszka w Brześciu, nakazując wręcz udać się tam i odpocząć przed dalszą drogą. Postanawiają jednak zatrzymać się w hotelu. Niemal przy samym wjeździe rzuca im się w oczy „Inturist". Mężczyźni idą załatwić formalności. Wypisywanie papierków trwa dosyć długo. Kiedy przychodzi do płacenia, okazuje się, że cena jest nie tylko przerażająca, lecz i porażająca. To nie jest hotel nawet dla przeciętnego Polaka. Jedna doba w dwuosobowym pokoju ma ich kosztować ponad 80 dolarów. Decyzja jest natychmiastowa. Rezygnują.

Zachodzi konieczność skorzystania z propozycji Wiery, udają się zatem do mieszkania jej męża, który dziwnym zbiegiem okoliczności nosi zupełnie inne nazwisko. Ale to nieważne. Po udzieleniu krótkich wyjaśnień zostają zaproszeni do środka. Mieszkanie znajduje się w bloku. Jest małe, składa się z jednego pokoju, ślepej kuchni, stanowiącej niemal integralną część pokoju, oraz łazienki. Gospodarz, niski, mocno zaokrąglony brunet, sprawia sympatyczne wrażenie.

– Czujcie się jak u siebie w domu i róbcie to, na co macie ochotę – prosi.

Kobiety przygotowują posiłek. Na kolację już nieco późno, lecz pusty żołądek domaga się pożywienia. Problem ze spaniem zostaje rozwiązany w sposób nieskomplikowany. Z uwagi na to, że nie można zostawić samochodu bez opieki, mężczyźni po kolacji idą spać do auta.

Ciężka to noc, pomimo rozkładanych siedzeń, chociaż nie dla młodego organizmu. Ryszard sapie, chrapie, ale śpi twardo aż do białego rana. Edward jedynie drzemie, oczekując na mające lub mogące się ewentualnie przytrafić zdarzenia, z pistoletem naładowanym hukowymi i gazowymi nabojami przy sobie. Noc mija spokojnie.

* * *

17 września 1998 roku. Po obfitym śniadaniu uczestnicy wyprawy na ziemie ojców odwiedzają archiwa państwowe. Najpierw to, w którym powinny się znajdować dokumenty dotyczące posiadanego mienia. Tam jednak udaje im się złożyć tylko wniosek.

– Stwierdzenie stanu rzeczy może trwać nawet i pół roku – słyszą. – Poza tym, jeśli chcą państwo uzyskać oryginalne dokumenty urodzenia, musicie się udać do archiwum akt osobowych.

Z nosami spuszczonymi na kwintę wychodzą i kierują się do następnego archiwum. Tutaj też trzeba najpierw złożyć wniosek. Dobrze, że można go napisać po polsku.

– Pani otrzyma dokument na poczekaniu – mówi urzędniczka do Janiny. – W pana przypadku – zwraca się do Edwarda – występują pewne niejasności. Po ich usunięciu dokument zostanie przesłany do Polski poprzez ambasadę.

Po dosyć długim oczekiwaniu Janina dostaje swój akt urodzenia. Jasno z niego wynika, że gwarantując głową prawidłowość używanej przez 58 lat daty urodzenia, już by tę głowę straciła. Tylko rok się zgadza, dzień i miesiąc znacznie się przesunęły.

Z jej bratem jest jeszcze gorzej. Informacje, jakie udaje mu się uzyskać, wskazują na to, że wcale nie jest Edwardem, tylko Edmundem, i to nie spod znaku Wodnika, tylko Lwa. Poza tym nagle postarzał się o cały rok. Cóż mu pozostaje? Chyba jedynie śmiać się z tego. Śmieje się więc, ściskając przy tym szczęki, choć najwyraźniej trochę mu żal...

– Najbardziej chyba tego znaku Zodiaku – wzdycha. – Wodnik bardzo mi pasował.

Za swój dokument Janina uiszcza opłatę w wysokości 50 tysięcy rubli, czyli mniej niż dolara (który w tym czasie kosztował 60 tysięcy rubli). Oprócz jej aktu urodzenia wszyscy uczestnicy wyprawy otrzymują reprymendę od urzędniczki za to, że bez jej zgody robią w pomieszczeniu zdjęcia. Jakoś jednak udaje im się ją udobruchać.

Po przejechaniu około 1600 kilometrów cała czwórka wraca do swych domów z bagażem wrażeń. Opowiadaniom nie ma końca, a zdjęcia przechodzą z rąk do rąk.

* * *

Od ich wyprawy w rodzinne strony mija przeszło miesiąc. 12 października 1998 roku Edward otrzymuje z Ambasady Białoruskiej w Warszawie pismo wzywające do stawienia się w celu odbioru aktu urodzenia. po uprzednim uiszczeniu kwoty 225 złotych, czyli 65 dolarów. Potwornie go to irytuje. Za to, co tacy jak on przeżyli, ten dokument powinni mu przynieść w zębach i to na tacy, a nie domagać się diabli wiedzą jakiej zapłaty!

Zdenerwowany telefonuje do Warszawy i informuje pana ambasadora, że nie zamierza odbierać dokumentu, ponieważ żądana opłata jest nadmiernie wygórowana, nawet jak na bogatego Polaka, a on bogaty nie jest. Poza tym uznaje, że akt urodzenia tak naprawdę nie jest mu do niczego potrzebny, nie ma już bowiem zamiaru czegokolwiek w dotychczasowych dokumentach zmieniać. Za mało pozostało czasu na to, by przeprowadzać zmiany w życiu osobistym.

A swoją drogą, gdzie te dokumenty były, kiedy zabiegał o nie w latach sześćdziesiątych, pisząc do konsulatów i ambasad, tak sowieckich, jak i polskich! Wówczas twierdzono, że zaginęły w czasie działań wojennych. Kto wie, może w cudowny sposób znajdą się i te dotyczące jego zamęczonych rodziców i zaginionych braci? Czas, i to niezbyt odległy, ma to pokazać.

Edward rezygnuje z odebrania aktu urodzenia także dlatego, że wraz z pozostałymi uczestnikami wyprawy do ziemi ojców postanowił pojechać tam ponownie – na poszukiwanie śladów – w przyszłym roku, zabierając ze sobą odpowiednie do osiągnięcia tego celu narzędzia.

* * *

Niemal trzy miesiące później, w grudniu 1998 roku, Janina odbiera przesłany pocztą przez Ambasadę Białoruską w Warszawie dokument, potwierdzający fakt posiadania przez rodziców 25 hektarów ziemi, znajdującej się na terenach polskiej osady wojskowej o nazwie Woławka.

W dokumencie tym nie ma jednak żadnej wzmianki ani o domu mieszkalnym i zabudowaniach gospodarczych, ani o lesie i jeziorze. Z drugiej strony, jak można potwierdzić istnienie tego wszystkiego, skoro wszystko rozebrano, zniszczono i zdewastowano, a z materiałów z odzysku wybudowano obiekty komunizmu?

* * *

We wrześniu 1999 roku w Warszawie odbywa się II Światowy Zjazd Osadników Wojskowych Kresów Wschodnich II RP. Do udziału w nim Edward zgłasza siebie i siostrę. Ostatecznie jednak do stolicy jedzie z siostrzenicą, ponieważ Janina akurat w tym czasie przechodzi jakąś chorobę wywołaną wirusem, przypominającą swym przebiegiem zatrucie. Nieco wcześniej na to samo chorował on, Ryszard i Krystyna, która jedzie do stolicy jeszcze trochę chora.

* * *

3 września 1999 roku, Warszawa, Dworzec Centralny. Stąd autobusem nr 515 Edward i Krystyna jadą na Ursynów, do Szkoły Głównej Gospodarstwa Wiejskiego, gdyż to właśnie w budynkach tej uczelni zjazd ma się odbyć.

Zakwaterowani zostają w domu studenckim, w dwóch sąsiadujących ze sobą pokojach. Jakkolwiek od wewnątrz budynek nosi znamiona wandalizmu, w środku wszędzie czuje się świeżość i czystość, tak w odniesieniu do otoczenia, jak i pościeli. W tym samym przedpokoju znajduje się łazienka i toaleta. Jedynym mankamentem, który daje się odczuć już na samym początku, jest brak wieszaków w szafach. Chcąc powiesić te kilka sztuk zabranej ze sobą odzieży (jako że zjazd zaplanowano na dwa dni, dużo rzeczy ze sobą nie mają, wszystko mieści się w małej podręcznej torbie), trzeba w tym celu wykorzystać gwoździe lub inne urządzenia.

Zaraz po przyjeździe do SGGW zgłaszają się do punktu rejestracyjnego, gdzie po odnotowaniu swojego przybycia, odbierają materiały zjazdowe oraz uiszczają opłatę w kwocie 190 zł od osoby. Po załatwieniu wspomnianych formalności, zakwaterowaniu i wykonaniu kilku zabiegów higienicznych, idą do sklepu po zakupy, z których można by przygotować kolację (na ten dzień wyżywienia jeszcze nie zapewniono).

Obydwoje byli już w Warszawie nie raz i nie dwa, lecz Ursynowa nie znają, dlatego długo rozglądają się za jakimś sklepem, pytając o niego napotkanych przechodniów. Wreszcie docierają do ruchliwej (nawet o tej, dosyć już późnej, porze) czteropasmowej arterii, przy której mieści się stacja paliw, a w jej obrębie także sklep spożywczy. Kupują bułki, pakowaną szynkę, piwo, sok owocowy i z ciekawości, chlebek tyrolski, który podaje się tu wprost z niewielkiego piecyka. Droga powrotna jest znacznie krótsza i prostsza.

Po kolacji oddają się lekturze programu zjazdu, referatów, jakie mają być wygłoszone, zakupionych książek związanych tematycznie z Kresami i osadnictwem na tych ziemiach oraz kwartalnika wydawanego przez Stowarzyszenie Osadników Kresów Wschodnich. Wreszcie, skorzystawszy na zmianę z kąpieli, ścielą łóżka i idą spać. Po długiej podróży (Krystyna jechała z Gdańska, Edward z Malborka, a wcześniej oboje musieli do tych miast dojechać autobusami) mają prawo odczuwać zmęczenie, do tego dochodzi jeszcze spora dawka wrażeń. Zasypiają szybko i śpią jak susły.

W szczególny sposób emocjonuje ich wiadomość przekazana przez jednego z organizatorów zjazdu, Mieczysława Wójcika, a mianowicie to, że swój udział zapowiedzieli też inni byli mieszkańcy osady wojskowej Woławka, obecnie mieszkający w Anglii – Eugenia i Władysław Ratajowie oraz Tadeusz Świstak, brat Eugenii.

* * *

4 września 1999 roku, pierwszy dzień zjazdu. Krystyna i Edward wstają wcześnie, ale toaleta poranna zajmuje im zbyt dużo czasu i schodzą na śniadanie niemal w ostatniej chwili. W jadalni stół nakryty na formułę szwedzką, dosyć bogato zastawiony kilkoma rodzajami wędlin, serów, sałatek, pasztecików. Na drugim stole dzbanki z gorącą wodą, można przygotować sobie herbatę i kawę. Tłok przy stołach o tej porze już umiarkowany. Znaczna większość przybyłych na zjazd osadników lub ich rodzin siedzi przy stolikach, jedząc wybrane według gustu i możliwości potrawy.

Napełniwszy swoje talerzyki i zaopatrzywszy się w herbatę, Krystyna i Edward siadają przy pierwszym wolnym stoliku, który znajduje się akurat na wprost drzwi wejściowych. Goście wchodzą, wychodzą, część z nich krąży jeszcze wokół stołu, dobierając sobie jedzenie.

Tuż przed ich stolikiem przechadza się mężczyzna średniego wzrostu o dosyć ciekawej powierzchowności. Na oko liczy sobie jakieś sześćdziesiąt parę lat. Spod swobodnie narzuconego sweterka wystaje kołnierz rozpiętej koszuli, szyję okrywa apaszka. Twarz ma nieco przyniszczoną, z widocznymi naczynkami krwionośnymi, ozdabia ją wąsik.

– Patrz, patrz, wujek, na tego tu! – szepcze Krystyna, wskazując mężczyznę głową. – Jak śmiesznie chodzi! Tak trochę jakby łobuzersko.

Edward spogląda we wskazanym kierunku i wraca do jedzenia. Tymczasem jego siostrzenica wciąż śmieje się cicho, z kobiecą ciekawością obserwując uczestników zjazdu, wszystkich i każdego z osobna.

– Jesteśmy jednymi z najmłodszych osób w tym towarzystwie – dochodzi do wniosku.

– E, chyba nie. – Edward wskazuje na mężczyznę stojącego przy drzwiach. – Ten na pewno jest ode mnie młodszy.

Mężczyzna, o którym mowa, jest dosyć wysoki i szczupły. Nawet lekka łysinka i przygarbione plecy nie odbierają mu młodzieńczego uroku. Krystyna przyznaje wujkowi rację.

Po śniadaniu wszyscy podążają do sali kryształowej. Nazwę swą ta uczelniana aula zawdzięcza olbrzymiemu, zwisającemu z sufitu żyrandolowi. Po drodze Krystyna zapoznaje się z osadnikami żyjącymi obecnie w USA, którym przedstawia także swojego wujka. Do rozpoczęcia zjazdu jest jeszcze nieco czasu, toteż co poniektórzy zatrzymują się w przyuczelnianym parku, by zapalić papierosa lub po prostu pooddychać świeżym powietrzem. Podczas gdy Edward poluje z aparatem na jakieś szczególne wydarzenie, Krystyna albo pali papierosa, albo ugania się za czymś innym. W pewnej chwili woła:

– Wujek! Ta pani jest z Woławki! To pani Gienia Świstak.

Edward podchodzi i wita się z kobietą tak, jakby to zrobił z każdą inną osadniczką, po czym robi dwa kroki w bok.

– Wujek, przecież to sąsiadka naszej rodziny! – mówi Krystyna, akcentując przy tym słowo „naszej". – A to jest Edek Studziński – kontynuuje podekscytowana.

– Edek Studziński. – zastanawia się przez chwilę kobieta nazwana Gienią. – Syn Piotra?

– Tak, Piotra – potwierdza Edward.

Na to kobieta wyciąga w jego stronę ramiona.

– To niech cię uściskam! Ja jestem Gienia Świstak.

Padają sobie w objęcia i jakiś czas trwają w uścisku.

Obojgu przy tym oczy zachodzą łzami, tyle że zza ciemnych okularów łez Edwarda nie widać.

– A to jest mój mąż Władek i brat Tadeusz – przedstawia kobieta dwójkę stojących obok mężczyzn.

Na widok „obiektów" swoich śniadaniowych obserwacji Krystyna i Edward parskają niekontrolowanym śmiechem. Witają się z nimi serdecznie, pośpiesznie wyjaśniając powody swego śmiechu.

– Ja też was obserwowałem – śmieje się Władek – i coś mi mówiło, że to właśnie wy jesteście z Woławki.

Głośna rozmowa, śmiechy, uściski. Wyraźnie zwracają na siebie uwagę innych uczestników zjazdu, którzy zdają się cieszyć z tego, że znowu ktoś spotkał kogoś bliskiego, chociaż od wojny minęło już tyle lat. Nieskrywana radość towarzyszy już odtąd stale ich piątce, która jakby nie mogła się sobą nacieszyć. Pani Gienia staje się już tylko Gienią. I nagle wszyscy do wszystkich zaczynają mówić po imieniu.

– Przecież to niemal cud! – powtarza dawna sąsiadka, ściskając Edwarda. – Byłam pewna, że jeżeli nie zamordowano was, to z całą pewnością zrusyfikowano. A tu coś takiego! Takie spotkanie! Dlaczego nie było was na pierwszym zjeździe? Znalibyśmy się już dwa lata! – dodaje z żalem w głosie.

Krzyżują się pytania i odpowiedzi. I jednych, i drugich nie brakuje. Zwłaszcza tych dotyczących przyłączenia się do armii Andersa. Choć obie rodziny były w tym samym łagrze, tylko Świstakom udało się do niej dostać. Na domiar złego okrutny los sprawił, że z dziewięcioosobowej rodziny Studzińskich pozostała tylko trójka.

Rozmawialiby pewnie jeszcze długo, gdyby nie to, że trzeba już udać się na salę obrad. Siadają obok siebie. Krystynie nie zamykają się usta. Relacjonuje Gieni całą historię rodziny, a zna ją chyba najlepiej, jako że zawsze najbardziej się nią interesowała. To ona była inicjatorką pierwszego wyjazdu na Polesie w poszukiwaniu ziemi ojców, do niej też dotarła najwcześniej informacja o mającym się odbyć zjeździe osadników wojskowych.

Edward niejednokrotnie oświadczał publicznie, że nie przepada za takimi spotkaniami, uważając, że są zbyt sentymentalne, płaczliwe i niekorzystnie wpływają na zdrowie, szczególnie na układ nerwowy i wieńcówkę, a on właśnie z tymi dolegliwościami od niedawna się zmaga (dwukrotnie – w maju i październiku 1998 roku – przeszedł tzw. angioplastykę, potocznie zwaną „balonikowaniem", czyli zabieg na sercu, polegający na poszerzeniu naczyń wieńcowych i usunięciu zatorów). Mimo że wiele razy informowano go na przykład o odbywających się zjazdach wychowanków syberyjskich domów dziecka, na żaden z nich (a odbyły się chyba ze cztery) nie pojechał. W tym zjeździe zgodził się uczestniczyć tylko dlatego, że nie spodziewał się niczego, co rozdarłoby jego chore serce. A jednak stało się inaczej.

Po niemal 59 latach spotkać sąsiadów, z którymi do 1940 roku żyło się jak w jednej rodzinie – to wydarzenie naprawdę dużego kalibru. Dla rozładowania napięcia zaczyna kręcić się po sali, fotografując to, co jego zdaniem zasługuje na zarejestrowanie. Takich momentów jest dużo, więc pstryka i pstryka, kierując obiektyw zwłaszcza na osoby reprezentujące osadę wojskową Woławka.

W prezydium zjazdu zasiadają przedstawiciele osadników ze wszystkich reprezentowanych na nim krajów, tak z Zachodu, jak i ze Wschodu. Najliczniejszą grupę stanowią osadnicy z Anglii. Z informacji przekazanej przez Gienię wynika, że u nich stowarzyszenie działa już niemal od lat dwudziestu i samych tylko zjazdów odbyło się już piętnaście.

– Mam nadzieję, że w szesnastym weźmiecie już udział i wy, i Janina – mówi Gienia, nie mogąc przeboleć tego, że na zjeździe nie ma jej najlepszej koleżanki sprzed wojny.

Dla zmniejszenia tego żalu, Edward umożliwia jej przeprowadzenie rozmowy ze swoją siostrą przez telefon komórkowy. Ale to nie to samo, co bezpośrednie spotkanie i rozmowy.

Referat prezesa Szymańskiego, a także wystąpienia członków prezydium oraz innych osób z sali, zebrani kwitują formalnymi oklaskami. Tadeusz rejestruje wszystko kamerą, Władek wysokiej klasy automatycznym aparatem fotograficznym, Edward półautomatem średniej klasy.

W przerwie uczestnicy zjazdu zapoznają się z wystawą eksponującą dokumenty mówiące o osadnikach i losie, jaki ich spotkał. Dyskutują, rozmawiają i zaopatrują się w literaturę tematycznie związaną ze zjazdem.

Wśród tej niezbyt dużej, bo liczącej zaledwie nieco ponad 220 osób, grupy osadników jest wielu ludzi pióra, jak również reprezentanci szerokiej gamy innych zawodów i specjalności. Są też, stanowiąc zapewne większość, ludzie prości i zwyczajni, lecz nadzwyczajnie dumni z tego, że są osadnikami wojskowymi z Kresów Wschodnich, że wcześniej ich rodzice byli piłsudczykami i patriotami, takimi jak dzisiaj oni, obecni na tej sali, gotowi zawsze do walki o wolność swojej ojczyzny, o swój naród. To właśnie te cechy stały się przyczyną ich gehenny, związanej z przebywaniem w łagrach i wykonywaniem robót ponad ludzką wytrzymałość w warunkach niegodnych człowieka, wśród nieustającego głodu, robactwa i gryzoni, chorób i terroru ludzi hołdujących polityce Stalina, Berii, Mołotowa oraz innych, im podobnych, w tym nawet naszych takich rodaków, jak Feliks Dzierżyński czy Wanda Wasilewska.

Teraz domagają się odszkodowań za mienie zostawione poza rubieżami II RP – mienie, którego ich rodzice dorabiali się w ciężkim znoju. Autentycznych osadników niemal już nie ma (na zjazd przyjechały jedynie cztery żony). W zjeździe uczestniczą przede wszystkim ich dzieci, wnuki, bratankowie, siostrzenice, a także prawnuki, w tym najmłodsza, ośmioletnia Kalina, którą zabrała ze sobą jej mama, wnuczka osadnika z osady Wilanowa.

W kwestii odszkodowań za mienie zupełnie inną propozycję przedstawia reprezentantka Anglii. Podważa ona mianowicie zasadność ubiegania się o nie.

– Otrzymamy jakieś tam papiery wartościowe, które wkrótce mogą się okazać bezwartościowe, a w zamian będziemy się musieli wyrzec wszelkich praw do tego, co było własnością naszych rodziców – twierdzi.

Głos ten zyskuje pewną grupę zwolenników, lecz biorąc pod uwagę siłę oklasków, wielu ich nie ma.

Inny uczestnik protestuje przeciw faworyzowaniu Piłsudskiego i piłsudczyków, przy jednoczesnym pomijaniu zasług żołnierzy Hallera.

– Nikt tu nie pomniejsza zasług generała Hallera, jednakże nie da się zaprzeczyć, że większy wkład w odzyskanie niepodległości przez Polskę miał Piłsudski – pada odpowiedź, dzięki której i wilk jest syty, i owca cała.

Innym ważnym tematem zjazdu jest sprawa podniesiona przez prezesa Stowarzyszenia Osadników Kresów Wschodnich, a dotycząca odzyskania przedwojennej siedziby znajdującej się w pałacyku przy ulicy Myśliwieckiej. Większość zebranych popiera zabiegi zarządu w tym względzie. Są nawet tacy, co z własnej inicjatywy zbierają podpisy pod petycją nawołującą do oddania osadnikom dawnej siedziby stowarzyszenia.

W pierwszym dniu zjazdu nic tak naprawdę szczególnego się nie dzieje. Dla grupy osadników z Woławki najważniejszym wydarzeniem jest spotkanie Studzińskich ze Świstakami. Rozmowom i planom na przyszłość nie ma końca. Na obiad idą już razem, nie chcąc rozstawać się ani na chwilę. Razem także spacerują po uczelnianym parku. Zaraz po zjeździe Gienia wraz z mężem i bratem mają odebrać wizy i jechać na Białoruś.

– A może pojechalibyśmy tam razem? – proponują.

Edwardowi i Krystynie bardzo się ten pomysł podoba.

Telefonicznie chęć jazdy wyraża również Janina, zapewniając, że pojedzie nawet wtedy, jeśli nie będzie jeszcze w pełni zdrowa.

Z pierwszego dnia zjazdu należy jeszcze odnotować tak zwaną „Biesiadę Osadniczą". Uczestników jej organizatorzy sadzają województwami, lecz tymi sprzed wojny. Dla Polesia miejsca jest dużo, toteż cała grupa z Woławki siada razem, przystępując do jedzenia i picia, głównie czerwonego wina. Na stole jest tyle, by się nie przejeść, chociaż asortyment urozmaicony: mięso pod różnymi postaciami, ryba (głównie śledź z cebulką w oliwie) i owoce. Dwukrotnie podają też ciepłe dania, najpierw krem pieczarkowy, a jakiś czas później flaczki.

W trakcie biesiady prezentują się (w języku polskim) białoruskie artystki. W ich utworach wiele jest mowy o urokach ziemi kresowej, a w szczególności Polesia. Największy aplauz budzi piosenka sławiąca czar tej krainy. Niestety, wierszy recytowanych przez młodziutką Białorusinkę, przynajmniej przy poleskim stoliku, niemal w ogóle nie słychać. Zagłusza je brzęk sztućców, odgłos talerzy i głośna rozmowa. Pozostaje tylko żal, że ta mała, drobna istotka, która poświęciła zapewne wiele czasu na przygotowanie się do występu, czas ten zmarnowała, bo nie mogła zostać doceniona. Większość zebranych zgodnie stwierdza, że występy powinny odbyć się przed ucztą.

Konferansjerkę, zarówno na sali zjazdu, jak i na biesiadzie, prowadzi niezmordowana, filigranowa pani Zofia Rosińska, córka osadnika z osady

Kościuszków, licząca sobie jakieś pięćdziesiąt lat, może nieco więcej. Jak rasowy wodzirej prosi zebranych do poloneza, a po nim do innych tańców. Tadeusz tańczy z Krystyną, Edward z Gienią, natomiast w przerwie między tańcami robią zdjęcia i filmują.

Ponieważ pomału kończy się jedzenie i wino, należy sięgnąć po własny alkohol. A że ludzi sporo, a butelki Bolsa tylko dwie, szybko go rozlewają i na tym, na całe szczęście, picie się kończy. Mija północ. Aula pustoszeje. Około pierwszej biesiaduje jedynie około połowa zebranych, o drugiej pozostają już tylko nieliczne grupki, nie mogące się rozstać, takie jak nasza grupa z Woławki.

* * *

5 września 1999 roku, drugi dzień zjazdu. Po śniadaniu wyjazd do Katedry Polowej Wojska Polskiego – na mszę, odprawianą głównie w intencji uczestników zjazdu. Wiele słów ciepłych i bolesnych zarazem wypowiada ksiądz w czasie homilii wprowadzając tym samym nastrój powagi i polskości. Po mszy zebrani składają kwiaty pod tablicą poświęconą osadnikom, a następnie udają się na plac Piłsudskiego, gdzie ma się odbyć uroczysta odprawa warty i specjalnie zainscenizowana defilada z udziałem potomków żołnierzy, podoficerów i oficerów wybitnego Polaka, którego imię nosi plac w Warszawie.

Po defiladzie i złożeniu wieńca można wpisać się do księgi pamiątkowej Grobu Nieznanego Żołnierza. Gienia i Tadeusz decyzję dotyczącą wpisu podejmują natychmiast. Krystyna też się do tego pali. Władysław i Edward idą do cienia, by ochłonąć i wypić na pokrzepienie serc. Po chwili Krystyna wraca i oświadcza, że rezygnuje z wpisu do księgi.

– Moim zdaniem honor rodziny powinien reprezentować syn osadnika i oficera – zwraca się do wujka.

Edward, nakłaniany przez Władysława i Tadeusza, ostatecznie ulega i zajmuje miejsce w kolejce do księgi. Jego wpis zawiera następującą treść: „Edmund Studziński – syn rotmistrza Piotra."

Z placu Piłsudskiego wszyscy przechodzą pod Pomnik Pomordowanych na Wschodzie. Po złożeniu kwiatów zaczyna się odczytywanie napisów na poszczególnych podkładach oraz wykonywanie pamiątkowych zdjęć. Grupa z Woławki fotografuje się przy podkładach z napisem „Archangielsk" i „Pińsk". Kolejnym, ostatnim już etapem wycieczki jest pałacyk przy Myśliwieckiej. Wisząca na nim tablica głosi, że właśnie w tym domu mieściła się siedziba Stowarzyszenia Osadników Kresów Wschodnich.

Po części oficjalnej kto chce może zostać w Parku Łazienkowskim. Piątka z Woławki korzysta z tej okazji. Idą na spacer, pokłonić się Chopinowi, a potem zwyczajnie, jak wszyscy dookoła, posiedzieć na parkowej ławeczce. Ludzi mrowie, jako że pogoda iście letnia.

Po obiedzie, o 17.30 uczestnicy zjazdu spotykają się ponownie w sali kryształowej, tym razem po to, by podsumować obrady i przyjąć uchwałę. Jeden z jej wniosków zawiera propozycję, by zjazdy odbywały się co dwa lata. Pomysł ten zostaje przyjęty przez aklamację. A zatem kolejny zjazd odbędzie się we wrześniu 2001 roku. Ilu uczestników do tego czasu ubędzie? Młodsi nie garną się zbytnio do kultywowania tradycji i celów, jakie przyświecały ich ojcom. Właśnie o wychowaniu młodzieży osadniczej dość dużo się na zjeździe mówiło, odwołując się przy tym do lat, kiedy to młodzi ludzie podtrzymywali tradycje rodzinne i środowiskowe.

Po kolacji czas na rozmowy, rozstania i pożegnania. Grupa z Woławki spotyka się w pokoju Tadeusza. Wcześniej Krystyna i Edward pakują swoje rzeczy, po czym zdają klucze od pokoi. Pociąg mają o dwudziestej trzeciej, ostatecznie jednak jadą następnym - o drugiej rano. Rozstanie ze Świstakami zakrapiają sowicie, acz z zachowaniem zdrowego rozsądku. „Anglicy" zostają na noc, dlatego gdy podjeżdża zamówiona taksówka, która ma Krystynę i Edwarda odwieźć na Centralny, wszyscy ze wszystkimi żegnają się po raz nie wiadomo już który, całując i ściskając tak, jakby już nigdy nie mieli się zobaczyć, jednocześnie wyrażając życzenie szybkiego spotkania w Kwidzynie, u Janiny, lub na Białorusi.

* * *

7 września 1999 roku. Gienia telefonuje do Edwarda.

- Wizę już mamy - informuje. - Jedziemy na Polesie!

Jeszcze tego samego dnia dzwoni z tą wieścią do Janiny i Krystyny. Gorączkowe rozmowy odbywają się też na linii Gdańsk (gdzie mieszka Krystyna) - Kwidzyn (gdzie mieszka Janina) - Sztum (gdzie mieszka Edward).

W tę sieć zostaje włączony również Ryszard, jako jedyny dysponujący samochodem. Gdyby nie on, nie doszłoby do wyjazdu na Białoruś rok wcześniej, dlatego nie może być mowy o bieżącej wyprawie bez niego.

* * *

9 września 1999 roku, godzina 23.00. Janina, Krystyna, Edward i Ryszard wyjeżdżają w kierunku Brześcia.

Nikt z nich nie spodziewał się, że jazda będzie tak trudna i męcząca. Reflektory samochodów oślepiają nie tylko kierowcę. Na znacznych odcinkach dróg mgła lepi się do asfaltu. Zmęczenie daje się we znaki wszystkim, w szczególności Ryszardowi. Bywa, że traci panowanie nad kierownicą i zjeżdża na lewą stronę drogi. Zapada decyzja, by odpocząć, zatrzymując się w jakimś dogodnym do tego celu miejscu. Jest po trzeciej. Cała czwórka stara się zdrzemnąć i niektórym, głównie Ryszardowi, nawet się to udaje. Na krótko zasypiają też pozostali.

O szóstej ruszają dalej. Do granicy docierają 10 września o dziewiątej. Postój nie trwa długo, odprawa celna także. Za moment widać już Brześć i rzekę Bug. Zgodnie z planem kierują się najpierw do archiwum, gdzie Edward chce odebrać akty urodzenia, swój i brata. Ale tu klops.

– Pańska metryka została wysłana do ambasady w Warszawie, lecz nie została odebrana – oświadcza urzędniczka z nadmierną powagą. – A drugiej wydać nie wolno.

Edward wpada w gniew, i to do tego stopnia, że aż siostra musi go uspokajać. Ale i tak podniesionym głosem mówi, że nie stać go na tak drogi dokument. Urzędniczka jednak jest niewzruszona. Metryki brata również nie chce wydać, twierdząc, że powinien się po nią zgłosić osobiście.

W trakcie wymiany zdań mimochodem wspomina coś o konsulacie polskim, który znajduje się przy ulicy Kujbyszewa. Uczepiwszy się tej informacji, Edward proponuje, żeby tam pojechali.

– Nic nie wskóramy – mówi Krystyna, zgłaszając sprzeciw, Edward jednak nalega, więc jadą.

Po długich poszukiwaniach ulicy Kujbyszewa cała czwórka dociera do konsulatu i przez domofon zgłasza chęć porozmawiania z konsulem, względnie z jego sekretarzem. Do środka wchodzi Janina wraz z bratem. Po chwili zjawia się konsul. Nieco podniesionym głosem Edward wyłuszcza mu, w czym rzecz. Konsul słucha spokojnie, po czym obiecuje, że załatwi dokumenty urodzenia dla niego i dla brata i prześle je na jego adres w kraju. Zobowiązuje się także zbadać sprawę mienia, jako że archiwum białoruskie potwierdziło tylko fakt istnienia ziemi, natomiast kwestię domu i budynków gospodarczych pominęło.

Edward wychodzi z konsulatu z zadowoloną miną. Janina nie może się nachwalić sposobu, w jaki podszedł do nich konsul. Oboje czują się usatysfakcjonowani i przyjęciem, i sposobem załatwienia sprawy.

– I co? – woła, widząc wychodzących, największa oponentka.

– Niczego nie udało się załatwić – informuje Edward, umówiwszy się wcześniej z siostrą, że zakpią sobie z jej córki.

Ale ich twarze muszą być chyba zbyt radosne, bo Krystyna wydaje się wątpić. Edward zwodzi ją jeszcze przez chwilę, a kiedy już wygląda na przekonaną i zaczyna psioczyć na bezduszność urzędników, śmieje się i przerywa jej, oznajmiając triumfalnie:

– Załatwiliśmy! To, co chcieliśmy, a nawet jeszcze więcej! Przyślą akty urodzenia dla mnie i Mariana, a w dodatku zbadają dokładnie sprawę mienia.

Cała czwórka nie posiada się z radości.

Postanawiają nie zwlekając dłużej, jechać do Woławki. Po drodze robią tylko postój na posiłek i po kilku godzinach jazdy docierają do gospodarstwa Lewkowiczów. Po drodze widać ludzi, którzy z błota kanału wygrzebują karasie wielkości ręki dziecka. Oni też wskazują drogę do Woławki. A wcześniej pozują do zdjęcia, ustawiając się pod tablicą z napisem „Woławiel", przekreślonym na czerwono, co oznacza, że w tym roku do miejscowości, która do 1940 roku była siedzibą władz polskiej gminy, uczestnicy wyprawy wjechali od tyłu, czyli od końca. W polu, które mijają, kobiety zbierają ziemniaki. Podobne obrazki widzieli już wcześniej. Najwyraźniej na Polesiu wykopki ziemniaków w pełni.

Wreszcie chutor Lewkowiczów. Naprzeciw wychodzi im Mania, znajoma z ubiegłego roku.

– O Studzińskich wiem wszystko! – oświadcza już na wstępie z pewnością w głosie. – Mogę pokazać, gdzie był dom, gdzie sad, gdzie staw, droga i górka. Ja wszystko wiem! – powtarza raz za razem, jakby sama siebie zamierzała utwierdzić w tej wierze.

Idą więc, prowadzeni przez nią, do lasu. Po drodze Ryszard i Krystyna zbierają grzyby, głównie prawdziwki. Mania pokazuje jakieś miejsce, ale nie zgadza się ono z tym, co zostało w pamięci Janinie. Podobnie jest z następnymi, na przykład z miejscem, w którym miał rzekomo stać dom. Grunty rodziców Janiny i Edwarda porasta młody las iglasty, a przecież 58 lat temu na ziemiach tych rosło dorodne zboże. Wszyscy nadal szukają jakichkolwiek śladów. Mania wskazuje następne miejsce, Janina znowu zaprzecza.

Ryszard prowadzi odrębne poszukiwania. Nazbierał już sporą ilość grzybów. Krystyna niewiele mu w tym ustępuje. Nareszcie coś jest. Ryszard znajduje miejsce, w którym widać resztki budynku – kawałki zaprawy murarskiej i cegły zmieszane z ziemią. Teraz Edward przy pomocy noża grzebie w ziemi i odkrywa, że tego gruzu jest coraz więcej i więcej.

– To jest to miejsce – stwierdza Janina, podchodząc do nich. – Jestem pewna, że tu właśnie stał nasz dom! Teraz szukajmy śladów sadu.

Szukają. I po jakimś czasie znajdują sporo dziko rosnących jabłoni i grusz.

– Szukajcie jarzębiny i kaliny – prosi Janina.

Jarzębiny nie ma. Jest za to odkryta przez Edwarda kalina. Są nawet szlachetne jeszcze róże, tylko nigdzie nie ma orzechów laskowych.

Kiedy wyjeżdżali z Polski, Edward poprosił Ryszarda, by ten wziął ze sobą kupione w zeszłym roku w Pińsku płócienne woreczki. Wtenczas ziemi nie zabrali, ponieważ tej właściwej ostatecznie nie odnaleźli. Teraz się udało. Są tego pewni, toteż obaj ładują do woreczków ziemię razem z gruzem. Pełne dwa woreczki o łącznej wadze około 10 kilogramów Ryszard taszczy do samochodu, podczas gdy Edward niesie jego kurtkę wypełnioną grzybami.

Tego dnia szczęście najwyraźniej im sprzyja. W konsulacie załatwiono ich tak, jak tego chcieli. Tutaj z kolei odkryli niemal wszystko, bo i miejsce, gdzie stał ich rodzinny dom, i teren, na którym rósł sad, nawet nieckę po stawie, w której było jeszcze nieco wody i błota, a wokół resztki wodnej roślinności. Zlokalizowali też drogę, którą we wrześniu 1939 roku w tumanach polnego kurzu maszerowało do Polski sowieckie wojsko, z zamiarem oderwania Kresów Wschodnich od Rzeczypospolitej, a także górkę, na której bawili się jako dzieci i z której przyglądali się maszerującemu wojsku.

Wiera, Iwan i Mania (która okazała się być nie Manią, tylko jej siostrą Kseną, bardzo do niej podobną), obdarowani prezentami, usilnie nalegają, żeby Polacy zagościli u nich w domu i zostali na noc. Ale po zlustrowaniu wnętrza chaty Janina i Krystyna kategorycznie się temu sprzeciwiają. Zresztą wygląd Wiery także nie jest zbyt zachęcający. Pakują więc manatki i ruszają w drogę, postanawiając przenocować w Drohiczynie, jeśli będą po temu warunki, mimo że, jak pamiętają, jest tam jedynie noclegownia.

Okazuje się, że w noclegowni nie ma możliwości wykąpania się, a o to im chodzi najbardziej. Kierowniczka obiektu radzi jechać do Iwanowa, zapewniając, że „tam jest dobrze i będą łazienki". Jadą. Faktycznie, miejscowy hotel wygląda dość estetycznie. W recepcji dowiadują się, że zapewnia też dobre warunki, ciepłą wodę i łazienki. Pokój dwuosobowy na dobę kosztuje dwanaście dolarów – ponad trzydzieści dolarów mniej niż zapłacili za taki sam pokój w hotelu „Aelita" w Pińsku w ubiegłym roku. Decydują się zostać.

W hotelu jest czysto i cicho. W pokoju, który zajmują mężczyźni, jest nawet 14-calowy telewizor, ale na ekranie niewiele widać. Po chwili okazuje się, że na piętrze jednak nie ma ciepłej wody, jest tylko na dole w łaźni. Schodzą więc się wykąpać, jedzą kolację i kładą się spać.

* * *

Po spokojnie przespanej nocy w ciszę dnia wdziera się warkot silników uruchamianych TIR-ów i innych pojazdów stojących nieopodal hotelu lub na parkingu pod samym oknem. Edward wstaje wcześniej i idzie przyjrzeć się otoczeniu. Odkrywa przy tym pewną ciekawostkę. Otóż hotel nazywa się „Pod Lipami", restauracja „Nad Lipami", tymczasem drzew tych w pobliżu jak na lekarstwo. Wokół niby panuje porządek, ale jak się bliżej przyjrzeć, można zauważyć zaniedbania. Trawniki i rabaty kwiatowe błagają o wodę, lecz raczej z nieba, bo w inny sposób, jak się zdaje, nikt nie chce im jej użyczyć. Fronton hotelu jest w stanie dość zadowalającym, za to przeciwległa strona domaga się zaprawy i farby.

Kiedy Edward wraca do pokoju, wszyscy jeszcze śpią, względnie tylko leżą, bierze więc przybory do mycia i golenia, po czym schodzi na parter. Początkowo ma problem z goleniem, ponieważ woda jest w jednym pomieszczeniu, a lustro obok w drugim. Oprócz najprostszego wieszaka i zwykłej ławki w łaźni niczego nie ma. Jakoś daje radę. Prysznic musi uruchomić za pomocą specjalnej dźwigni. Najpierw myje zęby, potem się kąpie. Ławka, na której stoi, by nie pobrudzić stóp, chwieje się tak, że trudno mu założyć kalesony i spodnie. Znacznie łatwiej idzie ze skarpetkami i adidasami, ponieważ zakłada już na siedząco.

Opatulony w ręcznik kąpielowy (własny) wraca do pokoju. Ryszard już się obudził. Dochodzi dziewiąta. Ruch słychać także w pokoju kobiet. Na nich spoczywa przygotowanie śniadania. Gorącą wodę na kawę Edward załatwia u recepcjonistki, dając jej za tę przysługę całą paczkę kawy Tchibo. Kobieta nie kryje radości. Jest bardzo szczęśliwa, ponieważ – jak mówi – przepada za dobrą kawą. Z uwagi na to, że chodzi o znaczne ilości wrzątku (na cztery duże kawy), biedaczka stara się jak może, używając małej, przystosowanej do gotowania w szklance grzałki. Dopiero później, zapytana o kuchnię, wpada na genialny pomysł, żeby pobiec do restauracji i stamtąd przynieść cały garnek wody.

Jest 11 września 1999 roku. Dziś ma nastąpić wyjazd, którego głównym celem jest spotkanie z „Anglikami". Ma ono nastąpić u ich znajomych – Makarczuków, mieszkających w ostatnim domu przed Woławką. A tu skończyły się ruble! Zachodzi potrzeba kolejnej wymiany dolarów (30 wymienili już w Brześciu, po kursie 320 tysięcy za dolara). Chętni na „zielone" znajdują się jeszcze przed Drohiczynem. Każą jechać za ich samochodem, aż do targowiska. Tutaj Edward wręcza jednemu z nich kolejne 30 dolarów, a ten bierze je i w mgnieniu oka znika.

– Pewnie więcej go nie zobaczymy! – śmieją się Krystyna, Ryszard i Janina.

Słuchając zgryźliwych komentarzy, w końcu i Edward zaczyna się martwić, biegnie więc w stronę targowiska, lecz osobnika nigdzie nie ma. Zniknął jak kamfora.

Edward wraca do samochodu, starając się nie zdradzić żadnych oznak niepokoju. Po jakimś czasie Białorusin jednak zjawia się z powrotem, i to z plikiem rubli.

– Wymieniłem po kursie 480 tysięcy za sztukę – mówi, wręczając pieniądze Edwardowi. – Handel dolarami jest u nas zakazany – dodaje. – Można za to trafić do więzienia, dlatego trzeba to robić w sposób niejawny.

Dostaje 500 tysięcy w łapę i odjeżdża. Teraz dopiero Edward triumfuje.

– Ludziom trzeba ufać! – mówi z satysfakcją.

W drodze do sklepu Krystyna spostrzega samochód z angielską rejestracją.

– To z całą pewnością pojazd Gieni i Władka! – wykrzykuje.

Ryszard jedzie za nimi. Zatrzymują się nieopodal. I tak oto dochodzi do niespodziewanego spotkania w Drohiczynie. Uściskom, łzom, radości i śmiechowi nie ma końca. Po opadnięciu euforii cała, już teraz, siódemka przystępuje do ustalenia trasy dalszej podróży. Ale wcześniej do sklepu po wódkę. Przecież trzeba oblać spotkanie! Tym bardziej, że jest to spotkanie Polaków. Jedna półlitrowa butelka kosztuje mniej niż dolara. Ryszard i Edward biorą dziesięć, a Tadek z Władkiem sześć. Na pamiątkę pobytu na Polesiu. Wypada po dwie na osobę.

W końcu ruszają i po krótkim błądzeniu dojeżdżają do Zakoziela. W tej miejscowości mieścił się do 1940 roku kościół polski, będący parafią dla mieszkańców osady wojskowej Woławka. Jest! Piękny gotycki kościół stoi tam nadal, choć chyli się ku upadkowi. Jedna z przechodzących kobiet mówi z ironią:

– Tutaj już dużo Polaków przyjeżdżało podziwiać kościół. Filmowali, fotografowali, obiecali dać na jego odbudowę pieniądze i nic nie zrobili. A tymczasem wieża może się szybko zawalić.

Edward spogląda na wieżę. Rzeczywiście. Dopiero teraz widzi jej duże odchylenie od pionu. Poza tym kościół zdobią jeszcze herby i inne lane z żeliwa ozdoby. Ze ścian sypie się tynk i krusząca się cegła. Wnętrze puste. Czerni się tylko zejście do podziemi, gdzie znajduje się krypta. Jeszcze kilka lat wstecz spoczywały tam ludzkie szczątki.

– Podobno fundatora kościoła – objaśnia Eugenia, która była tutaj cztery lata temu.

Wokół kościoła stare drzewa i gęste zarośla okrywają istniejący tam kiedyś cmentarz. Dzisiaj widać już tylko jeden grobowiec, na dodatek rozwalony. Napis na nim głosi: „Jan Szlachetko, urodzony w 1856, zmarły 3 maja 1933." Uczestnicy wyprawy filmują i obfotografowują kościół ze wszystkich stron, przy pomocy lornetki przyglądając się poszczególnym elementom i ubolewając, że coś tak pięknego niszczeje w zastraszającym tempie i pewnie w końcu zginie bezpowrotnie.

Kolejnym miejscem postoju jest miejscowość Korsu, gdzie odwiedzają polsko-białoruską szkołę sprzed wojny (początkową, czteroklasową). Sale lekcyjne i teraz są małe, przytulne i czyste, chociaż bardzo biednie wyposażone. Nieco dalej, przy pomocy Anny Uglanej, odnajdują miejsce, gdzie znajdowała się polska szkoła podstawowa, już siedmioklasowa. Dzisiaj nie ma po niej najmniejszego śladu. Jest tylko pusta, zielona łączka.

Dalsza droga prowadzi do Woławki. Spotkani po drodze ludzie bardzo chętnie udzielają informacji, które jednakże nie zawsze pokrywają się z prawdą. Mówią ot tak, byleby się przypodobać państwu z Polski.

Na szczęście Anna szybko i dokładnie pilotuje ich do Diatłowicy, gdzie oglądają ziemię znajomych rodziny Świstaków. Następnie dojeżdżają do Nadieżdy Uglanowicz-Grigoriewnej. To ona pierwsza wskazała drogę do osady, gdy Edward i Janina byli tu po raz pierwszy od 58 lat (licząc od dnia deportacji do łagru, daleko za Archangielskiem). Później napisała, że jest chora na duszności i prosi, żeby przywieźć jej lekarstwo na astmę. Teraz właśnie chcą jej dać to lekarstwo, a nawet więcej, bo przywieźli dużą ilość leków nasercowych, przeciwbólowych i przeciwreumatycznych. Wiele z nich otrzymuje również Anna, która na poczekaniu odkrywa u siebie wszystkie choroby.

Anna uważa siebie za Polkę.

– Byłam w Niemczech na przymusowych robotach – opowiada. – Wracając, zatrzymałam się w Częstochowie, ale zostałam zmuszona do opuszczenia Polski.

Sprawia wrażenie znacznie lepszej od pozostałych kobiet, zazwyczaj niedomytych i bosych. Inne, bardziej korzystne wrażenie wywiera tym razem także Nadieżda, zadbana, schludna i czysta.

Kobiety z Woławki daleko pod tym względem odbiegają od tych dwóch. Wiera, Mania i Ksena nie troszczą się zbytnio o swój wygląd. Pomiędzy palcami ich bosych stóp widać wszystko, co można znaleźć w obejściu. Edward, Janina i jej dzieci są tutaj już po raz drugi tego roku.

– Tym razem z „Anglikami"! – informują wychodzące naprzeciw nim kobiety.

Gienia oraz jej mąż i brat przywieźli ze sobą mnóstwo odzieży, nowej i używanej, zebranej wśród polonii angielskiej. Obdarowali nią już wiele osób, w tym Annę i Nadieżdę, teraz zaopatrują Wierę i Ksenę. Dając im odzież i leki, uszczęśliwiają je nie tylko w przenośni.

Niebawem grupa gości opuszcza chutor i wraz z przewodnikami – Michałem i Iwanem – dojeżdża do ziemi rodziny Świstaków. Kobiety postanawiają zorganizować piknik. Ryszard i Krystyna gotują na gazie ryż, dodają do niego gulaszu, po czym częstują obecnych. Gulasz z dzika smakuje wszystkim. „Anglicy" zachwycają się zaradnością Polaków. Jedząc, całe towarzystwo pije białoruską wódkę.

Tadeusz i Ryszard, przy pomocy specjalnego urządzenia przywiezionego przez „Anglików", poszukują skarbu, rzekomo zakopanego gdzieś tutaj przez rodziców. Znajdują jednak tylko kawałek żniwiarki i łańcucha. Mimo to Tadeusz ciągle trwa w przekonaniu, że skarb jest gdzieś w tej ziemi.

– Może i był – komentuje ktoś z obecnych – lecz znalazł się na pewno w ustach miejscowych, którym w gębach obficie błyska złoto.

Janina i Edward na jakiś czas odłączają się od reszty towarzystwa, udając się do kobiety, która ponoć przed wojną sprzątała u osadników. Informacja potwierdza się. Kobieta sprzątała, i owszem, lecz nie może sobie przypomnieć, żeby robiła to w domu ich rodziców. Nieco zawiedzione rodzeństwo wraca do pozostałych, a potem już wszyscy razem jadą do znajomych państwa Świstaków, u których mieli się tego dnia spotkać.

Rozmowy odbywają się przed domem. Głównie wspomina się dawne lata i te chwile sprzed czterech lat, gdy gościła tu Gienia. Jedna ze znajomych kobiet, najlepiej władająca językiem polskim, śpiewa po polsku kilka piosenek. Są zabawne, więc wszyscy się zaśmiewają. Robi się już ciemno, gdy goście żegnają gospodarzy, by udać się do Iwanowa. „Anglicy" chcą być razem z „tymi z Polski". Janina daje Gieni jeden z woreczków ziemi pobranej w Woławce.

Po umyciu się i ogarnięciu cała siódemka udaje się do restauracji na ciepłą kolację. Zamawiają gulasz z ziemniakami i bukiet jarzyn, bo nic innego już nie ma. Nie może się też obejść bez wódki i napojów. Jedzenie okazuje się, jeśli nie podłe, to co najmniej niesmaczne. Ziemniaki puree są do tego stopnia nasycone wodą, że niemal rozpływają się na talerzu. Razem z nimi pływa gulasz. Jedynie surówki można jakoś zjeść. Najlepsza z tego wszystkiego jest wódka, toteż na stole pojawiają się kolejne butelki.

– Jeżeli taka tania, to dlaczego nie pić! – śmieją się, kupując następne po to, by zabrać je ze sobą do hotelu.

Wódka przypada wszystkim do gustu również z tego względu, że ma z polska brzmiącą nazwę „Poleska". Tej nocy aż do czwartej rano całe towarzystwo je, pije i zawodzi piosenki, głównie „Polesia czar". Prym w śpiewie wiedzie Tadeusz.

* * *

Następnego dnia, jako że jest to niedziela, wszyscy postanawiają pójść do kościoła rzymsko-katolickiego na mszę, która ma być odprawiona o czternastej.

Kościół mieści się tuż obok okazałej cerkwi i jest w trakcie generalnego remontu. Msza odbywa się na piętrze, w salce katechetycznej. Gdy wchodzą, już trwa. Wejście siedmiu osób wywołuje spore zamieszanie. Kiedy proboszcz dowiaduje się, że nowo przybyli są Polakami, każe dzieciom zrobić im miejsce w ławkach. Jak się okazuje, wystarczy się tylko nieco ścieśnić. Oprócz dzieci i młodzieży na mszy jest jeszcze kilka kobiet, które, jak twierdzi ksiądz, są Polkami.

– Poza tym – zastrzega się – mszę się tutaj prowadzi w dwóch językach. Chociaż polskie dzieci muszą znać aż trzy – dodaje, zdradzając wyraźną chęć do rozmowy.

Interesuje go, skąd goście przybyli i w jakim celu. Mówi o trudnościach, jakie napotyka w szerzeniu wiary, o braku środków finansowych na remonty kościołów, a nawet na ich codzienną działalność.

– Cierpimy tutaj na brak polskich księży, dlatego sam zmuszony jestem obsługiwać aż pięć kościołów! – skarży się, a potem informuje krótko o planach, w których zakłada się zagospodarowanie polskich kościołów. Ten ma zacząć niebawem funkcjonować normalnie.

Goście poruszają sprawę remontu kościoła w Zakozielu, odpowiednio uzasadniając swoją troskę właśnie o tę świątynię.

– Kościół w Zakozielu jest brany pod uwagę w planach – mówi proboszcz – chociaż znajduje się w odległym miejscu, między innymi z powodu braku środków. Ale rzeczywiście jest swego rodzaju perełką architektoniczną, jak to państwo określili – dodaje i nagle orientuje się, która godzina. – Przepraszam, ale już czas na mszę, gdyż muszę zdążyć na następną, która ma się odbyć o piętnastej, w miejscowości odległej o trzydzieści kilometrów – kończy rozmowę i natychmiast przystępuje do odprawiania mszy.

Nabożeństwo przebiega niemal identycznie, jak w Polsce, przybysze nie zawsze jednak mogą uczestniczyć w nim czynnie, z uwagi na to, że nie znając języka białoruskiego, nie są w stanie wspierać pozostałych w śpiewie.

– Dzisiaj, ze względu na gości, dominującym językiem podczas mszy będzie język polski – zaznacza proboszcz, ale w odczuciu gości języka białoruskiego i tak jest za wiele, chociaż należy stwierdzić, że przebieg mszy nie tylko się podoba, lecz co poniektórych nawet wzrusza.

Modlą się i śpiewają prawie godzinę. Jedynie Ryszard wcześniej niż inni opuszcza kościół, wybiegając po to, by kupić dzieciom owoców i słodyczy. Ma jednak trudności ze zdobyciem rubli, a za dolary nie chcą nic sprzedać, okazuje się więc, że jego zamiar częściowo nie wypalił. Na szczęście ksiądz obiecuje, że rozda dzieciom następnego dnia, ci sami bowiem przyjdą na lekcję religii.

Po mszy proboszcz oprowadza całą siódemkę po remontowanym kościele, pokazując pokój swój i gościnny oraz pomieszczenie służące jako noclegownia dla przybywającej do Janowa Poleskiego młodzieży, a także innych gości.

– Czy ja też będę mogła w razie potrzeby się tu zgłosić? – interesuje się Krystyna.

– Jak najbardziej! – zapewnia proboszcz. – Dla pani przeznaczę najlepsze miejsce – śmieje się, a wraz z nim wszyscy pozostali.

W końcu uczestnicy wyprawy żegnają się z księdzem i wychodzą. Przed kościołem czekają na nich kobiety, Polki. Podchodzą do nich i zaczynają rozmowę. Okazuje się długa. Kobiety są bardzo ciekawe kraju swoich przodków. Na zakończenie Ryszard daje im swoją wizytówkę, zapraszając do Polski i zapewniając, że w razie potrzeby nawet odbierze je z granicy.

Jeszcze krótka wizyta na targu, który mimo niedzieli jest czynny. Wiele straganów tam nie ma, ale udaje im się kupić grzałki i kolorowy film. Czasu jest niewiele, godzina dosyć późna. Ryszardowi i Krystynie śpieszy się do domu. Oni jedyni z tej siedmioosobowej grupy jeszcze pracują i to na własny rachunek (mając swoje sklepy lub hurtownie). Ale pozostali (głównie „Anglicy", lecz także Janina i Edward) chcą jeszcze zobaczyć Pińsk, dawną powiatową stolicę. Młodzi zostają przegłosowani.

Całe towarzystwo jedzie do Pińska. Z Iwanowa to około 40 kilometrów, dosyć szybko zatem docierają do celu. Najpierw udają się do katedry. Tam jednakże przeprowadzany jest remont, i to w zachodnim stylu. Zewsząd widać sięgające aż po dach rusztowania, osłonięte siatką zabezpieczającą, żeby przebywającym na dole nic złego nie mogło się przytrafić. Ponieważ do środka wejść nie można, oglądają katedrę z zewnątrz. Edward z zainteresowaniem odczytuje tabliczkę informacyjną remontowanego obiektu i ku swemu olbrzymiemu zdziwieniu dowiaduje się z niej, że remont przeprowadza ministerstwo kultury RP (nie wiadomo tylko, czy z własnych funduszy, czy też z jakichś innych).

Wreszcie postanawiają coś zjeść, ale okazuje się, że lokale, a przede wszystkim restauracje, od 16.00 do 18.00 są zamknięte. Jadą do miasta. Nie ma jednak Ryszarda. Wkrótce wyłania się ze sklepu (te są otwarte), niosąc naręcze puszek kawioru, jak twierdzi. Niestety, to nie jest ogólnie znany kawior, tylko ikra z jakichś mikroskopijnych rybek. Edward przypomina sobie, że nad rzeką Piną są jakieś lokale i hotele. Idą więc w kierunku rzeki, w nadziei, że może tam uda się coś zjeść. Faktycznie, lokale są, ale obiadu nigdzie nie uświadczysz, co najwyżej jakieś danie barowe.

Wybierają bar w hotelu „Prypeć", olbrzymim obiekcie z setkami pokoi zapewne wysokiej kategorii. Długo zastanawiają się, co zamówić, nie mogąc się porozumieć z obsługą. Ostatecznie, zniechęceni, a nawet poirytowani, decydują się na kawę i kanapki z szynką. Na realizację zamówienia czekają strasznie długo, a doczekawszy się go, stwierdzają, że kanapki są ze słoniną, która szynki żadną miarą nie przypomina. Siedzą więc przy dwóch stolikach i popijają kawę, nawet znośną, nikt jednak specjalnie nie kwapi się do jedzenia kanapek. Długo się im przyglądają, aż wreszcie głód zwycięża (ale i tak część z nich odważa się zjeść tylko jedną kanapkę).

Zanim weszli do tego hotelu i baru, zrobili sobie długi spacer po nadrzecznym bulwarze, podziwiając widoki, robiąc zdjęcia i przyglądając się wędkarzom łowiącym ryby czy raczej rybki. Przy nabrzeżu stały wówczas statki wycieczkowe, jeden nawet płynął środkiem rzeki, mając na pokładzie zaledwie dwie lub trzy osoby. Po opuszczeniu hotelu znowu muszą się przespacerować, by dotrzeć do samochodów i ruszyć w drogę powrotną.

Ryszard prowadzi, lecz w pewnym momencie myli drogę i robi dwa razy tę samą rundę. Za nim, niczego nie podejrzewając, jadą „Anglicy", których wiezie Władek. Następne kółko po tej samej trasie Ryszard robi już „dla hecy", jak twierdzi.

– Jeśli się zorientują, to powiedz, że masz nadwyżkę paliwa i musiałeś ją zużyć – doradza kpiąco Edward.

Po czwartym okrążeniu tej samej dzielnicy jadą już wreszcie właściwą trasą.

Jest późne popołudnie, a raczej wczesny wieczór, kiedy wjeżdżają na tereny wiejskie. Na drodze coraz częściej widać krowy, idące środkiem pojedynczo i grupowo. Niektóre z tych zwierząt zaglądają do auta. Trzeba jechać wolno, by nie zderzyć się z taką „świętą" białoruską krową. Tempo jazdy znacznie spada, tym samym opóźnia się też przyjazd do Iwanowa, gdzie postanowiono zjeść obiadokolację.

Po dotarciu na miejsce całe towarzystwo długo się jakoś zbiera do tego, by przejść do restauracji „Nad Lipami", ostatecznie jednak wszyscy schodzą na posiłek. Wybór dań znowu bardzo kiepski. Zamawiają kotlet z ziemniakami i surówkami oraz kapuśniak (innej zupy nie ma). „Anglicy" zajadają ją nawet ze smakiem, „ci z Polski" wybrzydzają. Podobnie jest z buraczkami na gęsto, posypanymi suszonym czosnkiem, i kotletem, który nie bardzo wiadomo jakim mianem określić. Wypijają pod niego po dwa kieliszki Poleskiej czystej, a potem piją już pod sprita lub cocacolę, znowu siedząc aż do zamknięcia lokalu.

Jak poprzednio biorą ze sobą kilka butelek wódki. W końcu dzisiaj mają się już żegnać. Jutro skoro świt wyjazd do kraju, także „Anglików", którzy chcą się jeszcze zatrzymać pod Warszawą, pojechać do Łodzi i, zdaje się na Śląsk – w każdym razie wyjazd do Anglii zaplanowali dopiero na piątek.

Tymczasem cała siódemka zbiera się u Edwarda i Ryszarda. Jak zwykle zaczynają od kawy i herbaty. Teraz już nie ma problemu z ich przygotowaniem, dysponują bowiem grzałkami. Następnie w ruch idzie wódka. Znajduje się nawet coś na zakąskę. „Anglicy" wyciągają z zanadrza nieco słodyczy, tych mniej słodkich, jak wafelki, ciastka i tym podobne angielskie wypieki. Wszyscy piją, nalewając wódkę do przypadkowych naczyń i opowiadają anegdoty, a czasem i mocne kawały. I tym razem też nie może się obejść bez śpiewu.

Czas biegnie szybko. Nie wiadomo kiedy wybija druga. Niewiele później towarzystwo opuszcza Gienia, stwierdzając, że przed tak długą podróżą musi porządnie wypocząć. W jej ślady idzie Janina. Pozostałej piątce ciągle jeszcze mało. Mężczyźni bardzo sobie przypadli do gustu, a Krystyna Tadkowi, zresztą z wzajemnością. Widać po nich, że żal im się rozstawać. Ale zmęczenie i alkohol robią swoje.

Najpierw ulatnia się gdzieś Tadeusz z Krystyną (jak się później okazało, do jej pokoju, gdzie jeszcze rozrabiali, przeszkadzając spać mamie).

Jako następny znika Władek.

– Muszę już iść – mówi – bo inaczej Gienia mnie przechrzci!

Edwardowi i Ryszardowi nie pozostaje nic innego, jak też kłaść się spać. Najwyższy czas na to, zbliża się bowiem czwarta. Tak samo, jak wczoraj, kiedy kończyli wspólną biesiadę. Wiadomo już, że planowany wyjazd o wczesnej godzinie nie dojdzie do skutku. Rysiek nie wstanie, pozostali zresztą też nie. Będzie dobrze, jeżeli wyruszą o dziesiątej albo jedenastej...

* * *

13 września 1999 roku. Dochodzi dziesiąta rano. Tak jak było do przewidzenia, uczestnicy wyprawy zaczynają dopiero pakować się i znosić bagaże do samochodów. Wcześniej piją jeszcze kawę. Tym razem jest nieco kłopotu z jej przygotowaniem, ponieważ na piętrze nie ma nawet zimnej wody. Jakoś jednak udaje się ją zorganizować. Wystarcza dla wszystkich, jest nawet mały zapas, bo jak zwykle Edward wstał wcześniej i napuścił wody do jakiegoś naczynia, samemu mając wielką ochotę na poranną kawę.

Wreszcie opuszczają ten dosyć przyjemny, acz nie do końca przygotowany na przyjmowanie gości hotel „Pod Lipami" i ruszają w stronę Brześcia. Wcześniej zastanawiają się jeszcze, czy nie byłoby lepiej udać się na inne przejście. Ostatecznie, mimo obaw, że natrafią na zbyt długą kolejkę, pozostają przy Brześciu.

Oba samochody z dosyć dużą szybkością pędzą po jedynej w tej części Białorusi autostradzie. Po ujechaniu sporego odcinka drogi Ryszard nagle skręca na pobocze. Poszło lewe tylne koło. Zapasowe stanowi tak zwana „dojazdówka". Po kilkunastu minutach jadą dalej. W międzyczasie Tadeusz chwilowo zamienia się miejscami z Janiną (przedwojenne koleżanki nie mogą się rozstać). Siedzi teraz w aucie z Edwardem i gra z nim w oczko na punkty.

Nie wiadomo kiedy pojawia się pierwsza rogatka, gdzie należy uiścić opłatę (dwa dolary) za korzystanie z autostrady.

Niebawem, wszyscy już w swoich samochodach, dojeżdżają do granicy w Brześciu. Kolejka przeogromna. Ryszard postanawia zorientować się w sytuacji na innym pobliskim przejściu. Niestety, przejeżdżając miasto, zostaje zatrzymany przez milicję. Najwyraźniej coś im się nie spodobało lub, wręcz przeciwnie, spodobała im się zagraniczna rejestracja. Fakt, że auto nie sprawia dobrego wrażenia. Jadąc wcześniej slalomem z Pińska i omijając wchodzące w drogę krowy, zmuszeni byli rozjeżdżać pozostawione przez nie łajno, które oblepiło boki samochodu. A jeszcze to nieszczęsne koło służące tylko do dojazdu do najbliższego warsztatu. Mają świadomość, że sytuacja nie wygląda najlepiej.

Wszystko jednak kończy się tak, jak to było do przewidzenia. Wsadzone do ręki kilka dolarów załatwia sprawę. Ugłaskani stróże porządku pozwalają jechać dalej. Cała ekipa wraca do Brześcia, ponieważ inne, pobliskie przejście graniczne, do którego zmierzali, według informacji przekazanej przez milicjantów, nie przyjmuje samochodów osobowych.

Tymczasem na granicy w Brześciu istny horror. W kolejce setki pojazdów, głównie z białoruską rejestracją. Obydwa samochody wjeżdżają możliwie jak najbliżej strefy, z której wopiści puszczają dalej, do celników. Czekają godzinę, dwie. Nic się nie dzieje. Wreszcie coś się rusza. Można jechać, więc wjeżdżają najdalej jak to tylko możliwe, ale nagle robi się tyle kolejek, ile przejść. „Anglików" pogranicznicy kierują do pierwszej z prawej, „tych z Polski" do pierwszej z lewej.

Znowu stoją, zdenerwowani daremnym, wręcz głupim czekaniem (bo przecież nie mają niczego, co podlegałoby ocleniu), w dodatku z dala od przyjaciół. A jeszcze przed linią graniczną oba samochody znajdowały się w tej samej kolejce i wszystko wskazywało na to, że tak zostanie. Edward próbował nawet wykorzystać przysługujące mu uprawnienia inwalidy wojennego, lecz dowódca białoruskiej straży granicznej oświadczył, że u nich te uprawnienia nie są honorowane.

Samochody ciągle się tasują. Jedne wycofują i za opłatą wpuszczają na swoje miejsce inne, którym bardzo się śpieszy; są też takie, co bezczelnie wciskają się w kolejkę. Straż graniczna nie reaguje, jakby o to jej chodziło. Bałagan nabija im kabzę.

Wreszcie przychodzi moment rokujący jakąś nadzieję na to, że w końcu uda im się dostać na przejście. Do auta prowadzonego przez Ryszarda podchodzi białoruski funkcjonariusz z zeszytem w ręku. Niestety, zamiast ich puścić, nakazuje się cofnąć. Odmawiają, oświadczając, że stoją tu już od kilku godzin, ale strażnik nie przyjmuje do wiadomości żadnych wyjaśnień.

– Proszę stanąć na końcu kolejki – mówi twardo.

Edward nie wytrzymuje i wkracza do akcji.

– Nigdzie się nie będziemy cofać, ponieważ tu staliśmy – oświadcza zdecydowanym głosem. – Ponadto mamy uprawnienia inwalidy wojennego, i tak mnie, jak i mojej siostrze przysługują przywileje. Poza tym – dodaje – nie jechaliśmy na przemyt, tylko po to, żeby odwiedzić rodzinne strony! Chcemy być załatwieni jak najszybciej, bo mamy jeszcze przed sobą podróż aż do Gdańska.

Funkcjonariusz prosi o okazanie legitymacji. Przygląda się jej chwilę, sprawiając wrażenie, jakby nie rozumiał o co chodzi, lecz w końcu każe podjechać do przodu, czyli już do samego przejścia. Ryszard bezzwłocznie wykonuje polecenie.

– Nie tu! – cofa ich strażnik, wskazując przejście dla samochodów służbowych i dyplomatów.

Teraz wszystko już odbywa się w trybie przyśpieszonym. Po około sześciu godzinach pobytu na granicy czwórka z Polski wreszcie ją przekracza, martwiąc się jedynie o to, co będzie z „Anglikami". Edward prosi polskich wopistów o interwencję, ale ich dowódca tylko kręci głową.

– Nic się nie da zrobić! – mówi. – Z Białorusinami bardzo trudno jest się porozumieć.

Jadą więc dalej z tą myślą, że zatrzymają się gdzieś w pobliżu i poczekają na towarzyszy. Po drodze rzuca im się w oczy reklama głosząca możliwość zakupu opon. Postanawiają z niej skorzystać. Ryszard z Edwardem kupują oponę, po czym wymieniają „dojazdówkę", a Janina z Krystyną w tym czasie stoją przy drodze, wypatrując „Anglików".

Po jakimś czasie wszyscy razem wracają do wypatrzonego wcześniej motelu z restauracją. Ulga! Nareszcie można porozumieć się ludzkim językiem. Kobiety znowu ustawiają się przy drodze, a mężczyźni idą do restauracji zamówić duży, dobry, gorący obiad. Głód, lub raczej pragnienie zjedzenia przyzwoitego posiłku, prześladuje ich już od granicy. Menu jest bogate: barszczyk, sznycel po wiedeńsku, piwo i napoje bezalkoholowe. Po obiedzie w planie także kawa. Trwa oczekiwanie.

Lokal jest czysty, przyjemny, przewiewny, chociaż okazuje się, że można w nim palić papierosy. Po chwili do stolika przynoszą gorący, smaczny barszczyk, znacznie lepszy od podanego wcześniej zimnego piwa. Ryszard idzie po kobiety i zaprasza je na obiad. Wkrótce cała zmarznięta i zmęczona czwórka łapczywie je pierwsze danie. Niezadługo kelnerka wnosi drugie. Na dużych, płaskich talerzach wspaniale wysmażony kotlet cielęcy, fantastycznie odparowane ziemniaki i cała masa dodatków warzywno-owocowych. Wszystkim dosłownie aż trzęsą się uszy, ale jedzą bez pośpiechu. Nie wiadomo, jak długo przyjdzie im czekać na przyjaciół z Anglii.

Po obiedzie zamawiają kawę, ale Ryszard już jej nie pije. Oświadcza, że idzie do samochodu przespać się trochę. Ma rację. Przed nimi cała noc jazdy.

Po jakimś czasie, w momencie najmniej spodziewanym, odzywa się komórka Edwarda. Dzwoni Tadeusz.

– Jesteśmy jeszcze bardzo daleko i zanosi się na to, że świt zobaczymy na granicy – zawiadamia z głębokim żalem w głosie. – W tej sytuacji nie mamy prawa kazać wam czekać. Jedźcie! Da Bóg, że się niebawem spotkamy!

– Poczekamy – odpowiada Edward, za zgodą Janiny i Krystyny. – Spróbujcie jednak wykorzystać swoje uprawnienia kombatanckie. Nam się w ten sposób udało.

– Tak zrobimy – obiecuje Tadeusz.

– Tylko na pewno! – nalega Edward, na koniec informując jeszcze, gdzie na nich czekają.

Na dworze robi się już ciemno. W restauracji jest coraz zimniej. Przez otwarte na przestrzał drzwi swobodnie hula wiatr. Krystyna, której nie było przez jakiś czas, nagle wraca. Jej oczy przypominają dwa wielkie znaki zapytania.

– Na poboczu drogi nie ma samochodu – mówi.

– Pewnie Rysiek wjechał na parking – domyślają się i razem idą to sprawdzić, ale na parkingu nie ma ani samochodu, ani Ryszarda.

Zjawia się dopiero po jakimś czasie.

– Nie macie pojęcia, co mi się przydarzyło! – mówi ze śmiechem. – Siedząc w aucie, zauważyłem nagle samochód z żółtą tablicą rejestracyjną, kształtem podobny do tego, jakim jeżdżą „Anglicy". Długo się nie namyślając, ruszyłem za nim, sądząc, że to właśnie oni przejechali. Dogoniłem ich dopiero po dłuższej jeździe, a wtedy okazało się, że to nie oni. No więc zawróciłem.

Oczekiwanie na „Anglików" przedłuża się. Zmęczenie zaczyna dawać się we znaki już całej czwórce. Siedząc, przypominają sobie zdarzenia, które miały miejsce na trasie, i to, co przytrafiło się im na granicy. Dyskutują także o sytuacji i warunkach życia na Białorusi, między innymi o nędzy w sklepach, które przywodzą na myśl nie tak znowu dawne lata w Polsce.

– Ale tu chyba nawet jest lepiej niż wtedy u nas – zastanawiają się. – Poza octem mają też i inny towar, chociaż wyeksponowany w sposób żenujący.

Przypominają sobie mleko i jajka kupione w jednym ze sklepów. Jedno i drugie nie zachęcało do spożycia. Jajka były maleńkie i zupełnie białe, mleko za to szare.

– Ci, którzy pomstują na to, co dzisiaj dzieje się w Polsce, powinni sobie uzmysłowić, że gdyby nie „Solidarność" i transformacja, mielibyśmy teraz tak samo! – stwierdza Edward.

Pozostali kwitują tę wypowiedź milczeniem, jakby się z nią zgadzali, chociaż Ryszard często ma na ten temat inne zdanie i wcale nie jest zachwycony tym, co się dzieje w kraju.

Kiedy tak siedzą i rozmawiają, niepewni, czy zobaczą jeszcze swoich przyjaciół, drzwi lokalu nagle się otwierają. Do restauracji pierwszy wpada

Tadeusz. Od razu robi się radośniej. Niebawem cała siódemka obejmuje się, ściska i całuje. Edward zamawia u kelnerki trzy takie same obiady, jakie jedzono wcześniej. A wiedząc, że trzeba będzie na nie poczekać, prosi jeszcze o gorącą kawę i herbatę.

Jest już późno, grubo po dziewiątej. Tadeusz relacjonuje, jak to dzięki legitymacjom kombatanckim załatwiono ich wcześniej na granicy.

– Dziękuję, Edward, że mi to podpowiedziałeś! Zadziałało tak, jak w waszym przypadku, chociaż o około pięć godzin później.

Kiedy „Anglicy" jedzą obiad, reszta zastanawia się, czy zostać w motelu na noc, czy też jechać dalej. Ostatecznie zwycięża ta druga opcja. Rozstać się z przyjaciółmi mają na rogatkach Siedlec, skąd jedna droga wiedzie do Warszawy, druga do Gdańska; tam też planują wypić szampana, w który zaopatrzyli się już wcześniej. Obydwa samochody mają jeszcze do przejechania około trzystu kilometrów, z tym że do Warszawy jest nieco bliżej.

Noc w pełni. Niebo skrzy się milionami gwiazd.

– Wyjątkowo zimno! – stwierdzają, zatrzymując się na krótko. Zmęczenie coraz bardziej opanowuje organizm. W dodatku Krystyna źle się czuje i przy każdej nadarzającej się okazji zamyka oczy, odpływając w drzemkę, zamiast pilotować Ryszarda. Dla pokrzepienia serc Edward i Janina co jakiś czas zażywają małą dawkę metaxy wprost z piersiówki.

Wreszcie znak, na który czekali. Zatrzymują się i wysiadają z samochodów. Edward strzela korkiem od szampana i napełnia musującym płynem przypadkowe naczynia. Całe towarzystwo pije za to, co było, czyli za wspólną przygodę i za ponowne spotkanie, potem zaś wszyscy przystępują do ściskania i całowania.

– Tylko nie ściskaj Gieni za mocno, bo znowu jej złamiesz okulary! – przestrzegają Edwarda ze śmiechem.

A z tymi okularami było tak. Siedzieli całą siódemką w pokoju hotelowym w Iwanowie, wygłupiając się, śmiejąc i pijąc. Było już późno. Edward częstował Gienię wódką, ale ona już nie miała ochoty.

– Jak nie wypijesz, to wyleję ci na głowę! – zażartował. A ponieważ Gienia nadal nie chciała się napić, skropił lekko jej głowę czystą poleską. Śmiała się przy tym do łez, wszyscy pozostali także.

Następnego dnia Gienia wspomniała o tym zdarzeniu przyjaciółce. Janina natychmiast zawołała do brata:

– Edward, przepraszaj! Na klęczkach!

Nie namyślając się wiele, Edward klęknął i, obejmując Gienię na wysokości ud, mocno ją uściskał. W tym samym momencie dał się słyszeć lekki trzask. Okazało się, że Gieni pękły okulary. Nie były jakieś nadzwyczajne, ale egzystuj bez nich, jeśli dobrze widzisz dopiero po trzech dioptriach! Obiecał dać jej swoje, ale dopiero wtedy, kiedy będą się żegnać, ponieważ też ich potrzebował, a innych nie miał. Obietnicy dotrzymał jeszcze w restauracji.

13 września 1999 roku Edward, Janina oraz jej dzieci rozstają się z „Anglikami", obiecując sobie, że muszą spotkać się ponownie, i tu, w Polsce, i u nich, za kanałem La Manche – w Londynie, gdzie mieszka Tadeusz z rodziną, oraz w Leicester, gdzie zadomowili się Gienia z Władkiem.

Ruszają, migając sobie jeszcze na pożegnanie lampami reflektorów, po czym rozjeżdżają się – jedni w lewo, drudzy w prawo.

* * *

Dziewięć dni później Edward otrzymuje przesyłkę urzędową z Generalnego Konsulatu RP w Brześciu, zawierającą dwa akty urodzenia – jego i brata.

I znowu okazuje się, że dane, którymi posługiwali się przez 53 lata były niewłaściwe. U niego dosłownie nic nie pokrywa się z dowodem osobistym, u Mariana zgadza się tylko imię i miesiąc urodzenia (w rzeczywistości okazuje się o dwa lata starszy i urodzony nie 31, a 4 stycznia).

Teraz pozostaje do wyjaśnienia jeszcze sprawa mienia. Białoruś potwierdziła fakt posiadania ponad 25 hektarów ziemi, lecz nic nie wspomniała o domu mieszkalnym i budynkach gospodarczych. Będąc w rodzinnych stronach, dowiedzieli się jednak, że władza sowiecka zacierała ślady polskości na tych ziemiach, używając w tym celu nawet buldożerów, a następnie sadziła lasy. Nie można tego nazwać inaczej, jak tylko podłością. Podłością jest i to, że przez tak długie lata, posiadając dokumenty w archiwach, twierdzono nieustannie, że żadnych nie ma, ponieważ zaginęły w czasie działań wojennych.

* * *

W dniach 9-10 września 2000 roku w Wielkiej Brytanii odbywa się 16. Zjazd Rodzin Osadników Kresowych. Biorą w nim udział wszyscy uczestnicy dotychczasowych wypraw na ziemie ojców. Zjazd odbywa się w Fenton, ale Edward, Janina i jej dzieci goszczą również w Londynie, u Tadeusza i Jadwigi Świstaków, oraz w Leicester, u Eugenii i Władysława Ratajów.

Przebywając blisko dwa tygodnie w Anglii, goście z Polski mają okazję ujrzeć „wielki świat", poznają wiele obiektów kultury i sztuki oraz znaków poszanowania i hołdu dla ich rodaków walczących za Anglię, zamordowanych w Katyniu i na Syberii. Urzeka ich też przyroda, której sprzyja wyspiarski klimat.

W Instytucie Sikorskiego Janina i Edward uzyskują ponadto informację dotyczącą ich brata Stefana, który, jak się okazuje, dotarł do Guzar – miejsca, gdzie organizowano armię gen. Andersa. Wiadomość jest smutna, dowiadują się bowiem, że przybył tam w stanie krańcowego wyczerpania i zmarł następnego dnia. Został jednak wciągnięty na listę żołnierzy i pochowany na cmentarzu wojskowym, co uwieczniono na płycie masowego grobu. Fakt ten dokumentuje Krystyna, która (jako że ma ważny paszport) w styczniu 2004 roku jedzie do Tadżykistanu i robi na miejscu kilka zdjęć.

## DOKUMENTACJA

Niewielka część polskiego narodu wie, jak trudno było w latach powojennych (aż do 1990 roku) otrzymać z państwowych instytucji, tak polskich, jak i byłego ZSRR, jakikolwiek dokument potwierdzający tożsamość osób represjonowanych przez system komunistyczny, względnie stwierdzający fakt posiadania przez nich (lub ich rodziców) mienia na ziemiach polskich, należących do 17 września 1939 roku do Polski.

Poszukiwania swoich bliskich i „korzeni" rozpoczął Autor, jak tylko osiągnął pełnoletniość, czyli przed rokiem 1960. Adresatami jego pism były ambasady, konsulaty, Polski Czerwony Krzyż, archiwa i inne instytucje, które mogłyby udzielić informacji na temat tego, kim jest, skąd pochodzi, kiedy się urodził i czego dorobili się jego rodzice. Chciał wiedzieć, co ostatecznie się z nimi stało, z jego 9-sobowej rodziny pozostało bowiem zaledwie troje dzieci, i to tych młodszych, którym w marcu 1946 roku dane było wrócić do wymarzonej Ojczyzny. Te wysiłki spełzły jednak na niczym.

Bogu dzięki, że po wielu zrywach wolnościowych narodu polskiego, który nie znosi zniewolenia, poddańczości i wasalstwa, nastał rok 1980 i zryw „Solidarności". Ale i tym razem zryw został zdławiony przez wspieranego przez ZSRR, troszczącego się o swoją władzę człowieka – Wojciecha Jaruzelskiego. Szczególnie bolało to Kresowiaków, ponieważ człowiek ten również poznał, co znaczą represje i wygnanie, precyzyjnie realizowane przez Sowietów. On także przez długie dziesięciolecia trzymał w podziemiu powstały w 1928 roku Związek Sybiraków, którego członkiem numer jeden był Józef Piłsudski. Ostatecznie jednak doszło do zarejestrowania NSZZ „Solidarność" – ruchu, do którego Autor przystąpił z entuzjazmem już w sierpniu 1980 roku, stając się jego bardzo aktywnym i przez wiele lat funkcyjnym członkiem (dziś już tylko sympatykiem).

W nowych warunkach politycznych, jakie nastały w naszym kraju, instytucje państwowe zaczęły działać sprawniej. Urzędnicy, którzy do 1980 roku nie udostępniali dokumentów, gdyż ograniczały ich przepisy rządowe (pozwalające jedynie na udzielanie odpowiedzi takich, jak: „dokumentów brak", względnie „dokumenty zginęły w czasie działań wojennych"), obecnie wydobywali je ze szczelnie zamkniętych pomieszczeń, w których przechowywano akta wyłącznie ściśle i super tajne.

Takimi były właśnie dokumenty dotyczące ludzi, którzy pozbawieni tożsamości i mienia wrócili z wygnania do swego kraju, choć nie do swoich domów. Tylko dlatego, że chcieli dowiedzieć się czegoś konkretnego o sobie, swoich rodzicach i bliskich, bardzo długo traktowano ich we wszelkiego rodzaju urzędach jak intruzów. Ostatecznie uzyskiwali poszukiwane dokumenty, lecz porównując je ze stanem faktycznym, często dowiadywali się, że sporo danych należałoby skorygować, a wielu krewnych, których mogliby poznać, gdy jeszcze żyli, teraz już nigdy nie poznają.

Po 1989 roku - w okresie dwóch lub trzech lat - udało się Autorowi odszukać ślady ponad dwudziestu spokrewnionych z nim osób, zamieszkałych głównie w województwie bydgoskim i lubelskim. Cóż z tego, jeśli 65 procent z nich nie żyje, a pozostałe są w podeszłym wieku. Z niektórymi udało się jeszcze porozmawiać, jak na przykład ze stryjenkami Wandą i Zofią (cioteczną siostrą mamy), czy też wujem Stanisławem z Rutki, a także kuzynem Janem, jego żoną i córką. Z innymi, jak choćby wujek Antoni, piłsudczyk, porozmawiać się już nie da. Zostawili po sobie tylko fotografie. Wciąż jednak żyje stryj Stanisław, którego urocza i liczna rodzina zamieszkuje gdzieś koło Ontario w Kanadzie. Dotąd nie udało się z nimi spotkać, ale może kiedyś.? Autor nie traci nadziei.

Zamieszczone na dalszych stronach niektóre z pism urzędowych i własnych Autora, a także wybór fotografii z jego bogatego archiwum, niech będą dowodem na to, jakie trudy należało ponieść, by uzyskać dokumenty, których przez pół wieku „nigdzie nie było" i których trzeba było poszukiwać na własną rękę.

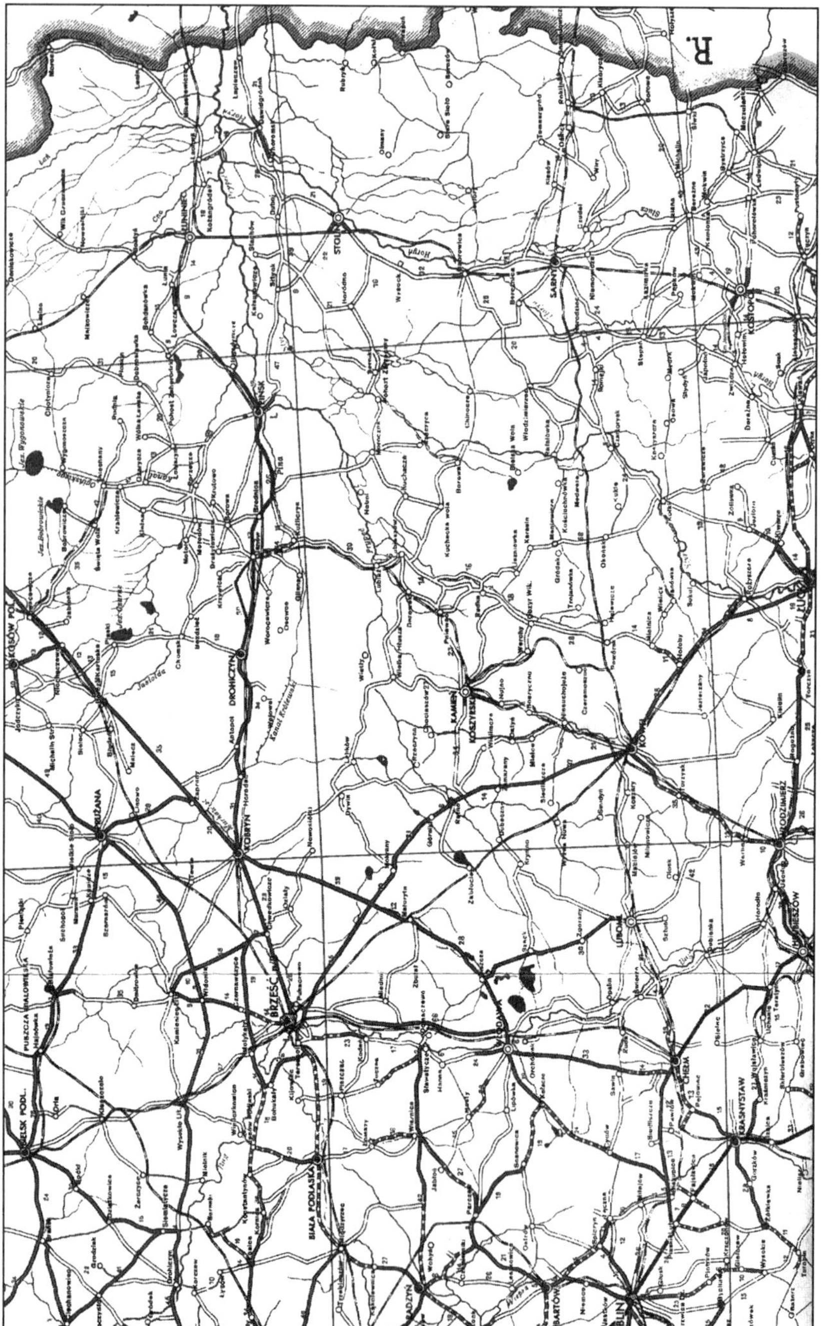

Fragment mapy rodzinnych stron autora na Polesiu. Kartografia, Wraszawa 2012.

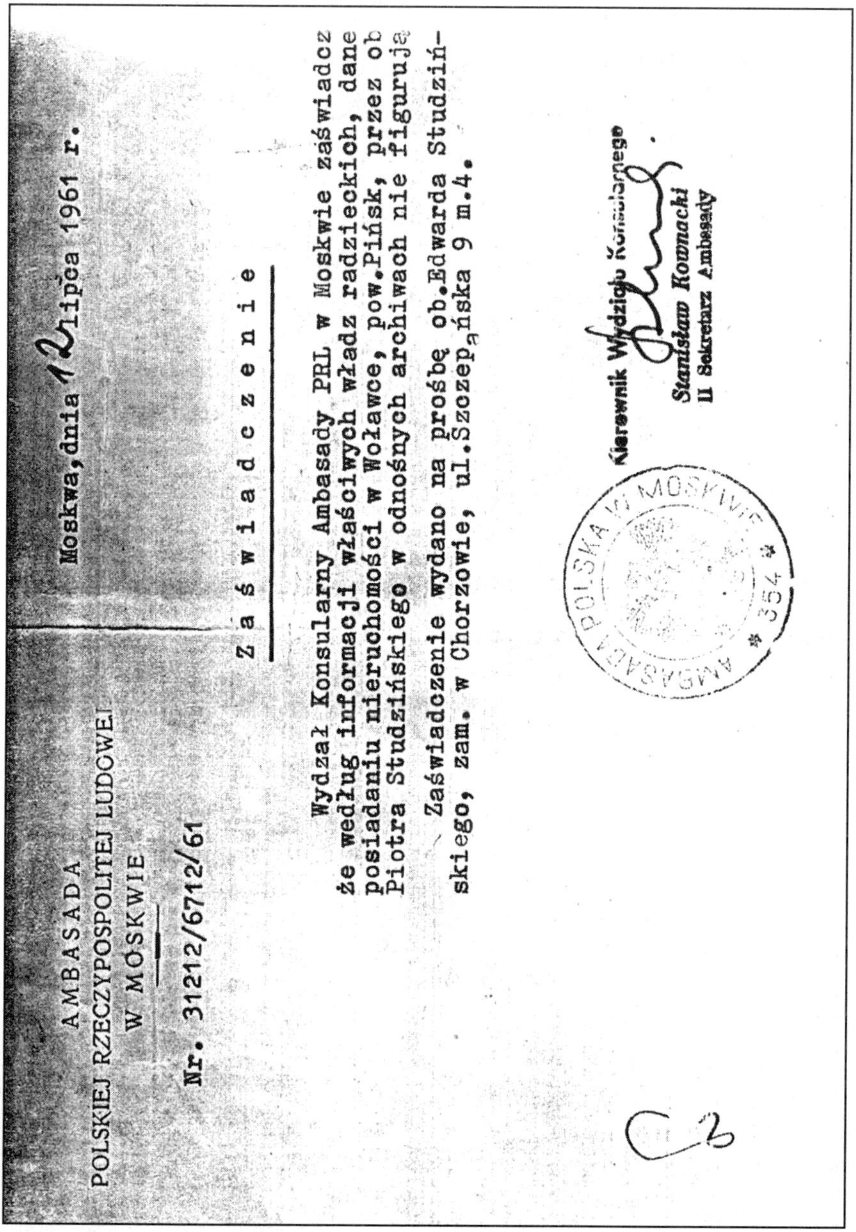
AMBASADA
POLSKIEJ RZECZYPOSPOLITEJ LUDOWEJ
W MOSKWIE

Nr. 31212/6712/61

Moskwa, dnia 12 lipca 1961 r.

Zaświadczenie

Wydział Konsularny Ambasady PRL w Moskwie zaświadcz
że według informacji władz radzieckich, dane
posiadaniu nieruchomości w Woławce, pow. Pińsk, przez ob
Piotra Studzińskiego w odnośnych archiwach nie figurują

Zaświadczenie wydano na prośbę ob. Edwarda Studziń-
skiego, zam. w Chorzowie, ul. Szczepańska 9 m.4.

Kierownik Wydziału Konsularnego
Stanisław Kownacki
II Sekretarz Ambasady

AMBASADA POLSKA W MOSKWIE 354

Zaświadczenie z Ambasady PRL w Moskwie, stwierdzające, że danych dotyczących nieruchomości posiadanych przez rodzinę Autora w Woławce brak.
Pismo z 12 lipca 1961 roku.

ARCHIWUM AKT NOWYCH
Al. Niepodległości 162
02-554 Warszawa

Pan
Edward Studziński
[redacted]

Wasze pismo z dnia: 1990 02 05
Znak:
Nasz znak: IV.542-422/90
Data: 1990 03 28

ZAŚWIADCZENIE

Archiwum Akt Nowych zaświadcza na podstawie zachowanych akt Ministerstwa Oświaty /sygn. 3690/, że Edmund Studziński /tak w aktach/, s. Piotra, ur. w 1934r. w Woławlu, przybył 15 marca 1946r. z Domu Dziecka w Ipatowe /ZSRR/ do Domu Rozdzielczego w Gostyninie, skąd 4 czerwca 1946r. wyjechał do Pawłowic /tak w aktach/.

DB/JC

Nr Rej. 391/90

Zaświadczenie z Archiwum Akt Nowych w Warszawie o losach Autora po przybyciu z Ipatowa (ZSRR) do kraju. Na zaświadczeniu figurują dane Autora. Dlaczego dopiero teraz? Pismo z 5 lutego 1990 roku.

АРХИВНАЯ СПРАВКА

В документах государственного архива Брестской области имеются сведения,что СТУДИНСКИЙ Петр (отчество не указано) по состоянию на I928 год владел 25,0733 гектарами земли в военном поселении Волавка Дрогичинского повета Полесского воеводства.

Директор государственного
архива Брестской области — А.В.Теребунь

С-II

05.II.I998

Archiwum w Brześciu stwierdza, że istnieje zapis z 1928 roku o ponad 25 hektarach ziemi, będącej w posiadaniu Piotra Studzińskiego, ojca Autora. Pismo z 5 lutego 1998 r.

GŁÓWNA KOMISJA
BADANIA ZBRODNI HITLEROWSKICH
w POLSCE
INSTYTUT PAMIĘCI NARODOWEJ
Odznaczona
Krzyżem Komandorskim z Gwiazdą
Orderu Odrodzenia Polski

00-950 Warszawa, dnia 1990-07-17
P-33; Al. Ujazdowskie 11

L. oz. Zh IV/4631/290/90

Z A Ś W I A D C Z E N I E

Główna Komisja Badania Zbrodni Hitlerowskich w Polsce-Instytut Pamięci Narodowej na podstawie akt przechowywanych w tutejszym archiwum /zespół PUR, kartoteka/ zaświadcza, że Janina STUDZIŃSKA /brak daty urodzenia/; Marian STUDZIŃSKI /brak daty urodzenia/; Edmund STUDZIŃSKI /brak daty urodzenia/- jako dzieci bez opieki, repatriowali się po wojnie do Kraju z Ipatowa-ZSRR i w dniu 15.03.1946 r. zarejestrowani zostali w punkcie Państwowego Urzędu Repatriacyjnego w Gostyninie- Dom Dziecka pod kolejnymi numerami 19-21. - - - - - - - - - - - - - - - - - - - - - - - - - - - - - - -
Janina STUDZIŃSKA w dniu 15.03.1946 r. zamieszkała Sopot- Dom Dziecka . - - - - - - - - - - - - - - - - - - - - - - - - - - - - - -
Marian STUDZIŃSKI i Edmund STUDZIŃSKI w dniu 4.04.1946 r.zamieszkal w Pawłowicach,pow.Leszno - Dom Dziecka. - - - - - - - - - - - - - - - -
Innych danych brak.

ZASTĘPCA DYREKTORA
doc. dr Mieczysław Motas

Tel. centrala 28-44-31 Telex. 813891 cezet pl
Konto: NBP, Główny Oddział Walutowo-Dewizowy Warszawa, nr 1111-267296-151-6787

Drukarnia Nr 1, W-wa. Zam. 86664 30.000

Zaświadczenie, wydane przez Główną Komisję Badania Zbrodni Hitlerowskich w Polsce IPN, że Autor, jego siostra Janina i brat Marian repatriowali się do kraju z Ipatowa (ZSRR). Na zaświadczeniu brak jednak nawet ich dat urodzenia. Pismo z 17 lipca 1990 roku.

ПАСОЛЬСТВА РЭСПУБЛІКІ БЕЛАРУСЬ

Ul. Ateńska 67
03-978 Warszawa

AMBASADA REPUBLIKI BIAŁORUŚ

Tel./Fax: (48 22) 617 84 41
Tel.: (48 22) 617 39 54

КОНСУЛЬСКІ АДДЗЕЛ
1998 -12- 18
Зых. № 1265
Пасольства Беларусі ў Варшаве

**Jancz Studzińska Janina**

[redacted]

Консульский отдел Посольства Республики Беларусь в Республике Польша препровождает архивную справку на имя Студинского Петра о владении землей в 1928г. в военном поселении Волавка Дрогичинского повета Полесского воеводства. Сведений о владении им жилым домом и хозпостройками до 1939 года не обнаружено.

Приложение: архивная справка № С-11 от 05.11.98.

С уважением,

Зав. консульским отделом А.И.Дембицкий

**Ambasada Białoruska uparcie jednak zaprzecza temu, że ojciec Autora posiadał jakiekolwiek nieruchomości na Polesiu. Pismo z 18 grudnia 1998 roku.**

**Wydział Konsularny Ambasady Republiki Białoruś w RP**
03-978, Warszawa, ul.Atenska, 67,Tel.617-39-54

КОНСУЛЬСКІ АДДЗЕЛ
1998 -10- 15
Зых. № 1028
Пасольства Беларусі ў Варшаве

Warszawa, dn. 12.10.98

Szanowny (na) Pan (Pani) Studziński Edward
Niniejszym uprzejmie informujemy, że dla Pana (Pani) na adres Ambasady Republiki Białoruś w Rzeczypospolitej Polskiej wpłynel dokument
akt urodzenia
Dla odbioru dokumentu zapraszamy do Wydziału Konsularnego Ambasady.
Godziny pracy od 8.00 do 13.00, w poniedziałki, środe i piątki.Odbiorca dokumentu powinien uiścić z opłaty konsularnej w kwocie 225 PLN.
Z szacunkiem,

**Konsul**

**Odpowiedź z Konsulatu Ambasady Białoruskiej na prośbę Autora o przysłanie aktu urodzenia. Wezwanie do osobistego stawienia się po odbiór dokumentu i uiszczenia opłaty w kwocie 225 PLN. Pismo z 12 października 1998 roku.**

Республика Беларусь
**Архив органов ЗАГС**
Брестского облисполкома
224030, г. Брест,пл.Свободы,18
т.267322
----------

Konsulat Generalny RP w Brześciu
Kancelaria
n 1026-31-356-99(2)
Wpłynęło dnia 15.09.99.

13.09.99 № 40-266
на № 31-356-99/1/
от 10.09.99

Генеральное консульство
Республики Польша
в Бресте

Направляем повторные свидетельства о рождении серии 1-АЛ
№ 0073740 на Студинского Марьяна Петровича;
№ 0073741 на Студинского Эдмунда Петровича;
и возвращаем заявление об истребовании указанных документов.
Приложение: 2 свидетельства и заявление.
Заведующая Брестским
облархивом органов ЗАГС Н.М.Кралько

**W wyniku interwencji Konsulatu Polskiego w Brześciu na prośbę Autora Białoruś zmienia zdanie i przygotowuje oba akty urodzenia bez żądania za nie opłaty. Pismo z 15 września 1999 roku.**

Аддзел па архiвах i справаводству
Брэсцкага абылвыканкама
**Дзяржауны архiу**
**Брэсцкай вобласцi**

вул.Энгельса,8, 224005 г.Брэст
тэл.26-22-45, тэлефакс 26-59-29
р/р 3710310000206,
ААБ "Беларусбанк",фiлiял 11
у г.Брэсце,код 719

Отдел по архивам и делопроизводству
Брестского облисполкома
**Государственный архив**
**Брестской области**

ул.Энгельса,8,224005 г.Брест
тел.26-22-45, т/факс 26-59-29
р/с 3710310000206,
АСБ "Беларусбанк",
филиал 110 в г.Бресте,код719

02.12.1999 № С-29
31-356-99(5) от 18.10.1999
НА № от

Konsulat Generalny RP w Brześciu
Kancelaria
n 1302-31-356-99(6)
Wpłynęło dnia 06.12.99

Генеральное Консульство
Республики Польша в г.Бресте

Возвращаем копию архивной справки № С-II от 05.II.1998 и одновременно сообщаем, что при повторном изучении документов за 20-30-е гг. о владении Студинским Петром (отчество не указано) имуществом в военном поселении Волавка Дрогичинского повета Полесского воеводства сведений о том, что входило в состав его имущества,не обнаружено.

Приложение: на 3-х листах

Директор архива А.В.Теребунь

**Państwowe Archiwum w Brześciu odpowiada Generalnemu Konsulowi RP w Brześciu, że nieruchomości Piotra Studzińskiego nie stwierdzono. Z tego wynika, że rodzina Autora nie miała ani domu ani też innych zabudowań. Nasuwa się pytanie, gdzie mieszkali? Pismo z 2 grudnia 1999 roku.**

**Konsulat Generalny**
Rzeczypospolitej Polskiej
**w Brześciu**

Генеральнае Консульства
Рэспублікі Польшча
у Брэсце

**KURIEREM**

Brześć, dn. 16-09-1999 r.

Sz. Pan
**Edward Studziński**
[redacted]

L.DZ. 31-356-99/3/

W odpowiedzi na Pana prośbę z dnia 10-09-1999 r. przesyłamy odpowiedź z Wojewódzkiego Archiwum Urzędu Stanu Cywilnego w Brześciu oraz metryki urodzenia Edwarda i Mariana Studzińskiego.

*Z wyrazami szacunku*

Za Konsula Generalnego
*Andrzej Kucharczuk*
Wicekonsul

Zał.3

ul. Kujbyszewa 34
224016 Brześć
BIAŁORUS

tel. 162 / 22 20 71
fax. 172 / 10 32 83

вул. Куйбышава 34
224016 г.Брэст
БЕЛАРУСЬ

Konsul Generalny RP w Brześciu zgodnie z obietnicą przesyła kurierem akty urodzenia Autora i jego brata Mariana. Pismo z 16 września 1999 roku.

## АРХИВНАЯ СПРАВКА

В документах Государственного архива Архангельской области имеются сведения о пребывании на территории СССР на спецпоселении в поселке Нухтозеро Плесецкого района Архангельской области с 23 февраля 1940 года семьи Студинских-Студзинских (фамилия так указана в документах) в составе:

Студзинский-Студинский Петр Михайлович, 1894 года рождения (умер 18 февраля 1941 года)
Студинская Антонида Францевна, 1895 года рождения
Студинский Иосиф Петрович, 1922 года рождения
Студинский Степан Петрович, 1924 года рождения
Студинский Иван Петрович, 1926-1927 года рождения
Студинская Янина Петровна, 1928-1930 года рождения
Студинский Марьян Петрович, 1928-1931 года рождения
Студинский Эдмунд Петрович, 1934 года рождения
Студинская Софья Петровна, 1937 года рождения
Студинская Мария Петровна, 1940 года рождения (умерла 10 апреля 1941 года).

На 8 сентября 1941 года Студинские Антонида Францевна, Иосиф Петрович, Степан Петрович, Иван Петрович, Софья Петровна сняты с учета спецпоселения и выбыли в г. Уральск Казахской ССР.

Студинский (Студзинский) Эдмунд Петрович, 1934 года рождения, с апреля 1941 года по июнь 1944 года воспитывался в Пинежском школьном детском доме № 2 Архангельской области.

Студинская (Студзинская) Янина Петровна, 1929 года рождения, с 13 апреля 1941 года по 1944 год воспитывалась в Карпогорском школьном детском доме Архангельской области (поступила из Архангельского детского приемника УНКВД).

Студинский Марьян Петрович, 1931 года рождения, с 13 апреля 1941 года по 1944 год воспитывался в Веркольском детском доме Архангельской области (поступил из Архангельского детского приемника УНКВД, т.к. мать нетрудоспособна).

Директор ГААО Э.В.Филиппов

Государственный архив Архангельской области

№ 146-155
18.08.2000

**W wyniku długotrwałych dochodzeń udaje się Autorowi uzyskać niemal wszystkie akty urodzenia, względnie świadectwa chrztu nieżyjących członków rodziny. Nie ma jeszcze tylko dokumentu dotyczącego nieżyjących brata Jana i siostry Zofii. Pismo z 18 sierpnia 2000 roku.**

MINISTRY OF DEFENCE
DR2c
Bourne Avenue
Hayes
Middlesex UB3 1RF
Telephone: 020 8573 3831 ext 335 Fax: 020 8573 9078

---

Mr Edward Studzinski
[redacted]

Our Ref: 3/1920/72/IV/DR2c/G

Date: 6 October 2000.

---

Dear Mr Studzinski

Thank you for your letter dated 22 September 2000.

The only information we have about your brother, Stefan Studzinski, is what you can see on the enclosed copy of the "KARTA EWIDENCYJNA" - which I regret to say is very little.

In addition to the above, I also enclose a copy of an extract from the Casualty Lists held in this archive – where on page 131 Stefan Studzinski's exact place of burial is recorded. My third enclosure shows you a map of the southern part of the former USSR and of the Middle East with names of the various places where Polish cemeteries were located, including the one at Guzar.

I would further advise you to write to:

The Polish Catholic Mission for England and Wales
2 Devonia Road
London
N1 8JJ

which may have some more information on the circumstances surrounding your brother's death, and may also be able to issue you with an official death certificate.

With regard to your other two brothers, Jozef and Jan, again I regret to inform you that there is no record of them in this archive, as having served in the Polish Forces under British command during the 1939-45 war.

The only other possibility I am able to suggest to you is to write to the following archives with a request to check their records for your brothers' names:

1. Archiwum Wschodnie
   Ul. Narbutta 29
   02-536 Warszawa, Poland

2. Archiwum Akt Nowych
   Al. Niepodleglosci 162
   02-554 Warszawa, Poland

3. Hoover Institution Archives
   East European and Soviet Collections
   Stanford University
   STANFORD
   California 94305-6010
   U.S.A

I hope this is helpful.

P.S. Thank you very much for a lovely booklet on Sztum.

Yours sincerely

M. Goddard

M GODDARD (Mrs)
for Departmental Record Officer.

Odpowiedź Brytyjskiego Ministerstwa Obrony na pytanie Autora dotyczące jego brata Stefana, który w 1942 roku dotarł do armii gen. Andersa, zaraz potem jednak zmarł. Odpowiedź zawiera wiele załączników (patrz dalej). Pismo z 6 października 2000 roku.

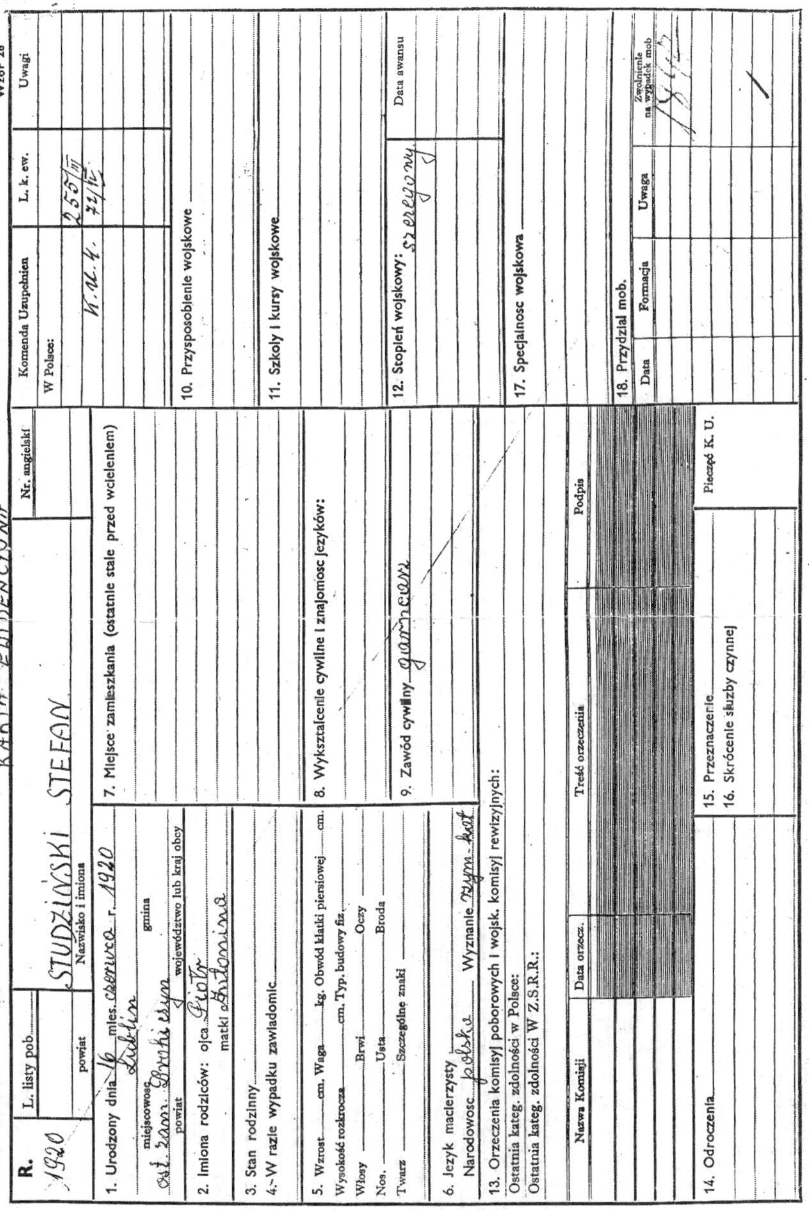

KARTA EWIDENCYJNA

Wzór 26

R. 1920 | L. listy pob. | powiat | STUDZIŃSKI STEFAN Nazwisko i imiona | Nr. angielski

Komenda Uzupełnień | L. k. ew. | Uwagi
W Polsce: K.U.4. | 255/III 72/IV

1. Urodzony dnia 16 mies. czerwca r. 1920
Lublin
miejscowość gmina
ost. zam. Brohiczyn
powiat województwo lub kraj obcy

2. Imiona rodziców: ojca Piotr
matki Antonina

3. Stan rodzinny
4. W razie wypadku zawiadomić

5. Wzrost cm. Waga kg. Obwód klatki piersiowej cm.
Wysokość rozkrocza cm. Typ. budowy fiz.
Włosy Brwi Oczy
Nos. Usta Broda
Twarz Szczególne znaki

6. Język macierzysty
Narodowość polska Wyznanie rzym.-kat.

7. Miejsce zamieszkania (ostatnie stałe przed wcieleniem)

8. Wykształcenie cywilne i znajomość języków:

9. Zawód cywilny garncarz

10. Przysposobienie wojskowe

11. Szkoły i kursy wojskowe

12. Stopień wojskowy: szeregowy | Data awansu

13. Orzeczenia komisyj poborowych i wojsk. komisyj rewizyjnych:
Ostatnia kateg. zdolności w Polsce:
Ostatnia kateg. zdolności W Z.S.R.R.:

| Nazwa Komisji | Data orzecz. | Treść orzeczenia | Podpis |
|---|---|---|---|

14. Odroczenia

15. Przeznaczenie
16. Skrócenie służby czynnej

Pieczęć K. U.

17. Specjalność wojskowa

18. Przydział mob.

| Data | Formacja | Uwaga | Zwolnienie na wypadek mob |
|---|---|---|---|
| | | | 1942 |

Karta ewidencyjna brata Autora, Stefana Studzińskiego z Guzar, gdzie organizowała się Armia Andersa. Strona 1 dokumentu.
Załącznik do pisma z 6 października 2000 roku.

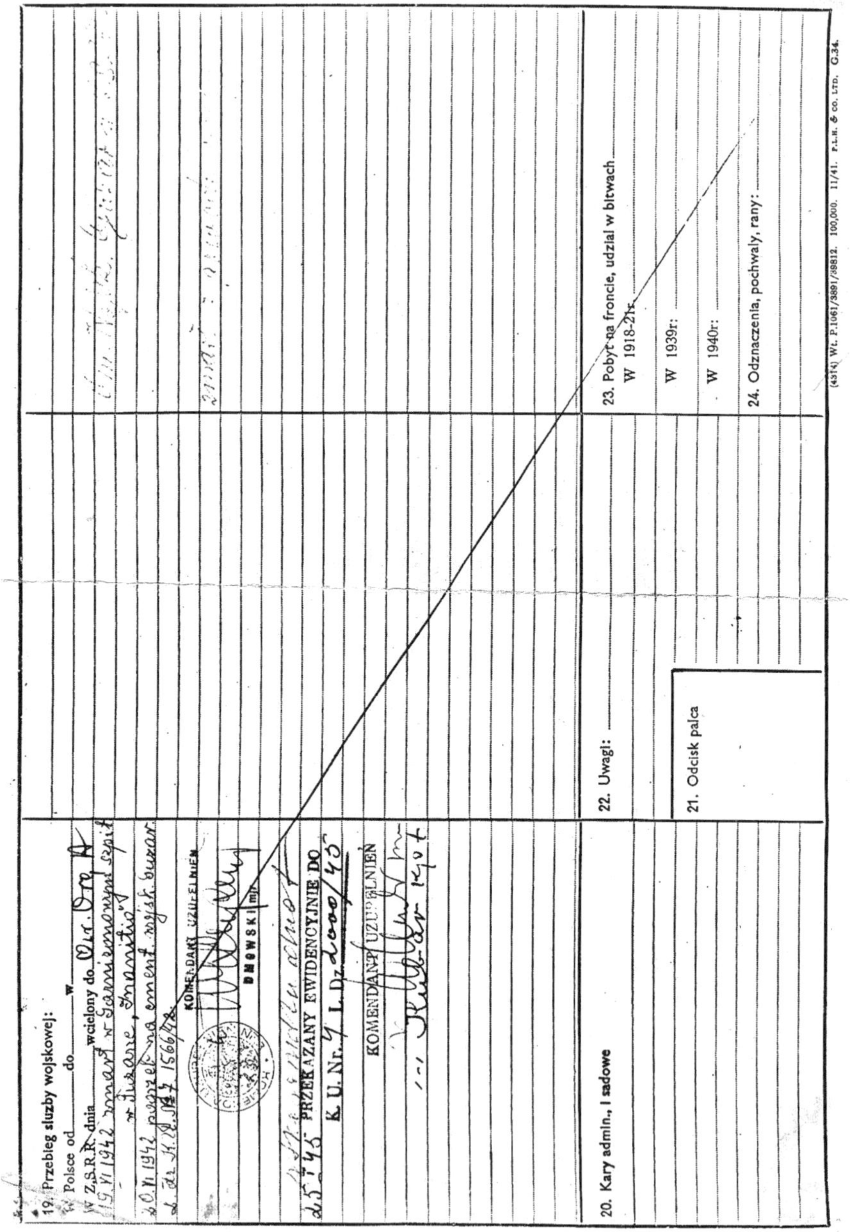

19. Przebieg służby wojskowej:
W Polsce od ... do ... w ...
W Z.S.R.R. dnia ... wcielony do ...
15.VI.1942 zmarł w Garnizonowym szpit.
w Guzarze, Ammnitis
20.VI.1942 pozrek. na ement. wojsk. Guzar.
L. dz. 1566/42
KOMENDANT UZUPEŁNIEŃ
DMOWSKI mjr.
25.7.45 PRZEKAZANY EWIDENCYJNIE DO
K. U. Nr. 4 L. Dz. 2000/45
KOMENDANT UZUPEŁNIEŃ
20. Kary admin., i sądowe
21. Odcisk palca
22. Uwagi:
23. Pobyt na froncie, udział w bitwach
W 1918-21r.
W 1939r.
W 1940r.
24. Odznaczenia, pochwały, rany:
(4314) Wt. P.1061/3891/39812. 100,000. 11/41. P.L.H. & Co. Ltd. G.34.

Karta ewidencyjna brata Autora, Stefana Studzińskiego z Guzar, gdzie organizowała się Armia Andersa. Strona 2 dokumentu, wraz z adnotacją o jego śmierci w Szpitalu Garnizonowym. Załącznik do pisma z 6 października 2000 roku.

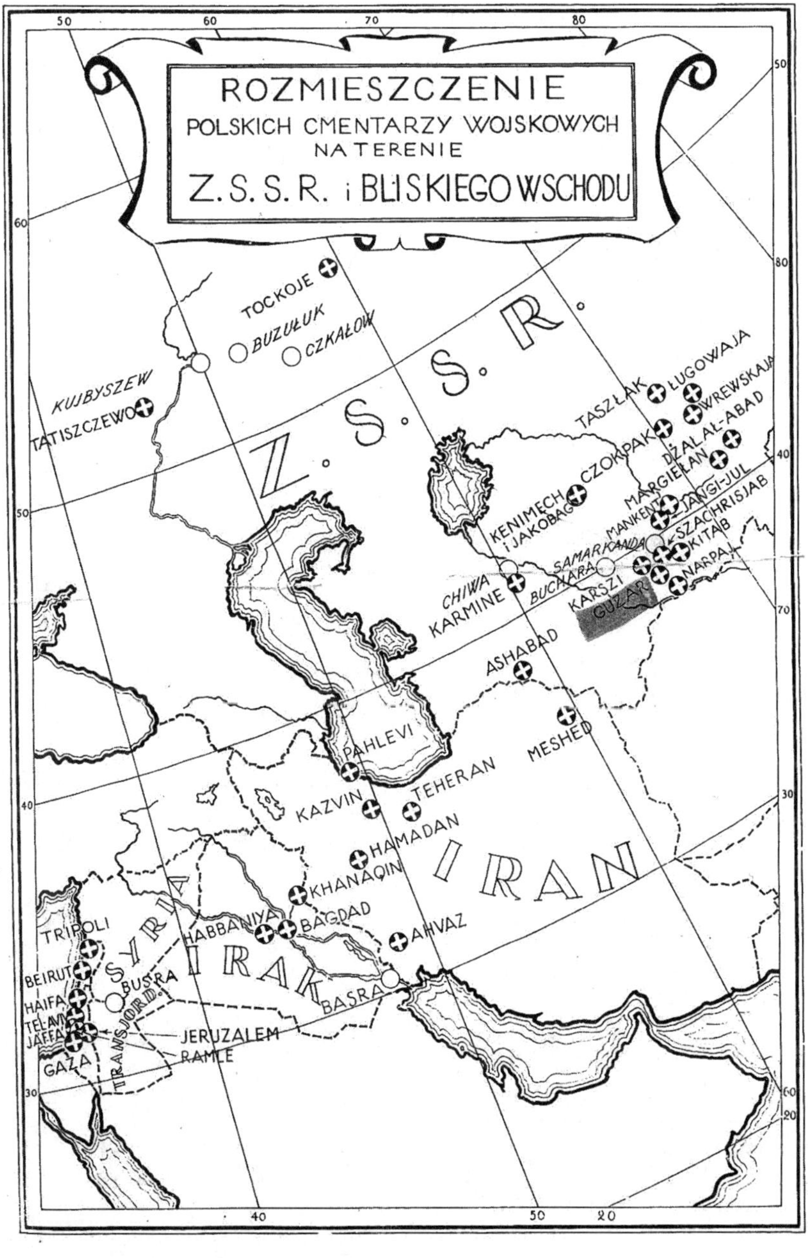


Rozmieszczenie polskich cmentarzy wojskowych na terenie ZSRR i Bliskiego Wschodu, w tym Guzar w Tadżykistanie, gdzie zmarł brat Autora, Stefan Studziński. Załącznik do pisma z 6 października 2000 roku.

Wyżba, p. Kowel; 16.7.1942; St. Kermine, gr. VII-A-22.
**Stefanowicz (Stefnowicz) Władysław**, kapr., (?)1906, Kumpiany, w. Wilno; 29.7.1942; Szachrisiabs, CW, gr. 179.
**Stein Mieczysław**, sap., 27.7.1920, Stryj; 25.8.1942; Aszchabad, CP, gr. 49.
**Steinmetz Józef**, st. strz., (?)1911, Osiek, p. Rawicz; 14.8.1942; Szachrisiabs, CW, gr. 151.
**Stenzel Stefan**, ppor., 29.2.1884, Kołomyja; 31.3.1942; Jangi Jul, CW, (?).
**Sterczała Franciszek**, strz., 8.1.1922, Sielce, p. Stanisławów; 15.3.1942; Czokpak, C. obozowy, gr. 15.
**Sterna Jan**, strz., (?)1903, (?); 14.8.1942; Kermine, (?).
**Stęchły Antoni**, strz., 15.5.1905, Ujezdna, p. Przeworsk; 12.7.1942; Kenimech, CW, gr. 143-5.
**Stępowski Jan**, strz., 10.4.1924, Porajec, p. Lubaczów; 27.3.1942; Kermine, CM, gr. III-1-3.
**Stojanowski Franciszek**, strz., (?)1904, (?); 3.3.1942; St. Kitab, CW.
**Stolarz Jan**, kapr., 14.9.1906, Biskupice Rud., p. Brzesko; 25.3.1942; St. Kermine, gr. IV-8.
**Stoma Józef**, kapr., (?)1900, Piłatowo, Mohylów, Rosja; 25.4.1942; Kitab, CW, (?).
**Stopa Józef**, st. strz., 20.11.1900, Rozburz, p. Przeworsk; 10.8.1942; Kenimech, (?).
**Stopa Tadeusz**, strz., 9.10.1921, Tywonia, p. Jarosław; 24.10.1942; Aszhabad, CP, gr. 96.
**Stosik Bronisław**, strz., (?)1911, Linsk, w. Pomorze; 2.8.1942; Szachrisiabs, CW, gr. 195.
**Stożkowski Jan**, strz., (?)1904, (?); 1.3.1942; Merke, (?).
**Strączyński Roman**, ppor., 9.8.1906, Krzemieńce, (?); 3.7.1942; Guzar, CK, gr. X.W.-10.
**Streicher Emil**, strz., (?)1910, Lwów; 2.8.1942; Szachrisiabs, CW, gr. 200.
**Strociak Jan**, sierż., 17.3.1877, Kulmatycze, p. Sądowa Wisznia; 14.6.1942; Guzar, CK, gr. VII.W.-13.
**Stróżak Paweł**, strz., 28.11.1914, Krężnica, p. Lublin; 30.7.1942; Czirakczi, CW, (?).
**Strug Stefan**, st. strz., (?)1902, Uhacz, w. Stanisławów; 4.11.1941; Tockoje, CW, (?).
**Struzik Franciszek**, kapr., 19.1.1898, Końskie; 15.6.1942; Guzar, CK, gr. VIII.C.-16.
**Strużek Teodor**, strz., (?)1912, Krupno, p. Żydaczów; 18.7.1942; Kermine, CM, gr. 4-13-1.
**Strzałek Stanisław**, strz., (?)1893, Żyźnia, p. Siedlce; 22.6.1942; Kitab, CW, (?).
**Strzelecki Kazimierz**, kapr., 23.2.1905, Sambor; 11.7.1942; Guzar, CK, gr. II.W.-52.
**Strzyżewski Antoni**, kapr., (?)1897, Rogoźno, p. Sambor; 5.3.1942; Dżałał-Abad, CP 5.D.P., gr. 28.
**Strzyżewski Marian**, kapr., (?)1897, Rogoźno, p. Sambor; 5.3.1942; Dżałał-Abad, (?).
**Strzyżewski Władysław**, strz., 18.12.1924, Trzebica, p. Stopnica; 4.8.1942; St. Kermine, (?).
**Studziński Aleksander**, kapr., 11.3.1909, Mosty, p. Zdołbunów; 31.7.1942; ZSSR.
**Studziński Stefan**, strz., 16.6.1920, Lublin; 19.6.1942; Guzar, CK, gr. I.C.-49.
**Stukan Eliasz**, sierż., (?)1896, Stukany, w. Wilno; 19.7.1942; St. Kitab, CW, (?).
**Suchanek Bolesław**, strz., (?)1916, (?); 11.8.1942; Kranowodzk, C. bazy, gr. 2.
**Suchcicki Kazimierz**, strz., (?)1919, (?); 12.5.1942; Guzar, CK, gr. VI.C.-26.
**Suchenicki (Suchanicki) Adam**, strz., 31.7.1921, Chutor Malewiak, p. Pińsk; 16.7.1942; Kenimech, CW, gr. 148-1.
**Suchocki Jan**, bomb., 15.5.1915, Zelwa, p. Wołkowysk; 5.4.1942; Czokpak, C. obozowy, gr. 33a.
**Suchodolski Jan**, kapr.-pchor., (?)1902, Petersburg; 21.2.1942; Guzar, CK, gr. 1.5.
**Suchta Jan**, bomb., 1.9.1900, Nowina, p. Stołpce; 27.7.1942; Dżałał-Abad, CP, 5. D.P., gr. 113.
**Sudak Piotr**, strz., (?)1903, Lwów; 15.7.1942; Kermine, CM, gr. 7-16-2.
**Sugier Władysław**, kapr., 16.10.1904, Lublin; 18.4.1942; Szachrisiabs, CW, gr. 26.
**Sujak Alojzy**, plut., 18.6.1903, Grządy, p. Czarnków; 1.3.1942; Dżałał-Abad, CP 5.D.P., gr. 21.
**Sulima Antoni**, uł., (?)1899, Kiemczyłów, p. Skałat; 3.8.1942; Kermine, CM, gr. 5-19-3.
**Sulma Władysław**, st. sierż., (?)1896, Jatwież, p. Wołkowysk; 22.3.1942; Czokpak, (?).
**Sumicz Jan**, strz., (?)1925, Wojcieszyn, p. Kosów; 7.7.1942; St. Kermine, gr. VII-27.
**Sumorok Marian**, kapr., 21.9.1903, Wilno; 18.7.1942; Guzar, CK, gr. III.W.-47.
**Suszka Jan**, kapr., 20.6.1903, Bytom, Śląsk Opolski; 14.7.1942; Kenimech, CW, gr. 144-8.
**Sutkowski Albin**, st. strz., (?)1897, (?); 16.8.1942; Aszhabad, CP, gr. 45.
**Swatowski Józef**, strz., 19.2.1896, Labuńki, p. Zamość; 20.4.1942; Kermine, gr. IV-38a.
**Szabliński Michał**, strz., 12.10.1920, Sajluki, p. Wilno-Troki; 5.5.1942; Kermine, gr. 3-8.
**Szabłowski Piotr**, strz., 12.11.1897, Wilno; 22.3.1942; Wrewskaja, CP, gr. 29.
**Szadkowski Władysław**, plut., 28.4.1892, Góra Kalwaria, w. Warszawa; 20.1.1942; Tockoje, CW, (?).
**Szadziewski Jan**, plut., 7.10.1901, Nowy Hełconimów, Łotwa; 16.3.1942; St. Kermine, gr. IV-31.
**Szajniuk Zygmunt**, strz., (?)1924, (?); 20.3.1942; Margiełan, (?).
**Szalast Seweryn**, strz., 22.6.1897, Wólka-nowo, p. Lubartów; 15.3.1942; Narpaj, gr. 4-2.
**Szalko Stanisław** (syn Piotra), strz., (?), (?); 18.8.1942; Krasnowodzk, CM, (?).
**Szałkowski Jan**, kapr., 8.8.1909, Wilno; 15.7.1942; Kenimech, CW, gr. 146-1.
**Szapajko Stanisław**, ppor., 19.3.1896, Lwów; 4.7.1942; Guzar, CK, gr. X.W.-22.

131

Fragment listy poległych żołnierzy, na której figuruje nazwisko brata Autora, Stefana Studzińskiego, wraz z datą i miejscem jego śmierci.
Załącznik do pisma z 6 października 2000 roku.

POLISH CATHOLIC MISSION
*in England and Wales*
POLSKA MISJA KATOLICKA
*w Anglii i Walii*
L.dz. 1738/FIV/00

*2 Devonia Road*
*Islington*
*LONDON N1 8JJ*
☎ (020) 7226 3439
Fax (020) 7226 7677

## METRYKA ZGONU

Nazwisko i imię: STUDZIŃSKI Stefan

Stopień: strzelec

Jedn. ewid.: B. Kont.

Nr znaku tożsamości: 255/III

Dzień i rok urodzenia: 16 czerwca 1920

Miejsce (gmina): Lublin

Powiat: ...

Województwo: ...

Imiona rodziców i nazw. panieńskie matki: Piotr i Antonina

Stan (kawaler, żonaty, wdowiec): ...

Wyznanie: Rzym. Kat.

Zawód cywilny: Garncarz

Dzień, miesiąc, rok i miejsce śmierci: 19 czerwca 1942, Guzar, ZSSR

Przyczyna śmierci: Inanitio

Nazwisko, imię, stopień lekarza: Dr. Turk

Świadkowie śmierci (nazwisko, imię, przydział) Dr. Turk

Czy zaopatrzony św. Sakramentami: Tak

Dzień, miesiąc, rok i miejsce pogrzebu: 20 czerwca 1942, Guzar, ZSSR

Nazwisko i imię księdza asystującego przy pogrzebie: Ks. Kapl. Tadeusz Wojtas

Nr grobu: I. C - 49

UWAGI:

Spisano w oparciu o tom zgonów nr 307 pozycja nr. /51 znajdujący się w tutejszym Biurze Metrykalnym.

Londyn, dnia 2 listopada 2000

*Ks. prał. Janusz Tworek*
*Sekretarz gen. PMK*



**Polska Misja Katolicka w Anglii i Walii przesyła akt zgonu brata Autora, Stefana Studzińskiego, który dotarł resztkami sił do Armii Andersa. Pismo z 2 listopada 2000 roku.**

**STOWARZYSZENIE RODZIN OSADNIKÓW WOJSKOWYCH I CYWILNYCH KRESÓW WSCHODNICH**

ul. Grochowska 84 m. 5, 04-301 Warszawa, tel. (0-22) 610-52-19
Danske Bank Polska S.A., ul. Emilii Plater 28, 00-688 Warszawa
nr rach. złotówkowego 18300004-27006-0-0-R-001650-001
nr rach. dewizowego 18300004-27006-0-787-R-001650-001
NIP 113-22-82-579 Regon 012631984

L. dz.239/2002 Warszawa 23.08.2002. roku

Pan Edward Studziński,

[redacted]

Szanowny Panie Edwardzie,

Korzystając z okazji wysyłki nr 3/2002 ***Kresowych Stanic,*** bardzo serdecznie dziękuje za miły i obszerny list. Co mogę to przekazuje:
-Dokumentacja dotycząca osób cywilnych, którym udało się opuścić Związek Radziecki z Armią Polską pod dowództwem gen. W. Andersa znajduje się w:
Hover Institute on War, Revolution and Pace
Stanford University
Staford CA 94305-6010 U.S.A. (można do nich pisać po polsku)

O informacje potwierdzające pobyt w niewoli i w obozach należy zwracać się do biur Czerwonego Krzyza w Genewie i w Warszawie Oto adresy:
Comite Interoational De La Croix-Rouge
Agennce Centrale De Recherches
17, Avenue de la Paix
Ch-1202 Geneve i Biuro Informacji i Poszukiwań Czerwonego Krzyza
Ul Mokotowska 14
00-950 Warszawa
Dołączam ksero z Indeksu (wykazu ) osadników z nazwiskiem Piotra Studzińskiego Pana ojca. uzyskane z z Rembertowa

Serdecznie pozdrawiam,

SEKRETARZ
Mieczysław Wójcik

Na prośbę Autora Stowarzyszenie Rodzin Osadników Wojskowych Kresów Wschodnich podaje adres, pod który można kierować prośby o poszukiwanie członków rodzin. Pismo z 23 sierpnia 2002 roku.

| Szarża | Nazwisko i imię | Powiat | Osada | Nr działki |
|---|---|---|---|---|
| ppłk. | Słonik Feliks | Pol. Wileńskie | ? | 14 |
| szwol. | Szuło Błażej | Pol. Wileńskie | Obrowo | 6 |
| kpr. | Szumega Antoni | Pol. Drohiczyn | Działkowicze | |
| szer. | Studziński Piotr | " | Wołówka | 4 |
| st. szwol. | Studziński Stanisław | " | " | 8 |
| szer. | Studziński Józef | " | " | 3 |
| kpr. | Szewc Wincenty | " | Dębowo | 1 |
| kpr. | Szymański Leon | " | Owsicze Owsicze | 6 |
| st. szer. | Sosnowski Walerjan | Pol. Prużana | | str. 19 |
| kaw. | Szkoda Zygmunt | " | | str. 19 |
| st. szer. | Szymacz Józef | " | | str. 19 |
| szer. | Szydłowski Adam | " | | str. 19 |
| " | Stepus Michał | " | | |
| st. ul. | Sokolewicz Jan | Pol. Kobryń | Hosk | 3 |
| kpr. | Szkatuła Mieczysław | | Buchowicze | 1 |
| st. szer. | Szymański Ludwik | Pol. Sarny | Sarny Dorotycze | 5 |
| pułk. | Siedlecki Bronisław | " | | |
| st. ul. | Sawicki Władysław | " | | |
| st. szer. | Strucki Józef | " | Jezioro Sarny | 4 |
| st. ul. | Szepelski Stanisław | " | Dorotycze | 6 II |
| kpt. | Studziński Zygmunt | " | | I 8 I. II |
| szer. | Szwed Grzegorz | Pol. Kamień Koszyrski | Lelików | 4 |
| ~~kpt.~~ | ~~Świderski Kazimierz~~ | " | " | str. 48 |
| st. leg. | Śliwiński Bronisław | Pol. Brześć n/B. | Wygonów | 11 |
| szer. | Sumeraj Jan | " " | Wyżany | 1 |
| mjr. | Sierant Modest | " " | Jamno | |
| ppłk. | Szpakowski Wiktor | " " | | str. 15 |
| wachm. | Szczęśniak Jan | " " | Wiszenka | 4 str. 16 |
| st. szer. | Szychaj Jan | " " | Oltusz | 3 |
| szer. | Siedoruk Teodor | " " | | |
| " | Samosiuk Bartłomiej | " " | | |
| szwol. | Stolarski Stanisław | " " | | |
| st. szer. | Szymanowski Franciszek | " " | | 14 |

**Część rejestru osadników wojskowych dołączony do pisma od SROWKW z 23 sierpnia 2002 roku.**

POLSKI CZERWONY KRZYŻ
ZARZĄD GŁÓWNY
BIURO INFORMACJI I POSZUKIWAŃ
Nr B.Inf. 78/137

Bank Gdański z siedzibą w Gdańsku
IV Oddział Warszawa
Nr konta 10401019-4444-132

Warszawa, dn. 09. 09. 2002
Mokotowska 14, Tel. 628-52-01
Adres pocztowy:
00-950 Warszawa, skrytka pocz. Nr 47

Pani
Krystyna LISIECKA
[redacted]

W nawiązaniu do wcześniejszej korespondencji oraz rozmów telefonicznych w sprawie poszukiwania rodziny STUDZIŃSKICH, w tym Heleny STUDZIŃSKIEJ, ur. ok.1928-1930 r. oraz Stanisława i Zofii ur. we Włodawce ok. 1935-1937 r. dzieci Stanisława i Zofii uprzejmie zawiadamiamy, że nie udało nam się odnaleźć wyżej wymienionych.

Nie udało nam się też wyjaśnić czy figurujący w naszych dokumentach Stanisław i Zofia STUDZIŃSCY, ur.3.05.1936r.,Wołowka dzieci Stanisława i Agnieszki, które w 1949 r. wyjechali z Afryki Wschodniej do Kanady są osobami poszukiwanymi przez Panią; nie odnaleźliśmy ich, ani też nie ustaliliśmy ich dalszych losów.

Biuro nasze prowadzi poszukiwania za granicą, za pośrednictwem narodowych Stowarzyszeń Czerwonego Krzyża - Kanadyjski CK odpowiedział że nie widzi możliwości zajęcia się sprawą z uwagi na brak bliższego określenia /brak nazwy miejscowości/ gdzie do Kanady przywieziono poszukiwane osoby oraz to, że w krajach zachodnich nie ma centralnych biur ewidencji ludności i znajomość nawet b.starego adresu stanowi punkt wyjścia do prowadzenia poszukiwań. Zdarza się, że czynione są odstępstwa - i poszukiwania mimo braku adresu są podejmowane

./.

Sp-nia Inw. „Przyszłość" Bielsk Podl. tel. 30-77-65; 30-77-66, fax 30-73-70

- 2 -

jednak, jedynie w takich przypadkach kiedy poszukują się najbliżsi członkowie rodziny - rodzice, dzieci.

Przykro nam alę nie mamy już niestety możliwości dalszego prowadzenia poszukiwań.

Kierownik Biura
Informacji i Poszukiwań
Elżbieta Rejf

bs

Odpowiedź z Biura Informacji i Poszukiwań PCK, do którego napisała siostrzenica Autora, Krystyna. Biuro nie posiada żadnych informacji dotyczących rodziny Autora i nie może pomóc w dalszych poszukiwaniach. Pismo z 9 września 2002 roku.

Konsulat Generalny
Rzeczypospolitej Polskiej
w Brześciu
Генеральнае Консульства
Рэспублікі Польшча
у Брэсце

Brześć, dnia 24 lutego 2004 r.

**Edward Studziński**

[redacted]

L.dz. KG 3131-01-04

W odpowiedzi na Pana prośbę z dnia 22 grudnia 2003 roku w sprawie uzyskania odpisów aktów urodzenia Pana Jana Studzińskiego oraz Pani Zofii Studzińskiej, Konsulat Generalny Rzeczypospolitej Polskiej w Brześciu przesyła w załączeniu pisma Wojewódzkiego Archiwum Urzędu Stanu Cywilnego w Brześciu nr 40-10 z dnia 31 stycznia 2004 roku, nr 40-10/1 z dnia 31 stycznia 2004 roku, nr 40-10/2 z dnia 31 stycznia 2004 roku.

Z powyższych pism wynika, iż we wspomnianym archiwum figuruje wpis aktu urodzenia Pana Jana Studzińskiego. Nie odnaleziono natomiast żadnych dokumentów archiwalnych stwierdzających urodzenie Pani Zofii Studzińskiej. Jednocześnie stwierdza się, iż duplikaty ksiąg metrykalnych z kościoła wsi Popin powiatu Drohiczyn z lat 1922 – 1943 znajdują się na przechowaniu w Rzymsko-Katolickiej Diecezji w Drohiczynie nad Bugiem w Polsce.

Z poważaniem

Za Konsula Generalnego
Robert Duda
Wicekonsul

| | | |
|---|---|---|
| ul. Kujbyszewa 34 | tel. 162 / 27 00 00 | вул. Куйбышава 34 |
| 224016 Brześć | | 224016 г.Брэст |
| BIAŁORUS | fax.162 / 20 38 29 | БЕЛАРУСЬ |

**Konsulat Generalny RP w Brześciu przesyła akt urodzenia Jana Studzińskiego, z tym że nie z tej matki i nie wiadomo, czy to rzeczywiście brat Autora, czy ktoś inny. Odnośnie danych dotyczących siostry Zofii Brześć dokumentów nie posiada, kieruje więc Autora do Drohiczyna w Polsce. Pismo z 24 lutego 2004 roku.**

Республика Беларусь
Брестский областной
исполнительный комитет
Управление юстиции
**Архив органов записи актов
гражданского состояния**

224030, г. Брест, пл.Свободы,18
т. 267322

Эдварду Студзинскому

[redacted]

АРХИВНАЯ СПРАВКА
31.01.2004 № 40-10/1

О записи акта о рождении

В документах архива органов ЗАГС имеется на хранении запись акта о рождении **№ 36,**
составленная **08 апреля 1927 года**
**в римско-католическом костеле деревни Попина**
**Дрогичинского района Брестской области**
на **Студзинского Яна,**
родившегося **04 января 1927 года.**
Место рождения : **в Воловце Дрогичинского района Брестской области.**

Родителями записаны:
отец - **Студзински* Пётр,**
мать - **Студзинска Антонина с дома Тытшинских*.**
Держали до креста: **Станислав Студзински и Юзефа Станиславска**.
Таинство крещения совершил: **ксендз Станислав Маевски**.

Изменения в запись акта о рождении не вносились.

Основание: книги записей актов о рождении за 1927 год.

Заведующая архивом органов
записи актов гражданского состояния Н.М.Кралько

* - на польском языке – Studzinski
** - на польском языке - Tyczynskich

**Wypis dotyczący aktu urodzenia Jana Studzińskiego. Załącznik do pisma z Brześcia z 24 lutego 2004 roku.**

Ks. dr Eugeniusz Borowski
17-312 Drohiczyn
ul. Kościelna 10

Drohiczyn 9. 03. 2004 r.

**W. Pan**
**Edward Studziński**
[redacted]

Szanowny Panie,

Odpowiadając na Pana prośbę o odszukanie metryki chrztu jego siostry Zofii Studzińskiej, dokonałem kwerendy archiwalnej w ksiegach chrztu par. Popina z lat 1922-1939. Metryki Zofii, córki Piotra Studzińskiego i Antoniny z. d. Kicińskiej, nie znalazłem. Jest natomiast metryka Zofií Studzińskiej, ale córki Stanisława Studzińskiego i Agnieszki z domu Ptaszyńskiej (vel Ptasińskiej) urodzonej 3.05.1935 r. w Woławce a ochrzczonej 7.09.01935 w kaplicy Zakoziel w par. Popina. Nr metryki 40. Odnalazłem też metryki dzieci Piotra Studzińskiego i Antoniny Kicińskiej.

- Jana Studzińskiego, ur. 4 stycznia 1927 Nr 36, s. 68;
- Janiny Studzińskiej, ur. 20.04.1929, Nr 70, s. 9;
- Mariana Studzińskiego, ur. 4.01.1931 ale ochrzczonego 15.09.1934, Nr 47, s.86;
- Edmunda Studzińskiego, ur. 11.08.1934, ochrzczonego 15.09.1934, Nr 48, s. 86;

Z rodziny małżonków Stanisława Studzińskiego i Agnieszki Ptaszyńskiej obok wymienionej już ich córki Zofii, znalazłem metryki chrztu:

- Heleny Studzińskiej ur. 17.02.1927, Nr 27, s. 67;
- Kazimierza Studzińskiego, ur. 10.04.1929, Nr 31, s. 3;
- Mariana Studzińskiego, ur. 5.01.1931, Nr 17, s. 40;
- Marianny Józefy Studzińskiej, ur. 8.12.1932, Nr 92, s. 66;
- Zofii Studzińskiej, ur. 03.05.1935, Nr 40, s. 97 + Stanisław Bliźniak

Z małżeństwa Franciszka Studzińskiego i Franciszki z domu Wróblewskiej, odnalazłem metryki ich dzieci:

- Adolfa Studzińskiego, ur. 21 maja 1932 r. Nr 44, s. 38
- Wacława Franciszka Studzińskiego, ur. 13.06.1937 r., Nr 26, s. 123

To wszystko, co w zachowanych księgach z parafii Popina udało mi się odnaleźć odnośnie do rodzin Studzińskich.

Ks. E. B.
KS. DR EUGENIUSZ BOROWSKI
DYREKTOR ARCHIWUM DIECEZJALNEGO
w Drohiczynie

Józef

**Na pytanie dotyczące metryki chrztu siostry Autora, Zofii, Drohiczyn odpowiada negatywnie, podając jednak wiele innych informacji dotyczących rodziny Autora i dalszych jego krewnych. Pismo z 9 marca 2004 roku.**

CENTRALNE ARCHIWUM WOJSKOWE

Nr 48/a AH

12 MAR. 2004

00 – 910 Warszawa

**Pan Edward STUDZIŃSKI**

[redacted]

Odpowiadając na pismo w załączeniu przesyłam kserokopie wykonane z zachowanych akt personalno-odznaczeniowych Pana Piotra STUDZIŃSKIEGO.

Informuję, że CAW nie może ustalić bliższych danych o służbie Pańskiego Ojca, ponieważ nie posiada centralnej kartoteki byłych żołnierzy WP, a w niepełnej „Ewidencji odznaczonych orderem Virtuti Militari" nazwiska wymienionego nie odnaleziono.

Ponadto komunikuję, że również w niekompletnych kserokopiach dokumentów uzyskanych przez Wojskową Komisję Archiwalną z archiwów byłego ZSRR nazwiska Piotr STUDZIŃNSKI nie odnaleziono.

Zał. 1/6 – adresat

**SZEF**
**SEKCJI KWEREND OSOBOWYCH**

**por. inż. Mariusz PETKOWICZ**

Wyk. AH
tel. (0 22) 6813-353

Centralne Archiwum Wojskowe na prośbę Autora przesyła dane dotyczące służby wojskowej jego ojca, Piotra Studzińskiego. Pismo z 12 marca 2004 roku.

6. Dokładny życiorys i przebieg pracy ideowo-niepodległościowej :

Studziński Piotr syn Michała

ur. 1894 r. Nowystaw,

p. Lubartów

W roku 1918 r. wstąpiłem do wojska polskiego do 12 pułku artylerii w Lublinie.

W roku 1919 zostałem przydzielony do 1 pułku szwoleżerów gdzie przebywałem aż do zwolnienia t. j. do 1921 r.

Odznaczony zostałem Krzyżem Walecznym

Oraz odznakę honorowę Dywizji Podlaskiej i odznakę Front Lit. Białoruski.

Po zwolnieniu z wojska osiadłem na roli na dzielony mienie na Kresach Wschodnich gdzie dotąd przebywam.

Kreślę się:

Wotawka, 16/II 34 r. Studziński Piotr

Dane dotyczące służby wojskowej Piotra Studzińskiego z Centralnego Archiwum Wojskowego. Strona 1 dokumentu. Załącznik do pisma z 12 marca 2004 roku.

7. Nazwiska i dokładne adresy świadków, którzy mogą stwierdzić prawdziwość pracy niepodległościowej.

Podaję Legitymację Dyw. Podlaskiej oraz zaświadczenie z Szwadronu 1 p. Szwoleżerów, podpis Stępkowski Dowódca Szwadronu.

Dnia 16/II 34 r. Studziński

8. Uwagi i podpisy Komisji :

---

Piotr STUDZIŃSKI s. Michała ur. 1894 r

Odzn. 12.06 1935 r

Szef Wydziału IV

12 MAR 2004

Dane dotyczące służby wojskowej Piotra Studzińskiego z Centralnego Archiwum Wojskowego. Strona 2 dokumentu oraz wpis z tyłu. Załącznik do pisma z 12 marca 2004 roku.

Taszkent, 28.05.2004r

Szanowny Pan Edward Studziński

[redacted]

**Szanowny Panie,**

Po przestudiowaniu dramatycznych losów Pana Rodziny, na podstawie materiałów którymi dysponuje Wydział Konsularny Ambasady RP w Taszkencie, mogę jedynie potwierdzić dane co do miejsca spoczynku Stefana Studzińskiego.

W załączeniu przesyłam strone 131 z „Wykazu poległych i zmarłych żołnierzy Polskich Sił Zbrojnych na obczyźnie w latach 1939-1946" wydanym w Londynie w 1952 roku przez Instytut Historyczny im. Gen. Sikorskiego, na której figurują dane co do miejsca spoczynku.

Cmentarz w Guzar znajduje się około 400 km od Taszkentu. Na terenie Uzbekistanu znajduje się 11 cmentarzy żołnierzy Armii Generała Andersa, na których jest pochowanych ponad 2500 osób. W 2001r zakończyła się restauracja cmentarzy, realizowana przez firmę „Budimex", dzięki akcji zorganizowanej przez „Radę Ochrony Pamięci Walk i Męczeństwa".

W załączeniu kilka fotokopii zdjęć z okresu restauracji. Przy nadarzającej się okazji postaram się wykonać kilka zdjęć cmentarza w stanie obecnym i przesłać je Panu. Proszę jednak o cierpliwość i wyrozumiałość, gdyż wyjazdy w ten rejon należą do rzadkości.

Nadmieniam, że poszukiwanie jakichkolwiek danych w Uzbekistanie jest bardzo utrudnione. Ponieważ nie dysponuje Pan miejscem i datą ewentualnego zgonu, które to dane są niezbędne w trakcie poszukiwań miejsc spoczynku i warunkują ich rozpoczęcie, wysyłanie zapytania do miejscowych władz Uzbekistanu jest bezcelowe (zwykle w odpowiedzi proszą o podanie tych danych)

Proponuje także Panu zwrócić się do poniższych archiwów i instytucji z prośbą o pomoc:

- Archiwum Instytutu Pamięci Narodowej w Polsce, strona Internet: www.ipn.gov.pl,
- Urząd do Spraw Kombatantów i Osób Represjonowanych 00-926 Warszawa – 63, ul. Wspólna 2/4; Polska
- BIURO INFORMACJI I POSZUKIWAŃ ZARZĄDU GŁÓWNEGO POLSKIEGO CZERWONEGO KRZYŻA, 00-950 Warszawa, ul. Mokotowska 14, skr.poczt. nr. 47
- Obszczestwo ‚Memoriał" 197343 Sankt-Pietierburg, ab. Jaszczik 131, e-mail: memspbic@memorial.spd/org, Rosja ***(represje organów b. ZSRR)***
- Ministierstwo Wnutriennich Dieł Possijskoj Fiedieracji, Gławnyj informacjonnyj centr, 117418 Moskwa, ul. Nowoczieremuszkinskaja, d. 67, Rosja ***(represje organów b. ZSRR)***
- Centr Archiwnoj Informacji i Rehabilitacji Żertw Politiczeskich Represij 117-049 Moskwa, ul. Żytniaja 14, Rosja ***(represje organów b. ZSRR)***

Żałuję, że jedynie w ten sposób mogę Panu pomoc.

**Z poważaniem,**

Jan Soroka
Konsul w Taszkencie

**Odpowiedź z Konsulatu RP w Taszkencie na zapytanie dotyczące losów Stefana Studzińskiego, brata Autora, zmarłego w Guzar, zaraz po zaciągnięciu się do armii Andersa. Nie wnosi nic nowego. Pismo z 28 maja 2004 roku.**

16 września 1998 roku, Polesie. Autor wraz z siostrą Janiną i siostrzenicą Krystyną przy gospodarstwie Nadieżdy Uglanowicz-Grigoriewnej, która jest pierwszą przewodniczką Polaków, poszukujących osady wojskowej Woławka, w której osiedlili się niegdyś rodzice Janiny i Edwarda Studzińskich. Ile nasuwa się wspomnień, gdy ujrzy się studzienny żuraw!

Siostra Autora wraz z trójką miejscowych przewodników na oględzinach ziemi ojców.

Agafia Naumowna — ostatni świadek istnienia polskiej osady wojskowej Woławka. Pomimo 92 lat błyszczy pamięcią i ze szczegółami opowiada, jak było, gdy mieszkali tu Polacy.

4 września 1999 roku. Światowy Zjazd Rodzin Osadników Wojskowych Kresów Wschodnich w Warszawie. Nieoczekiwane spotkanie dawnych sąsiadów z Woławki i z łagru, którzy przez 58 lat nic o sobie nie wiedzieli. Autor wraz z Eugenią i Tadeuszem Świstakami, a także mężem Eugenii, Władysławem.

5 września 1999 roku. Drugi dzień zjazdu. Pod Pomnikiem Pomordowanych na Wschodzie. W pomniku uwzględniono tereny zesłania Polaków podkładem, na którym znalazł się też napis: Archangielsk—Wołogda.

10 września 1999 roku. Druga wyprawa na Białoruś. Siostra Autora, Janina, wraz z dziećmi, Krystyną i Ryszardem, przy drogowskazie oznaczającym granice dawnej gminy Woławel, w której znajdowała się ich rodzinna osada.

W poszukiwaniu osady wojskowej Woławka trzeba pokonać wiele bezdroży. To egzamin dla auta i ludzi.

Janina wraz z miejscową przewodniczką szuka ziemi ojców. Tam, gdzie były kiedyś łany zbóż, dziś panoszy się iglasty las, jeszcze niezbyt stary.

Jest ziemia, która ich żywiła. Dziś tylko tyle, ile zmieści się do dwóch woreczków.

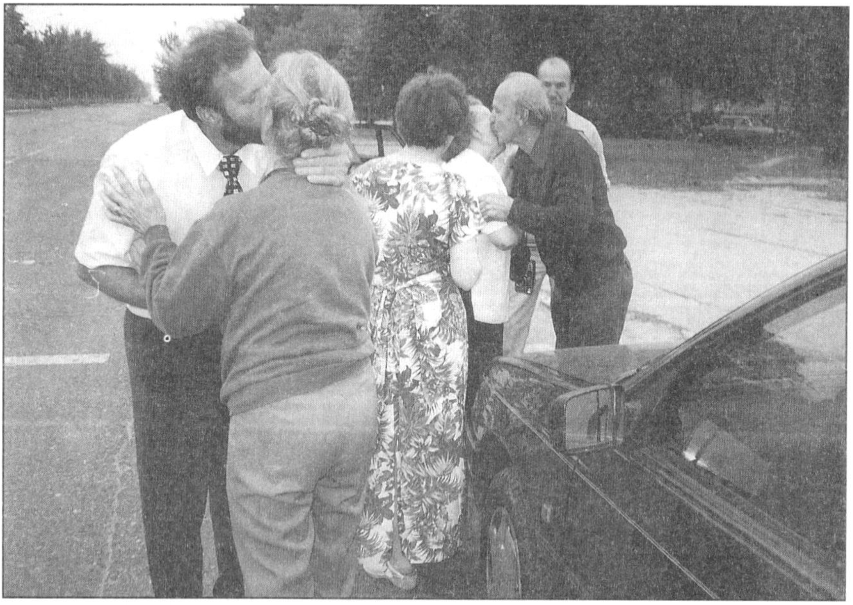

11 września 1999 roku. Drohiczyn. Spotkanie przyjaciół z Woławki, którzy jeszcze na zjeździe w Warszawie umówili się na wspólną wyprawę na Polesie, na ziemię ojców. I znowu radość, uściski, pocałunki. Wszyscy całują wszystkich, tylko Autor całuje „Anglików" już poza obiektywem.

Po powitaniu wspólne zdjęcie w Drohiczynie. Od lewej: Tadeusz, Ryszard, Autor, Eugenia, Krystyna oraz Janina. Tym razem za obiektywem mąż Gieni, Władysław.

Po krótkim błądzeniu dojeżdżają do Zakoziela. W tej miejscowości mieścił się do 1940 roku kościół polski, będący parafią dla mieszkańców osady wojskowej Woławka.

Piękny gotycki kościół w Zakozielu stoi tam nadal, choć chyli się ku upadkowi.

Dalsza droga prowadzi do Woławki. Spotkani po drodze ludzie witają przybyłych niby serdecznie, ale na ich twarzach oprócz uśmieszku widać pytanie: „Czego oni tu szukają?"

Po raz drugi w tym roku w Woławce. Tym razem z „Anglikami". Na zdjęciu Janina, Eugenia oraz Autor wraz z grupą miejscowych przewodników.

Eugenia Świstak z Leicester pozuje do zdjęcia, mając za sobą obszar ziemi posiadanej przez jej rodziców.

Wspólny piknik „Anglików" z Polakami na skrawku ziemi własnej rodziny Świstaków, dawnych sąsiadów z osady.

Tadeusz i Ryszard, przy pomocy specjalnego urządzenia przywiezionego przez „Anglików", poszukują skarbu, rzekomo zakopanego gdzieś tutaj przez rodziców.

12 września 1999 roku. Po niedzielnym nabożeństwie całe towarzystwo jedzie do Pińska. Tam spacerują promenadą ciągnącą sie wzdłuż brzegu rzeki Piny. Rozstając się, postanawiają spotkać się na Zjeździe Rodzin Osadników Wojskowych w Wielkiej Brytanii.

Obietnicy dotrzymują. 8 września 2000 roku Autor wraz z siostrą Janiną oraz jej dziećmi, Krystyną i Ryszardem, spotykają się w Leicester, by wraz z Eugenią Świstak, jej krewnymi i przyjaciółmi udać się na zjazd do Fenton.

9 września 2000 roku. Obrady 16. Zjazdu Rodzin Osadników Kresowych w Fenton.

Po zjeździe goście z Polski odwiedzają jeszcze Tadeusza i Jadwigę Świstaków w Londynie, a potem jadą do Leicester, do Eugenii i Władysława. 11 września 2000 roku. Na zdjęciu siostra Autora, Janina, spaceruje z przyjaciółką Gienią po mieście, w którym znajdują się jeszcze ślady potęgi rzymskiej.

U Gieni w Leicester. Pokój stołowy.

1 stycznia 2004 roku. Na cmentarzu wojskowym w Guzar (Tadżykistan), gdzie został pochowany Stefan Studziński.

1 stycznia 2004 roku. Siostrzenica Autora, Krystyna na cmentarzu wojskowym w Guzar (Tadżykistan), gdzie został pochowany jego brat Stefan Studziński.

Po 1989 roku Autorowi udało się odnaleźć wielu krewnych. Niestety, większość już nie żyje. Tak jak wujek Antoni. Jako młody piłsudczyk…

… i wiele lat później, z koniem.

Kolejni członkowie rodziny Autora odnalezieni na cmentarzu w Lublinie.

Na szczęście odnaleźli się też krewni, z którymi Autorowi udało się jeszcze porozmawiać, jak np. stryjenki: Zofia, cioteczna siostra jego mamy, i Wanda…

... wuj Stanisław z Rutki...

... a także kuzyn Jan oraz jego żona i córka.

Żyje jeszcze stryj Stanisław, którego urocza i liczna rodzina zamieszkuje gdzieś koło Ontario w Kanadzie. Dotąd udało się z nimi porozmawiać tylko telefonicznie. Może kiedyś dojdzie do spotkania?

**OŚRODEK BADAŃ NAUKOWYCH**
**IM. WOJCIECHA KĘTRZYŃSKIEGO**
**W OLSZTYNIE**

ORAZ

**OLSZTYŃSKI ODDZIAŁ**
**POLSKIEGO TOWARZYSTWA HISTORYCZNEGO**

**PRZYZNAJĄ PIERWSZĄ NAGRODĘ**

## PANU
## EDWARDOWI STUDZIŃSKIEMU

ZA PRACĘ
***NA BOCZNYM TORZE***

NADESŁANĄ NA KONKURS

**WSPOMNIENIA DAWNYCH**
**MIESZKAŃCÓW KRESÓW WSCHODNICH**

Jury:
Prof. dr hab. Stanisław Achremczyk (przewodniczący)
Prof. dr hab. Janusz Jasiński
Dr Ryszard Tomkiewicz

*Podpis w imieniu Komisji Konkursowej*

OLSZTYN, WRZESIEŃ 1998

Informacja o przyznaniu Autorowi I nagrody w konkursie „Wspomnienia dawnych mieszkańców Kresów Wschodnich” za niniejszą pracę, której tytuł został zmieniony.

# Spis treści

## Nakładem wydawnictwa NORTOM ukazały się:

Michał Andrzejczak - Faszyzm włoski i hitleryzm w publicystyce Romana Dmowskiego 1922-1939
Roman Dmowski - Myśli nowoczesnego Polaka
Roman Dmowski - Przewrót
Roman Dmowski - Świat powojenny i Polska
Roman Dmowski - Kościół, Naród i Państwo
Roman Dmowski - Upadek myśli konserwatywnej w Polsce
Roman Dmowski - Polityka polska i odbudowanie państwa
Kazimierz Wybranowski (Roman Dmowski) - Dziedzictwo
Kazimierz Wybranowski (Roman Dmowski) - W połowie drogi
Jan Ludwik Popławski - Wybór Pism
Praca zbiorowa - W hołdzie Narodowym Siłom Zbrojnym
Roman Rybarski - Polityka i gospodarstwo
Feliks Koneczny - O ład w historii
Władysław Bełza - Katechizm polskiego dziecka (Kto ty jesteś? Polak mały)
Cezary Tarkowski - Kot Prot i osy
Wioletta Grzywnowicz - W krainie marzeń
Maciej Giertych - Nie przemogą. Antykościół, antypolonizm, masoneria. T.2
Maciej Giertych - I tak nie przemogą! Antykościół, antypolonizm, masoneria
Adam Doboszyński - Gospodarka narodowa
Witomiła Wołk-Jezierska - Kulisy zbrodni katyńskiej
Witomiła Wołk-Jezierska - Wołyńska i Mazowiecka Szkoły Podchorążych Rezerwy Artylerii
Witomiła Wołk-Jezierska - Przychodzisz gdy myślę Katyń
Maria Żmigrodzka - Jak uczyć się Polski
Maria Żmigrodzka - Na polskich drogach
Andrzej Sołdrowski - Spisani na straty
Andrzej Sołdrowski - Byłem inżynierem w PRL
Andrzej Sołdrowski - Osiem błogosławieństw
Andrzej Sołdrowski - Ścieżki wiary
Zbigniew Żmigrodzki - Ku totalnej władzy
Zbigniew Żmigrodzki - Nowa twarz komunizmu
Zbigniew Żmigrodzki - Więcej cienia niż światła
Zbigniew Żmigrodzki - Znaki sprzeciwu
Zbigniew Żmigrodzki - Akcje antynarodowe
Zbigniew Żmigrodzki - Plagi III Rzeczpospolitej

Zbigniew Żmigrodzki – Trzecia RP czy PRL-Bis?
Lubomir Czupkiewicz – Pochodzenie i rasa Słowian
Lubomir Czupkiewicz – Polanie zachodni i ich państwo
Juan Antonio Cervera – Zagrożenia cywilizacji XX wieku
Cenzura PRL. Wykaz książek podlegających niezwłocznemu wycofaniu 1 X 1951
James Goldsmith – Odpowiedź
Wojciech Żeromski – W labiryncie euro
Michał Poradowski – Dziedzictwo Rewolucji Francuskiej
Michał Poradowski – Katolickie państwo narodu polskiego
Michał Poradowski – Dzieje cywilizacji europejskiej
Michał Poradowski – Kościół od wewnątrz zagrożony
Michał Poradowski – Neokatechumenat
Michał Poradowski – Talmud czy Biblia?
Michał Poradowski – Problemy II Soboru Watykańskiego
Michał Poradowski – Trzydziestolecie II Soboru Watykańskiego
Michał Poradowski – Wizyta pasterska Jan Pawła II w Chile
Stanisław Bełza – Być albo nie być? Mój głos w sprawie żydowskiej
Artur Gruszecki – Bujne chwasty
Dariusz Wasilewski – A co z Polską? Powiaty, Regiony
Rudolf Jaworek – Jak zasobny kraj doprowadzić do ubóstwa
Jan Ciechanowicz – Droga geniusza
Janina Szwaczka – Dzień aniołów i noc mundurów
Janina Szwaczka – Legenda małej i wielkiej Polski
Janina Szwaczka – Wiara i miecz
Janina Szwaczka – Trzy bez atu
Czesław Czaplicki – Poszukiwany listem gończym
Janusz Dobrosz – Zniewalanie Polski
Stefan Niebudek – Przytyk. Wielki proces Polaków z Żydami
Izabella Wolikowska – Roman Dmowski. Człowiek, Polak, Przyjaciel
Tadeusz Bodnar – Znad Niemna przez Sybir do II Korpusu
Jan Witkowski – A prawda była taka
Piotr Kosobudzki – Przez druty, kraty i kajdany
Stanisław Kozanecki – Nie jestem sam
Zbigniew Chudy – Zbrodnie niemieckie w Wieluniu w latach 1939-1945
Ryszard Lewandowski – Diariusz powstańczy 1944
Edward Prus – Szatańskie igrzysko
Edward Prus – Banderomachia

Edward Prus - Operacja „Wisła"
Edward Prus - Taras Czuprynka. Hetman UPA i wielki inkwizytor OUN
Edward Prus - Stepan Bandera. Symbol zbrodni i okrucieństwa
Edward Prus - Holocaust po banderowsku
Edward Prus - Patriarcha galicyjski
Edward Prus - Zapomniany ataman
Edward Prus - SS-Galizien
Henryk Komański, Szczepan Siekierka - Ludobójstwo dokonane przez nacjonalistów ukraińskich na Polakach w woj. tarnopolskim 1939-1946
Aleksander Korman - Stosunek UPA do Polaków na ziemiach południowo-wschodnich II Rzeczpospolitej
Aleksander Korman - Ludobójstwo UPA na ludności polskiej. Album
Mieczysław Dobrzański - Gehenna Polaków na Rzeszowszczyźnie w latach 1939-1948
Jan Gdowski - Długa historia Żydów
Mieczysław Kitajczuk - Burzliwe dzieje Polesia
Czesław Kosturek - W czterech łagrach i trzynastu tiurmach
Lech Z. Niekrasz - Operacja „Jedwabne"
Lech Z. Niekrasz - Dwie garście insynuacji
Giga Liparteliani - Romantyk i zbrodniarz
Lucjan Momot - Love Cię Kaśka
Zbigniew Źrałko - Zniszczyć nadzieję
Benedykt Stefan Zima - Autobiografia
Benedykt Stefan Zima - Strofy o cierpieniu
Benedykt Stefan Zima - Celebracja słowa
Benedykt Stefan Zima - Pan Bóg mówi do człowieka
Benedykt Stefan Zima - Medytacje o Bożym sercu
Benedykt Stefan Zima - Odmawiajcie różaniec
Benedykt Stefan Zima - Idźmy do Niepokalanego Serca Maryi
Benedykt Stefan Zima - W nurcie życia
Stanisław Jastrzębski - Ludobójstwo nacjonalistów ukraińskich na Polakach na Lubelszczyźnie w latach 1939-1947
Stanisław Jastrzębski - Samoobrona Polaków na kresach południowo-wschodnich II RP w latach 1939-1946
Stanisław Jastrzębski - Oko w oko z banderowcami
Agata Woźniok - Sergiusz Piasecki w III Rzeczypospolitej
Jan Wajman - Chłopcy z Kresów
Agata Świerkot - Zawsze niepoprawny Janusz Szpotański

Henryk Wasilewski - Czar mojego Polesia
Stanisław Żurek - UPA w Bieszczadach
Franciszek Kamiński - Krzyż Niepodległości
Stanisław Sosenkiewicz, Norbert Tomczyk - Zbrodnie nacjonalistów ukraińskich na polskich leśnikach w latach 1938–1948
Krystyna Michniewicz-Wanik - Mienie zabużańskie. Prawne podstawy realizacji roszczeń
Andrzej Kornatowski - O płonącym Wołyniu
Jacek Wilczur - Ścigałem Iwana „Groźnego" Demianiuka
Michał Soska - Pamięć o ofiarach grudnia 1970
Aleksandra Zamorska - Dzika jabłoń
Artur Ławniczak - Istota władzy państwowej i jej formy
Praca zbiorowa - W hołdzie Narodowym Siłom Zbrojnym
Jadwiga Hohenberger-Gorzkowska - Zwierzenia
Józef Halusiak - Z Ziemi Wieluńskiej do Wrocławia
Jan Kurdybelski - Biskup Wincenty Urban 1911-1983